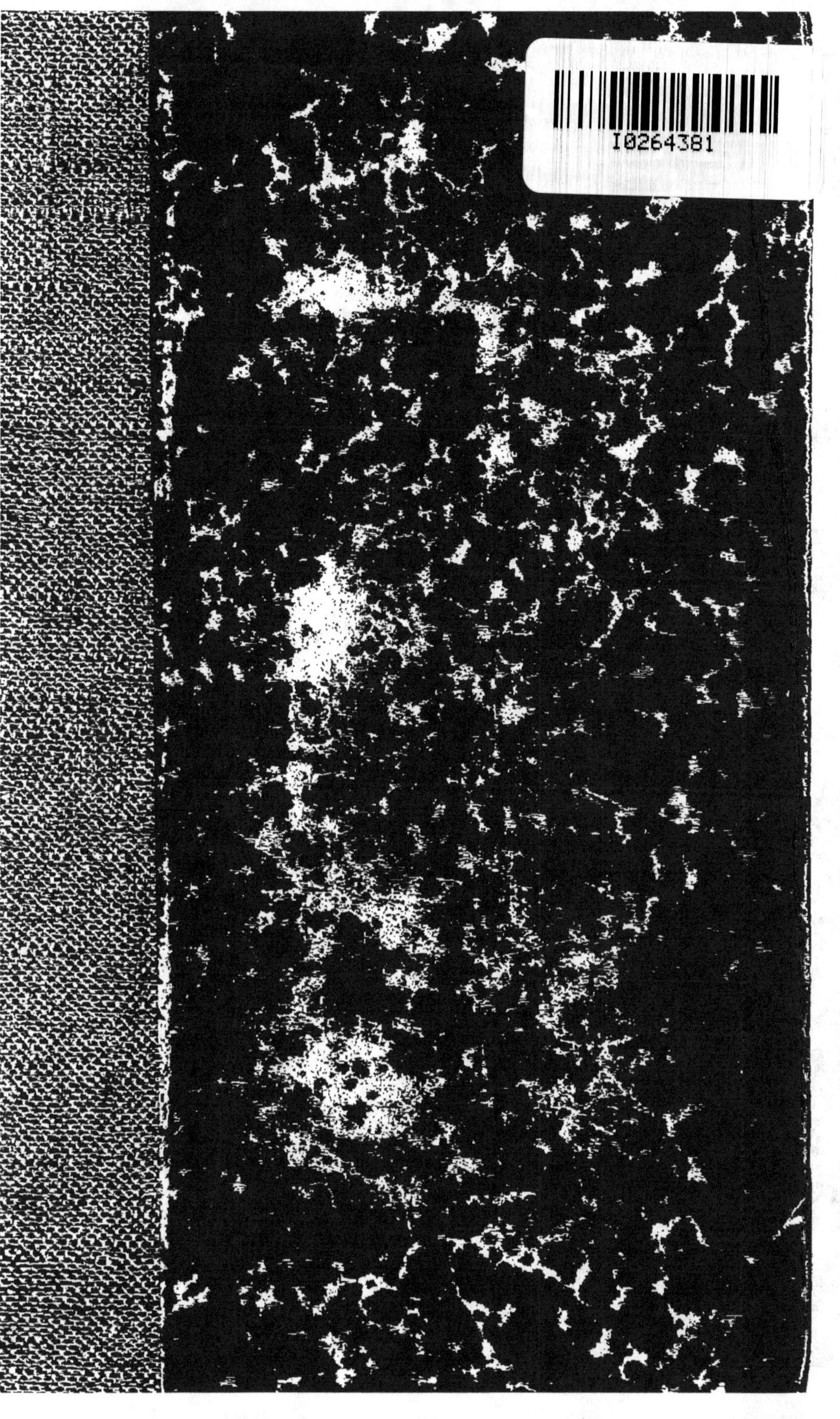
I0264381

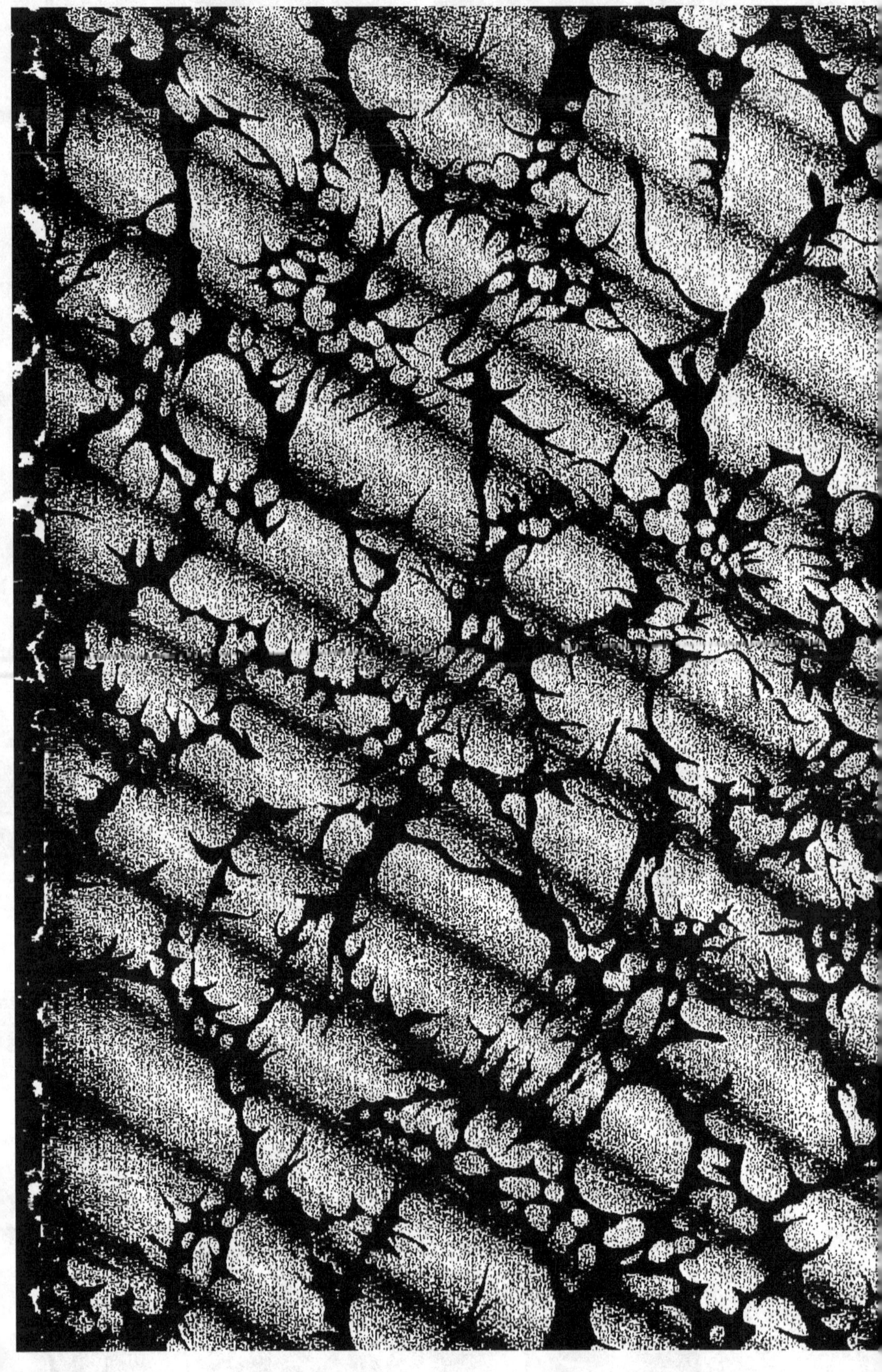

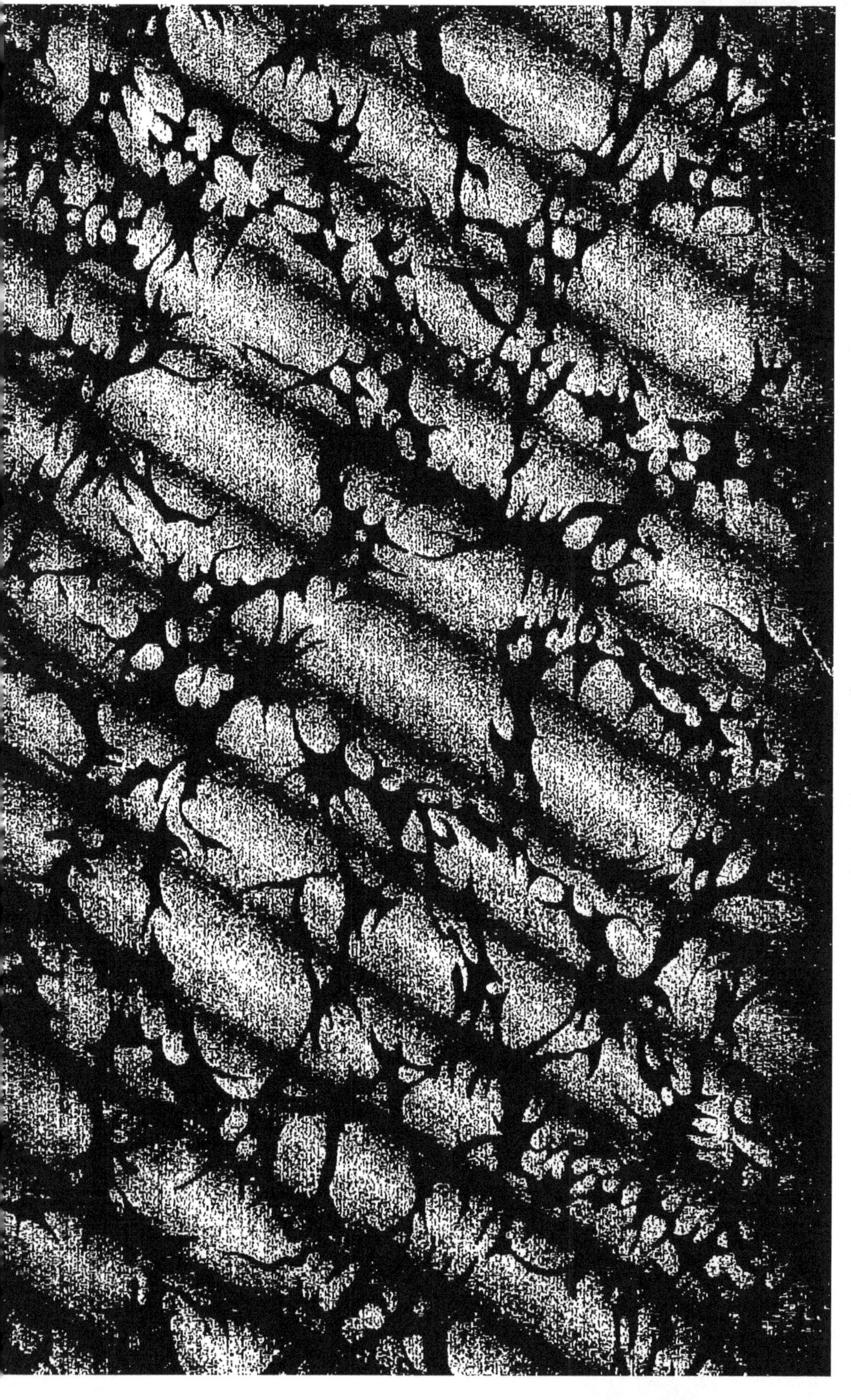

Le 2e tableau généalogique manque

G. Vidier

13 août 1929

LES

DUCS DE GUISE

ET LEUR ÉPOQUE

ÉTUDE HISTORIQUE SUR LE SEIZIÈME SIÈCLE

PAR H. FORNERON

TOME PREMIER

Deuxième Édition

PARIS

LIBRAIRIE PLON

E. PLON, NOURRIT ET Cie, IMPRIMEURS-ÉDITEURS

RUE GARANCIÈRE, 10

1893

LES

DUCS DE GUISE

ET LEUR ÉPOQUE

PARIS. TYPOGRAPHIE DE E. PLON, NOURRIT ET Cie, RUE GARANCIÈRE, 8.

LES

DUCS DE GUISE

ET LEUR ÉPOQUE

ÉTUDE HISTORIQUE SUR LE SEIZIÈME SIÈCLE

PAR H. FORNERON

TOME PREMIER

Deuxième Édition

PARIS

LIBRAIRIE PLON

E. PLON, NOURRIT ET Cie, IMPRIMEURS-ÉDITEURS

RUE GARANCIÈRE, 10

1893

PRÉFACE

Des livres ont déjà été écrits sur l'histoire de la maison de Guise [1]; ils ont fait connaître tout ce qu'on peut extraire des manuscrits conservés dans nos archives : mais ils n'ont pas utilisé les recherches des historiens étrangers. Il est cependant devenu difficile de parler des événements du seizième siècle sans étudier les travaux de Gachard en Belgique, de Froude en Angleterre, de Ranke en Allemagne, de Prescott et de Motley en Amérique, d'Alberi en Italie.

Les appréciations portées à l'étranger sur notre histoire, et justifiées par des documents nouveaux, sont utiles lorsqu'on retrace la vie de

[1] VALINCOUR, *Vie de François de Lorraine;* BERRYAT SAINT-PRIX, *Observations sur plusieurs lettres de François et Henri, ducs de Guise;* GUILLEMIN, *Histoire du cardinal de Lorraine;* RENÉ DE BOUILLÉ, *Histoire des ducs de Guise :* cette histoire est une véritable encyclopédie de tout ce qui a pu être dit ou écrit sur les Guises; LOISELEUR et BAGUENAULT DE PUCHESSE, *l'Expédition du duc de Guise à Naples.*

personnages qui, comme les Guises, ont été mêlés à tous les événements de leur siècle et ne peuvent être compris que s'ils sont replacés au milieu des émotions de leur époque, et replongés dans les passions qui s'agitaient autour d'eux.

LES
DUCS DE GUISE
ET LEUR ÉPOQUE

CHAPITRE PREMIER

DE LA BATAILLE DE MARIGNAN A LA BATAILLE DE PAVIE.

1515-1525.

Quelques heures avant la bataille de Marignan, le duc de Gueldres, chef des lansquenets du roi de France, que leurs drapeaux rayés de noir et de blanc avaient fait surnommer *les bandes noires*, reçut la nouvelle que ses États héréditaires étaient menacés par Charles d'Autriche. L'armée française se trouvait à une demi-journée de marche de l'armée des cantons suisses, mais la paix semblait décidée : François Ier faisait déjà charger sur des charrettes l'argent qui devait lui assurer les services de l'infanterie suisse pour la conquête du Milanais. Le duc de Gueldres,

« pensant que l'appointement se feroit[1] », et que la bataille ne serait pas livrée, quitta l'Italie en confiant le commandement des dix mille[2] lansquenets des Bandes noires à un jeune cadet de Lorraine, son neveu, qui n'était encore connu que par des prouesses de tournois, Claude, comte de Guise.

Tandis que tout se préparait pour la paix, un prêtre, Mathieu Shiner, cardinal de Sion, s'agitait à travers le camp des Suisses; il faisait voir les Français restés sans défiance dans l'attente d'un accord; il montrait avec quelle facilité l'on pouvait fondre sur eux à l'improviste et tirer de riches rançons des jeunes seigneurs qui entouraient le Roi; l'un de ceux-ci, Lautrec, s'approchait même sans être sur ses gardes, comme voyageant chez des amis, et escortait les charrettes qui contenaient l'argent de la paix; tout pouvait être enlevé; les Suisses vainqueurs et enrichis resteraient les seuls maîtres de l'Italie.

Sous le souffle de ces prédications, les Suisses, si calmes habituellement dans leurs résolutions et si fermes dans leur valeur, se trouvèrent emportés tout à coup par une colère effrénée; ils entraînèrent les chefs et partirent en une seule masse, au pas de course, pour se ruer sur le camp français. Lautrec, qui était à moitié chemin avec les écus d'or qu'il leur apportait, eut le temps d'abriter son convoi dans les murs de Galéras, et de faire prévenir le Roi[3].

Rendus plus furieux par cet échec de leur coup de

[1] FLEURANGES, *Mémoires,* éd. Didier, p. 52.

[2] LOYAL SERVITEUR, *le Gentil Seigneur de Bayart,* éd. Buchon, p. 111.

[3] MARTIN DU BELLAY, *Mémoires;* Jean BOUCHET, *Panégyrique de Louis II de la Trémouille, dit le Chevalier sans reproche;* FLEURANGES, *Mémoires.* C'était le jeudi 13 septembre 1515.

main sur l'argent de la paix, les Suisses du cardinal de Sion précipitèrent leur marche et arrivèrent à deux heures sur les Bandes noires. « Les Allemands du Roy, ébaïs, reculèrent doubtant que le Roy eût intelligence avec les Souysses pour les deffaire [1]. » Entre les lansquenets et les Suisses, qui s'engageaient également à prix d'argent au service des princes de l'Europe, existait une sorte de rivalité commerciale; les lansquenets, saisis par cette brusque attaque, quelques heures après avoir vu passer le convoi de Lautrec, purent croire que les Suisses avaient obtenu du Roi de France qu'il leur livrât, outre l'argent, leurs concurrents allemands. Ils se laissèrent massacrer jusqu'au moment où survinrent les hommes d'armes français qui avaient bouclé à la hâte leur armure et accouraient la lance couchée. En voyant que le Roi se plaçait devant eux avec la noblesse française, les Allemands reprirent du cœur; ils écoutèrent la voix de leur jeune chef, le comte de Guise, et se rallièrent derrière notre artillerie [2]. La cavalerie soutint seule le combat contre les vingt-quatre mille [3] Suisses.

Le Roi, qui, au premier tumulte, s'était fait armer chevalier par un simple lieutenant d'une compagnie d'ordonnance, Bayard, « devant tant de chevaliers de l'Ordre et de gens de bien, qui estoient venus là pour leur plaisir [4] », excitait l'enthousiasme de tous les hommes d'armes, et fondait à leur tête sur l'infanterie suisse « gaillardement, et eut lourd combat, de sorte

[1] Jean BOUCHET, *Panégyrique de Louis II de la Trémouille, dit le Chevalier sans reproche.*

[2] MARTIN DU BELLAY, *Mémoires.*

[3] FLEURANGES, *Mémoires.*

[4] *Id., ibid.*

qu'il fut en gros dangier de sa personne, car sa grant buffe y fut percée à jour d'un coup de pique[1] ». Il menait encore lui-même la dernière charge, à la nuit, « avec environ vingt-cinq hommes d'armes[2] ». Mis en désordre par leur marche précipitée, leurs premiers succès et la nuit, les Suisses s'arrêtèrent devant ce faible effort; un grand nombre d'entre eux s'étaient attardés à piller les bagages des lansquenets; d'autres s'emparèrent de ceux du connétable de Bourbon, qui campait à l'avant-garde, et « beurent une charretée de vin de Beaune qu'il faisoit conduire après luy ». Ils furent surpris à moitié ivres, dans des maisons où ils se retranchaient, par les gens de pied français, qui mirent le feu aux granges; l'incendie se propagea, les Suisses « qui estoient au haut des maisons en tombèrent à demy bruslés, et ceux des caves y furent suffoqués à force de feu[3] ».

La nuit suspendit la bataille. A la lueur des flammes, au bruit des trompettes et des cornes qui sonnaient le ralliement, au milieu des blessés et des cadavres, les hommes d'armes « se logèrent comme ils purent, mais je croys que chascun ne reposa pas à son ayse[4] ». François Ier s'étendit « armé de toutes ses pièces, hormis son habillement de teste, sur l'affust d'un canon[5] », sans dormir, mais afin de laisser reposer son cheval; il « avoit avec lui un trompette italien nommé Christophe, et on entendoit sa trompette par dessus toutes celles du camp, et pour

[1] LOYAL SERVITEUR, *le Gentil Seigneur de Bayart.*

[2] FLEURANGES.

[3] MARILLAC, *Vie du connétable de Bourbon*, éd. Buchon, p. 158.

[4] LOYAL SERVITEUR.

[5] MARTIN DU BELLAY.

cela, on savoit où estoit le Roy, et on se retiroit vers luy ». Au milieu de la nuit, le Roi, « qui estoit fort altéré », demanda à boire; l'eau qu'un soldat lui apporta « estoit toute pleine de sang qui fist tant de mal audict seigneur, qu'il ne luy demeura rien dans le corps [1] ».

A la pointe du jour, ce ne fut plus le son de la trompette royale, ce fut le fracas de soixante-quatorze pièces [2] de canon qui rallia les hommes d'armes et rendit l'ardeur à l'armée française; chaque boulet faisait une trouée dans les rangs serrés des Suisses. Bientôt, la Bande noire voulut prendre la revanche de sa défaite de la veille, et s'avança sur les Suisses déjà mis en désordre par l'artillerie. « Le comte de Guise, estant au premier rang, fut porté par terre [3]. » Un soldat de Nuremberg, nommé Adam, le couvrit de son corps, « portant la moitié des coups [4] » de pique et de hallebarde, et fut bientôt tué; Claude de Guise avait déjà reçu vingt-deux blessures, et ne pouvait plus respirer « pour le nombre d'hommes qui avoient passé par-dessus luy », lorsqu'il fut dégagé et ramené par James, gentilhomme écossais de la maison du Roi [5]. Un des frères de Claude de Guise venait d'être tué à côté de lui; François de Bourbon, comte de Châtellerault, avait été tué la veille; ainsi commençait par une même mort sur le même champ de bataille

[1] FLEURANGES.

[2] *Id.*

[3] MARTIN DU BELLAY, *Mémoires*, p. 126.

[4] BRANTOME, *Hommes illustres, le Bon Duc Antoine de Lorraine*, éd. Panthéon, p. 290.

[5] Martin de Bellay écrit *Jamais*, Brantôme le nomme *Jametz*; je pense qu'il faut lire *James*.

cette rivalité des maisons de Bourbon et de Lorraine, qui devait durer autant que le seizième siècle.

L'histoire d'une bataille, disait le duc de Wellington [1], est comme le récit d'un bal; on peut rappeler les détails, mais on ne peut préciser l'ordre dans lequel ils se sont produits; c'est cependant cet ordre qui donne de la valeur et de l'intérêt aux détails. A la bataille de Marignan, nos braves hommes d'armes poussaient leurs lances, sans regarder autour d'eux, visière baissée, et le soir ils se racontaient leurs prouesses et s'attribuaient l'honneur de la journée. Il est possible, cependant, que la défaite des Suisses soit due aux effets meurtriers de notre artillerie dont aucun boulet ne se perdait dans cette infanterie serrée en files profondes, ou même à l'arrivée opportune de l'armée vénitienne sur le champ de bataille; les Suisses étaient-ils déjà en déroute quand ils entendirent derrière eux le cri de nos alliés : *San Marco!* ou bien l'Alviane, le vieux capitaine vénitien, survenait-il avec ce renfort, comme plus tard le général Desaix à Marengo, pour décider une victoire dont la gloire fut reportée tout entière sur le chef heureux dont elle inaugurait le règne? Cette lutte de deux jours apparut comme une salve qui accueillait le Roi de vingt ans, entouré des jeunes princes de Bourbon et de Lorraine,

[1] WELLINGTON, *Papers*, 17 and 18 aug. 1815 : « ... The history of a battle is not unlike the history of a ball. Some individuals may recollect all the little events of which the great result is the battle won or lost; but no individual can recollect the order in which or the exact moment at which they occurred, which makes all the difference as to their value or importance... It is impossible to say when each important occurrence took place or in what order. »

C'est à propos de sa victoire de Waterloo que Wellington s'exprimait ainsi deux mois après l'événement.

de Fleuranges, le *jeune adventureux;* de Bayard et de la Trémouille, les chevaliers *sans reproche*. Elle est restée comme une fête dans notre histoire.

La plupart de ces capitaines étaient les amis d'enfance de François Ier; ils avaient formé autour de lui, lorsqu'il n'était qu'héritier présomptif, sous le règne de son prédécesseur, Louis XII, une petite cour dont les espérances et les agitations avaient souvent irrité la reine Anne de Bretagne. Le filleul de cette princesse, Montmorency, apprenait le métier de courtisan auprès du Roi futur, dont il préférait la faveur à celle de sa marraine; il devenait le compagnon et le confident de François. Charles de Bourbon, bientôt fameux sous le nom de connétable de Bourbon, mal vu de la reine bretonne qui haïssait en lui l'héritier de son ancienne rivale, Anne de Beaujeu, cherchait à s'assurer dans la jeune Cour la consolidation de sa fortune pour l'avenir. Enfin, auprès de François, le roi Louis XII faisait élever les fils de princes étrangers que leurs pères lui confiaient; ainsi vivaient avec lui, depuis l'âge de douze ans, Fleuranges, fils du duc de Bouillon, et Guise, fils du duc de Lorraine.

Claude de Guise était né en 1496 [1]; il était fils de René II, le vainqueur de Charles le Téméraire. René II avait épousé sa cousine, Jeanne d'Harcourt; mais après quatorze ans de mariage, il l'avait répudiée sous prétexte qu'elle n'avait pas d'enfants, et il s'était uni, quelques mois avant que le Pape eût confirmé ce divorce, à Philippe, fille du duc de Gueldres et de Catherine de Bourbon. Ce second mariage lui donna

[1] Le 20 octobre 1496, à Condé-sur-Moselle, près Bar-le-Duc.

douze enfants; l'aîné de ceux des fils qui vécurent fut Antoine, qui hérita du duché de Lorraine; les autres vinrent chercher fortune à la cour de France. Trois d'entre eux furent tués en combattant pour le Roi, à Marignan, à Pavie et à Naples; les deux autres furent Jean, le premier cardinal de Lorraine, et Claude, comte de Guise et d'Aumale[1].

A dix-sept ans, Guise avait épousé à Paris Antoinette de Bourbon, fille du duc de Vendôme, avec le consentement du roi Louis XII, qui fit célébrer les noces sous ses yeux, dans la maison d'Estampes, en face des Tournelles[2]. Déjà parent des Bourbons par sa mère, Guise cherchait à s'assurer des appuis en s'unissant à une princesse de cette maison, dont le chef était le plus proche héritier du trône après François. Plus âgée de deux ans que son mari, et parente comme lui de la mère de François, Antoinette de Bourbon ne tarda point à se détacher de sa famille et à devenir toute Lorraine. Elle vécut près d'un siècle, et vit mourir tous ses fils[3].

En même temps que ce mariage, on aurait célébré également celui de François avec Claude de France, fille de Louis XII, si les vœux du Roi avaient pu prévaloir contre l'opposition opiniâtre d'Anne de Bretagne. Déjà commençaient les rivalités féminines, les haines jalouses et les luttes secrètes pour la souveraineté, qui devaient créer et défaire les fortunes durant les règnes

[1] Voir les états généalogiques des maisons de Bourbon et de Guise, à la fin du volume.

[2] MARTIN DU BELLAY, *Mémoires*, p. 115.

[3] Née à Ham le 25 décembre 1494, morte à Joinville le 20 janvier 1583. Voir, sur ces liens de parenté, les états généalogiques à la fin du volume.

suivants. La Bretonne détestait la mère de François, la belle Louise de Savoie, plus entourée d'hommages et fièrement parée de son fils, le futur Roi, *son César*[1], et de sa fille Marguerite, conçue, disaient les poètes, d'une perle que sa mère avait avalée. Dans cette première querelle entre la femme de Louis XII et la mère de François, Claude de Guise put étudier de bonne heure l'art de profiter des rivalités de la Cour. Il se trouva initié l'un des premiers à tous les secrets de ces guerres, et put prévoir que les grandes affaires du siècle seraient maniées par des femmes, depuis Anne de Bretagne jusqu'à Élisabeth d'Angleterre.

Anne de Bretagne tient la première, en France, ce sceptre qui ne se transmettait qu'à une main de rivale, et qu'attendait avec impatience Louise de Savoie. Elle n'avait pas été destinée à régner sur la France; demandée en mariage par le sire d'Albret, qui convoitait avec sa main son duché de Bretagne, elle avait préféré épouser l'archiduc Maximilien d'Autriche; l'union s'était faite par procuration, et le duc de Nassau, fondé de pouvoir de Maximilien, avait mis une jambe dans le lit de la jeune fille. Mais la vengeance du sire d'Albret fut secondée par le roi de France, qui ne pouvait laisser échoir à la maison d'Autriche son fief de Bretagne. Assiégée dans Rennes par Charles VIII, Anne de Bretagne reçut la promesse de recouvrer ses États si elle renonçait à son union avec Maximilien; l'orgueilleuse enfant fit répondre : « Je n'aurai mari que roi ou fils de roi. » Charles VIII, exalté par les récits des prouesses des chevaliers de la Table ronde,

[1] Louise de Savoie, *Journal*.

trouva romanesque d'enlever la jeune princesse à l'Allemand qui avait su s'en rendre maître : il s'offrit lui-même pour époux, et emmena au milieu des fêtes la Bretonne au château de Langeais, en Touraine, où se fit le mariage. Elle était petite, sèche, boiteuse ; elle semblait fatiguer son jeune mari par les exigences de ses caresses [1]. Dès qu'il mourut, elle se fit épouser par Louis XII, qui répudia pour cette union sa femme Jeanne de France, fille de Louis XI. Sa dot de la Bretagne lui permettait de rester reine de France à côté de tous les souverains ; mais ce n'est pas cette princesse maussade qui a joint la Bretagne à la France. Les Bretons sont entrés dans notre unité nationale par la longue série d'efforts glorieux supportés en commun, depuis le jour où Hervé Primauguet, amiral de Bretagne, mena contre la flotte anglaise, à Ouessant, les escadres de France et de Bretagne : enveloppé sur son navire, la *Cordelière,* par dix bâtiments anglais, il s'attacha aux flancs de la *Régente,* le vaisseau amiral ennemi, et se fit sauter avec lui [2].

Impérieuse et impopulaire, Anne de Bretagne semblait nourrir, comme une douleur secrète, le regret de son fiancé allemand, et soutenait à la Cour, par fidélité pour cet ancien souvenir, la politique de la maison d'Autriche. Pour faire revivre ses jeunes illusions, elle voulait marier sa fille, Claude de France, avec Charles

[1] Relation de l'ambassadeur vénitien ZACCARIA CONTARINI, citée par BASCHET (*la Diplomatie vénitienne,* p. 326) : « La regina è di età di anni diciasette, piccola anche lei e scarna di persona, zoppa da un piede notabilmente, ancora che si aiuti con zoccoli.. è gelosa e avida della Maestà del Re oltramodo tanto che da poi che è sua moglie ha preterito pochissime notti che non abbia dormito con sua Maestà. »

[2] Le 10 août 1513.

d'Autriche : on disait que « l'occasion qui à ce la mouvoit estoit pour la haine qu'elle portoit à madame Louise de Savoye[1] ». Cette haine eut son heure de triomphe. Durant une maladie de Louis XII à Blois, les deux rivales crurent que le Roi était sur le point de mourir. Anne se prépara à se retirer dans sa Bretagne, et fit charger sur des bateaux « ses meubles les plus précieux », pour les faire conduire au château de Nantes par la Loire. Louise de Savoie pensa qu'elle allait devenir régente, et tenir enfin son ennemie en son pouvoir; elle envoya à Saumur le maréchal de Gié, gouverneur de son fils, avec ordre de saisir les bateaux. Le coup de main réussit; mais le Roi se rétablit aussitôt, et Anne de Bretagne se hâta de poursuivre la vengeance de cet outrage. L'altière Louise de Savoie ne put rentrer en grâce qu'en s'humiliant devant la boiteuse; elle dut s'abaisser jusqu'à désavouer le maréchal de Gié, déposer contre lui dans le procès criminel qui lui fut intenté, et assister à la condamnation qui le dépouillait de ses dignités.

Anne de Bretagne n'était pas désarmée par une soumission aussi absolue; mais elle mourut le 9 janvier 1514. Cinq mois plus tard, le 18 mai, François de Valois épousait Claude de France. Les jeunes ambitieux qui l'entouraient se croyaient sûrs de le voir arriver à la couronne, quand ils apprirent, au mois d'octobre suivant, que le roi Louis XII épousait Marie d'Angleterre, et que leurs espérances risquaient d'être anéanties par la naissance d'un prince. Le roi de cinquante-trois ans, qui se mariait à une reine de

[1] MARTIN DU BELLAY, *Mémoires*, p. 245.

seize ans, mourut au bout de moins de trois mois, le 1er janvier 1515, juste une année après Anne de Bretagne.

François Ier se hâta de se faire sacrer; les favoris de sa jeune Cour célébrèrent cet avénement par des banquets et des tournois : « ce feurent les plus beaux du monde[1]. » Dans ces tournois, Claude de Guise fut un des tenants les plus heureux; il était déjà connu pour avoir, dans les fêtes du mariage de Louis XII, désarçonné le beau Suffolk, le champion de l'Angleterre. Abattre Suffolk, c'était un peu venger Louis XII, s'il est vrai que la jeune reine Marie le préférait à ce prince[2]. En tout cas, elle l'épousa trois mois après la mort du Roi son mari[3]. Elle eut pour petite-fille la savante et infortunée Jane Grey.

Ce mariage faisait sortir de la Cour la seule princesse qui pût disputer les hommages à Louise de Savoie. L'heureuse mère présida aux fêtes du nouveau règne. Jamais début ne fut plus éclatant. Aux tournois succéda la guerre. La bataille de Marignan put faire croire qu'une ère nouvelle s'ouvrait; en voyant ce roi de vingt ans, beau, courtois, chevaleresque et vainqueur, la confiance s'affermissait, et les espérances les plus vastes prenaient naissance[4].

[1] FLEURANGES, *Mémoires*, ch. XLVII.

[2] *Id.*, *ibid.*, ch. XLVI.

[3] LOUISE DE SAVOIE, *Journal*, p. 89. Ce mariage se fit le 31 mars 1515. Le mari était mort le 1er janvier précédent.

[4] GUICCIARDINI, vol XI, liv. I. « Delle virtu, della magnanimita, dell' ingegno spiritoso e generoso di costui, s'aveva universalmente tanta speranza che ciascuno confessava non essere già per moltissimi anni pervenuto alcuno con maggiore aspettatione alla corona; perche gli conciliava somma gratia, il fiore dell' età, ch'era di venti anni, la belleza e grazia del corpo, la liberalità grandissima, la umanità somma con tutti, e la notitia piena di molte cose. »

Cependant, malgré ces présages et cette première gloire, on pouvait déjà prévoir que le nouveau règne ne servirait ni à la prospérité ni à l'agrandissement de la France. Oublieux de la politique de Louis XI, François Ier recommençait les guerres d'Italie, si meurtrières et si désastreuses durant les deux précédents règnes de Charles VIII et de Louis XII.

Louis XI avait ajouté la Bourgogne à la France : son œuvre aurait dû être continuée par l'annexion des Flandres. Ces provinces, qui faisaient partie du même héritage de Charles le Téméraire, qu'aucune limite ne séparait de notre territoire, et qu'habitait une population vraiment française par sa langue et par ses mœurs laborieuses, devaient être disputées à la maison d'Autriche, qui ne savait pas plus comprendre les intérêts de leur industrie que les habitudes de leur vie municipale. Ni l'Allemand grossier, ni l'Espagnol paresseux, ne pouvaient être les compatriotes des tisserands, des orfèvres, des banquiers de Flandre, qui poussaient aussi loin que les Français l'activité du travail et l'amour de l'épargne. Durant tout le seizième siècle, la Flandre, épuisée par ses maîtres, nous tendit vainement les bras ; ses richesses ne servirent qu'à entretenir la guerre contre nous. La séduction du Milanais l'emporta sur nos vrais intérêts, et ce fut au delà des monts que se tournèrent tous nos efforts. Les succès de la campagne de Marignan attachèrent davantage la noblesse à cette conquête ; on ne croyait trouver de la gloire que dans le pays des premiers exploits du Roi.

Claude de Guise fut longtemps à se rétablir de ses blessures de Marignan. Il avait obtenu pour sa part le titre de grand veneur, dans la distribution des charges de cour faite par Francois Ier aux compagnons de sa jeunesse. Le duc Charles de Bourbon était connétable et commandait l'armée d'Italie. Guise, enhardi par son absence, osa pour la première fois, au sacre de la Reine, en 1517, formuler des prétentions de préséance sur la noblesse française, en faisant valoir son titre de fils d'un souverain étranger. Mais son crédit était dépassé alors par celui des frères de la comtesse de Châteaubriant, favoris nouveaux qui prélevaient les plus grosses pensions et les commandements les plus importants. La vie de François Ier peut se partager en deux périodes : celle du pouvoir de la comtesse de Châteaubriant, et celle du règne de la duchesse d'Étampes.

Louise de Savoie, en laissant établir près de son fils l'influence de la comtesse de Châteaubriant, crut qu'elle ruinait seulement l'autorité de la reine Claude de France, mais ne prévit pas qu'une véritable puissance venait de naître en face de sa couronne. Les trois frères de la comtesse, les seigneurs de Lautrec, de Lescun et de Lesparre, entourèrent le Roi et écartèrent pour un temps les anciens amis, comme Montmorency, Guise et Bourbon, qui étaient habitués et soumis au pouvoir de Louise; le connétable de Bourbon passait même pour être uni à elle par les liens d'une passion secrète; il fut le plus maltraité. Il dut céder à Lautrec, promu maréchal de France, le commandement de l'armée du Milanais. Un autre des premiers amis du Roi, Bonnivet, qui avait obtenu la charge d'amiral de France à l'avénement de la nouvelle cour, ne se maintint en crédit qu'en devenant le rival de son maitre près de la comtesse de Châteaubriant.

Cependant, malgré ces présages et cette première gloire, on pouvait déjà prévoir que le nouveau règne ne servirait ni à la prospérité ni à l'agrandissement de la France. Oublieux de la politique de Louis XI, François Ier recommençait les guerres d'Italie, si meurtrières et si désastreuses durant les deux précédents règnes de Charles VIII et de Louis XII.

Louis XI avait ajouté la Bourgogne à la France : son œuvre aurait dû être continuée par l'annexion des Flandres. Ces provinces, qui faisaient partie du même héritage de Charles le Téméraire, qu'aucune limite ne séparait de notre territoire, et qu'habitait une population vraiment française par sa langue et par ses mœurs laborieuses, devaient être disputées à la maison d'Autriche, qui ne savait pas plus comprendre les intérêts de leur industrie que les habitudes de leur vie municipale. Ni l'Allemand grossier, ni l'Espagnol paresseux, ne pouvaient être les compatriotes des tisserands, des orfèvres, des banquiers de Flandre, qui poussaient aussi loin que les Français l'activité du travail et l'amour de l'épargne. Durant tout le seizième siècle, la Flandre, épuisée par ses maîtres, nous tendit vainement les bras ; ses richesses ne servirent qu'à entretenir la guerre contre nous. La séduction du Milanais l'emporta sur nos vrais intérêts, et ce fut au delà des monts que se tournèrent tous nos efforts. Les succès de la campagne de Marignan attachèrent davantage la noblesse à cette conquête ; on ne croyait trouver de la gloire que dans le pays des premiers exploits du Roi.

Claude de Guise fut longtemps à se rétablir de ses blessures de Marignan. Il avait obtenu pour sa part le titre de grand veneur, dans la distribution des charges lance, et dédaigneux des prouesses du carrousel, il connaissait à quinze ans toutes les affaires de l'Europe, présidait le Conseil et dirigeait les discussions des plus vieux hommes d'État. Il n'était doué ni de générosité, ni peut-être d'une grande élévation de sentiments; mais il savait dominer ses émotions, régler ses passions et suivre ses projets. Sage dans sa piété, bienveillant avec une certaine hauteur, habitué à toutes les langues qu'on parlait alors, il était le génie le plus propre à exercer l'autorité à la fois sur les vieux capitaines et sur les prélats, sur les Espagnols et sur les Allemands, et à tenir rigoureusement les liens qui rattachaient tant d'intérêts divers, tant de passions contraires, tant de peuples disséminés. C'était un Louis XI complet dès l'enfance, et qui se tournait contre la France en tenant entre ses mains, outre les États de Charles de Bourgogne, l'Espagne, l'Empire et les trésors du nouveau monde. A cet adversaire, la France n'opposait qu'un nouveau Charles le Téméraire. Notre Roi était plein de confiance dans sa force physique, avide de louanges, prompt à changer de plan ou à se laisser entraîner par la fantaisie du moment. C'était la querelle du siècle précédent avec les champions intervertis; la lutte de l'homme hardi, prodigue, présomptueux, contre l'homme adroit, sage, vigilant.

celui qui est appelé à décider, patient comme celui à qui il appartient de commander, il avait acquis une dignité précoce. Ayant beaucoup de sens naturel, une finesse d'esprit pénétrante, une rare vigueur d'âme, il apprenait à faire dans chaque situation et sur chaque chose ce qu'il y avait à faire et comment il fallait le faire. Il s'apprêtait ainsi à être le plus délié et le plus ferme politique de son temps, à regarder la fortune en face, sans s'enivrer de ses faveurs, sans se troubler de ses disgrâces, à ne s'étonner d'aucun événement, à se résoudre dans tous les périls. »

Son mal s'aggrava[1]. Trois jours après le baptême, il épousa la belle Catherine de la Tour, et repartit pour l'Italie avec sa jeune épouse; il mourut en arrivant. Sa veuve mourut du même mal, après avoir donné naissance à une fille. Cette enfant fut Catherine de Médici.

Au milieu des fêtes de la cour, Lescun reçut, comme son aîné, le bâton de maréchal de France; le troisième frère de la favorite, Lesparre, restait seul à pourvoir, et toute la famille attendait une grande guerre, pour qu'il pût obtenir le commandement d'une armée. Cette guerre fut bientôt rendue inévitable par les envahissements de la maison d'Autriche.

Charles d'Autriche, devenu l'empereur Charles-Quint, ne pouvait pardonner au roi de France de lui avoir disputé la couronne impériale. Plus jeune que François Ier, il n'avait ni son prestige, ni sa réputation militaire. Avec moins de fracas, et sans saisir les imaginations, il entrait en scène, pourvu de toutes les ressources que peuvent donner une volonté énergique, un entendement robuste et une puissance de travail exercée dès l'enfance[2]. Inhabile au maniement de la

[1] FLEURANGES, *Mémoires*, chap. LX : «... et avoit ledict duc d'Urbin bien fort la... et de fresche mémoire, falloit qu'il vinst en poste, ce qu'il faisoit à grande peine... et trois jours après le baptême, feurent faictes les nopces dudict duc d'Urbin à la plus jeune fille de Boulongne qui estoit très-belle dame et jeune, et quand ladicte dame espousa ledict duc d'Urbin, elle ne l'espousa pas seul, car elle espousa la... quant et quant; et à ce propre jour, le Roy le fist chevallier de son Ordre. »

[2] MIGNET, *Rivalité de François Ier et de Charles-Quint*, tome Ier : « Dès l'âge de quinze ans, Charles présidait tous les jours son conseil. Il y exposait lui-même le contenu des dépêches qui lui étaient remises, aussitôt qu'elles arrivaient, fût-ce au milieu du sommeil de la nuit. Son conseil était devenu son école, et la politique où il devait se rendre si habile avait été son principal enseignement. Réfléchi comme

L'Italie devait attirer également les deux rivaux. Pour chacun d'eux, elle avait des séductions et comme des grâces spéciales. François Ier y voyait la gloire bruyante, les sonnets des poètes, la pompe des entrées triomphales à travers les palais de marbre, les galanteries avec les Italiennes qui savaient des secrets inconnus dans le Nord, et dont les formes avaient cette perfection qui a inspiré les grands peintres. Charles-Quint aimait chez l'Italien la science de la dissimulation et les habitudes de la perfidie.

L'Italien du seizième siècle était cruel sans colère, il ne méprisait pas la fausseté; il cachait l'ambition la plus effrénée sous les apparences de la philosophie la plus insouciante; il restait amical, souriant, caressant, au moment où des projets de vengeance mûrissaient dans son cœur. Il se gardait avec soin des petites provocations et des défis hautains qui donnent une satisfaction puérile; il restait courtois jusqu'à l'instant où pouvait être frappé le coup décisif. A quoi bon des scrupules pour tromper quand on n'en a pas pour détruire? Pourquoi une attaque de vive force si l'on peut vaincre par surprise? La honte n'est pas d'assassiner, elle est de ne pas se venger. Les moyens honorables sont ceux qui sont obscurs, rapides et sûrs [1]. La vertu

[1] Ces mœurs ont survécu au seizième siècle. STENDHAL raconte (*Promenades dans Rome*, p. 80) qu'un préfet du roi Murat « nous racontait ce soir qu'un Calabrois, *homme honnête et bon,* était venu lui proposer un jour de faire assassiner à frais communs son ennemi dont il venait de découvrir la retraite et que le préfet voulait de son côté faire arrêter. On peut être bon et honnête en faisant assassiner son ennemi. » Mais ils ont eu le mérite de se débarrasser rapidement de ces habitudes dans des temps récents. Cette réforme dans les mœurs d'une nation est un fait assez rare pour qu'on puisse rappeler, sans inconvénient, les vices disparus.

militaire est une vertu inutile; aussi, jusqu'au jour où les étrangers viennent se mêler aux affaires de l'Italie, le soldat exerce un métier dans lequel il se bat, mais ne se fait pas tuer; une bataille est moins meurtrière qu'une émeute; les campagnes se passent en contremarches et en blocus; l'homme d'armes n'a pas d'accident grave à craindre, le pire qui puisse lui arriver est de perdre son cheval, ou d'être fait prisonnier, ce qui l'oblige simplement à une rançon d'un mois de solde. Les gens de guerre se regardent comme étant du même corps d'état et en quelque sorte de la même confrérie; ils se ménagent par égards professionnels et suppléent par leur imagination aux belles actions qu'ils n'accomplissent pas. C'est dans leurs récits qu'ils courent les plus grands dangers. Ils sont vantards, fanfarons, mais ils ne sont pas sans courage; soumis aux supplices, ils savent garder leur sang-froid; les tortures les plus savantes ne leur arrachent aucun aveu.

Cet art si précieux de ne jamais perdre sa présence d'esprit ni la possession de ses facultés est la première qualité du chef d'armée. Chez les Anglais, il a fait la force de Cromwell et de Marlborough; chez les Italiens, il a transformé en généraux un débauché comme César Borgia, un épicurien comme le marquis de Pescara, un marchand comme Spinola. De l'Italie si peu militaire sortent les premiers hommes de guerre du siècle.

Obséquieux s'il n'était pas le plus fort, l'Italien était implacable dans ses haines; aux atrocités savantes dans lesquelles il se complaisait, les hommes du Nord vinrent substituer les luttes brutales. L'intempérance grossière du Suisse, l'avidité cruelle de l'Espagnol, la joie licencieuse du Français, blessèrent d'abord un peuple délicat, laborieux et artiste. Mais bientôt l'Italien apprit à raser les cités, à exterminer les garnisons, à étouffer par le feu les habitants réfugiés dans les grottes. Le caractère français n'eut point à gagner non plus dans ces guerres par delà les monts; en échange des impôts gaspillés, du peuple ruiné, de la noblesse détruite par les combats ou les maladies, la France n'a acquis aucune compensation. Au contraire, le contact avec les Italiens avait développé les instincts de loquacité, de fanfaronnade et de vanité bruyante auxquels étaient déjà portées les populations d'une partie de notre territoire. L'Italie envahie nous a donné ses infirmités [1].

Claude de Guise évita de reparaître en Italie, depuis le moment où on l'emporta du champ de bataille de Marignan. Il eut ainsi la singulière fortune d'être le seul des capitaines du roi de France qui n'ait pas été compromis dans les grands désastres de la Péninsule. Il dut sans doute plutôt au hasard qu'à son choix de faire sa première campagne contre Charles-Quint en Espagne et non en Italie.

La guerre commençait en 1521 sur toutes les frontières; mais nos plus belles armées étaient envoyées, avec Lautrec, dans le Milanais, ou, avec Bonnivet, en Espagne; les provinces du Nord étaient dégarnies. Bonnivet devait conquérir la Navarre avec six mille

[1] Henri Estienne (*Deux Dialogues du nouveau langage françois italianisé et aultrement desguisé*, 1579, Anvers) remarque que nous avions emprunté à la langue italienne des mots pour exprimer les nouveaux travers que nous rapportions de nos voyages : il cite les mots italiens de *rodomont*, *intrigant*, *charlatan*, *bouffon*, qui entraient dans notre langue, avec ceux de *spadassin* et *sicaire*, « depuis que la France avoit pris en matière de tuerie le style de ses voisins ».

Allemands commandés par le comte de Guise et avec une nombreuse cavalerie. Mais les cuirasses embarrassaient les hommes d'armes et les chevaux dans un pays de montagnes; les gentilshommes des compagnies d'ordonnance durent marcher à côté de leurs chevaux qu'ils soutenaient par la bride; chacun de leurs capitaines eut « son canon à gouverner[1] ». Le canon commençait à figurer dans l'effectif des armées. A cette artillerie, l'armée de Bonnivet dut la prise de Fontarabie. Connue en même temps que les revers de l'armée d'Italie et que l'invasion de la Champagne, la nouvelle de cette stérile conquête fut accueillie à la Cour avec des transports de joie. La reine Louise de Savoie voulut en attribuer tout l'honneur à Guise, et elle écrivit à Antoinette de Bourbon, sa femme[2] : « Vous pouvez vous dire la plus heureuse princesse de France pour ce que vous avez un mari le plus vaillant et le plus heureux qui soit aujourd'hui. » Mais Guise n'était pas d'humeur à se trouver satisfait par des paroles flatteuses; il voulait établir les bases d'une maison souveraine et réunir patiemment toutes les forces qui font la solidité des fortunes; il se fit concéder, comme récompense de sa campagne de Navarre, le « revenu, prouffict et émolument des greniers à sel de Mayne-la-Juhée et la Ferté-Bernard », qui montaient à vingt-quatre mille francs de notre monnaie, et dont une année lui fut payée d'avance. Il ne négligea jamais de recueillir des gages solides de la faveur royale, et chacune de ses expéditions se traduisit par un accrois-

[1] Martin du Bellay, *Mémoires*, p. 143.

[2] Ms. Bibl. nat., suppl. franç., 1054, cité par Bouillé, *Histoire des ducs de Guise.*

sement de revenus ou de dignités. Avec une avidité patiente, il accrut lentement sa puissance, sans jamais laisser amoindrir ses acquisitions et sans négliger les profits de peu d'importance.

Il fut, l'année suivante [1], chargé de couvrir notre frontière du Nord. Il s'empara de Bapaume et entretint une guerre de partisans contre les garnisons anglaises de Boulogne et de Calais, qui faisaient des incursions fréquentes sur notre territoire. Guise sortit une nuit de Montreuil et surprit une troupe de quatre cents Anglais qu'il mit en déroute; les plus déterminés se retranchèrent dans un jardin entouré de fossés que couronnaient des haies, et firent face à l'assaillant; ils espéraient être délivrés par la garnison de Boulogne. Des renforts pouvaient leur arriver d'un moment à l'autre; tenter un assaut contre des gens aussi résolus était risquer un désastre; se retirer sans les attaquer était leur laisser l'honneur de la journée, et perdre les avantages du succès du matin. Guise préféra s'exposer à être surpris par les Anglais, mit pied à terre avec ses hommes d'armes, monta à l'assaut du talus et le franchit. Les Anglais se firent tous tuer, sans qu'aucun d'eux voulût se rendre [2]. Cette escarmouche fut célèbre : la hardiesse du coup de main, la belle défense des Anglais, le danger d'être attaqué par un renfort ennemi sans avoir le temps de remonter à cheval, firent admirer ce fait d'armes dans les deux nations.

A l'automne, Guise délivra la place de Hesdin qui était assiégée. Il comprit dans cette campagne l'avantage qu'il y avait à guerroyer près de Paris; il acqué-

[1] En 1522.

[2] Martin du Bellay, *Mémoires*, p. 167.

rait la réputation d'un sauveur en rassurant les bourgeois de la ville qu'effrayait l'approche de l'ennemi. Paris, de tout temps, a eu la tentation de n'estimer que les combats livrés près de ses portes. Guise ne s'en écarta plus; toutes ses campagnes se passeront désormais en manœuvres à travers les provinces qui entourent la capitale. C'est principalement à l'habileté d'avoir su choisir ce rôle, et le conserver durant toute sa carrière, que Guise dut la popularité et la prospérité de sa maison. La fixité des idées et la fermeté de la volonté assurent la prépondérance aux esprits même médiocres. Claude de Guise fit de sa famille la plus puissante de l'Europe, par le seul effort d'une patience infatigable et obstinée. Il avait le génie étroit et peu cultivé du lansquenet courtisan; mais son courage dans les combats, son ambition qui ne reculait devant aucune prétention, et son amour du gain qui lui procurait les moyens matériels de soutenir son ambition, sont les trois facultés dominantes qui ont fait sa force.

L'année où Claude de Guise mettait son nom dans toutes les bouches par sa campagne du Nord, Lautrec échouait tristement en Italie.

Tant qu'il put solder son armée, Lautrec se vit l'arbitre de l'Italie. Les Milanais ne haïssaient pas cet homme du Midi, petit, robuste, la face marquée d'une cicatrice; ils lui reprochaient de cracher trop, et de rester indifférent à leurs querelles de partis [1]. C'est le propre des esprits violents de s'irriter contre ceux qui

[1] Relation de l'ambassadeur vénitien CAROLDO, citée par BASCHET (*la Diplomatie vénitienne,* p. 155). Ces relations des ambassadeurs vénitiens sont une mine de renseignements précieux sur l'Europe du seizième siècle. On les trouve dans trois ouvrages : 1° la publication faite par M. TOMMASEO dans les *Documents inédits relatifs à l'histoire*

n'épousent pas leurs querelles; on préfère les ennemis aux neutres. Guelfes et Gibelins accueillirent également les généraux de Charles-Quint, lorsqu'ils virent que les soldats de Lautrec se débandaient et refusaient de servir, faute de paye; en quelques jours, le Milanais fut perdu, et Lautrec se retira à Lyon, où se trouvait le Roi. François Ier, irrité, refusait de recevoir son ancien favori; le connétable de Bourbon prit Lautrec par la main, écarta les gardes et entra avec lui près du Roi. — « Vous m'avez perdu tel héritage que le duché de Milan », dit François Ier. — Lautrec répondit que « c'estoit Sa Majesté qui l'avoit perdu, non luy; par plusieurs fois, il l'avoit adverty que s'il n'estoit secouru d'argent, il cognoissoit qu'il n'y avoit plus d'ordre d'arrester la gendarmerie, laquelle avoit servi dix-huict mois sans toucher deniers, et pareillement les Suisses qui mesmes l'avoient contraint de combattre à son désavantage. — J'ai envoyé quatre cent mille écus, alors qu'ils ont été demandés[1] », répliqua le Roi. Comme Lautrec affirma n'avoir rien reçu, on fit appeler le surintendant des finances, Beaune de

de France, mais les deux volumes de cette collection ne comprennent que six relations dont les manuscrits étaient conservés dans les archives de France : c'étaient d'anciennes copies, dérobées autrefois secrètement aux Archives de Venise. Les textes de ces relations sont tronqués et inexacts; quelques-unes sont peu importantes. 2° M. Armand Baschet, qui a passé plusieurs années à étudier et à copier les Archives de Venise, cite dans son livre de la *Diplomatie vénitienne* les passages les plus intéressants des relations qu'il a traduites sur les documents originaux. Mais ses extraits sont rares et brefs : on peut regretter qu'il semble songer plutôt à se créer des portefeuilles de documents curieux qu'à livrer au public le résultat de ses travaux. 3° Le vrai trésor des *Relations* est le grand ouvrage publié à Florence par M. Alberi et intitulé *Relazioni degli ambasciatori Veneti al Senato*. Les citations sont puisées à l'une de ces trois sources.

[1] Martin du Bellay, *Mémoires*, édition Petitot, p. 384.

Semblançay, qui déclara « qu'estant ladicte somme preste à envoyer, madame la Régente avoit pris ladicte somme, et qu'il en feroit foy sur-le-champ ». Cette preuve ne put être produite; les quittances que Semblançay avait eu soin de se faire remettre par Louise de Savoie lui furent dérobées par un de ses commis qui les donna à une des filles d'honneur de la Reine, dont il était amoureux. Les filles d'honneur entraient déjà dans la politique. Le commis, nommé Gentil, devint président au Parlement. La fille d'honneur remit les quittances à sa maîtresse qui les brûla, et Semblançay fut pendu [1].

La haine entre Louise de Savoie et la comtesse de Châteaubriant en était arrivée à un degré tel, que toute la Cour fut persuadée que les quatre cent mille écus d'or avaient été détournés par Louise avec l'intention préméditée de ruiner l'armée du Milanais, pour obtenir la disgrâce de Lautrec et amoindrir ainsi l'autorité de sa sœur. Le connétable de Bourbon, lassé de l'amour de Louise de Savoie, était si convaincu de cette perfidie, qu'il n'hésita point à favoriser l'entrevue de Lautrec avec le Roi, dans l'espoir de décider la disgrâce de la Régente que son inconstance avait rendue son ennemie. L'unanimité des témoignages a frappé les historiens; cependant, l'imagination se refuse à admettre chez la mère de François Ier une trahison aussi compliquée et aussi dangereuse.

Il n'est pas permis de douter qu'elle a reçu les quatre cent mille écus destinés à la solde de l'armée

[1] AMELOT DE LA HOUSSAYE, *Mémoires* cités par PETITOT, *Collection des Mémoires*, XVII, 53; président HÉNAULT, *Nouvel Abrégé chronologique de l'histoire de France*, édit. de 1749, p. 298.

d'Italie; mais une passion moins clairvoyante que la haine semble avoir dominé Louise de Savoie : c'était la cupidité poussée à un degré de fureur maniaque; elle se plaisait à entasser et à cacher dans des coffres les écus d'or. A sa mort, on en trouva chez elle quinze cent mille. Le quart de cette somme aurait sauvé le Milanais. Étrange folie chez une femme qui a entre ses mains une autorité presque absolue, et qui croit ne jouir vraiment de la fortune et du pouvoir qu'en accumulant sous ses doigts des pièces d'or! Le même vice l'entraîna presque aussitôt dans une entreprise qui précipita son fils et la France dans des malheurs bien autrement irréparables que la perte du Milanais.

Son ancien favori, le connétable de Bourbon, était le sujet le plus riche de la chrétienté; aux émoluments de sa charge de connétable, il joignait le gouvernement de Languedoc et les seigneuries des Dombes, de la Marche, du Bourbonnais, de l'Auvergne, du Forez, de Montpensier et de Clermont. Moins par scrupule de conscience que par convoitise de ses grands biens, Louise de Savoie le pressa de l'épouser, quand il devint veuf[1]. Elle le menaça, en cas de refus, de le dépouiller dans une série de procès. L'obscurité d'une clause du contrat de mariage d'Anne de Beaujeu, obscurité peut-être préméditée par Louis XI, et dont le cadet sans titre qui épousait sa fille ne pouvait provoquer l'explication, permettait de plaider que l'héritage de cette princesse, recueilli par le connétable, devait revenir en partie à Louise de Savoie et en partie à la couronne. Un mariage avec Louise aurait arrêté

[1] En 1521, de Suzanne de Beaujeu.

le procès; sur le refus du connétable, la lutte commença. La princesse n'y était pas animée par le ressentiment d'une passion dédaignée, car elle avait déjà su accueillir les consolations que lui offrait le présomptueux Bonnivet. Mais elle voyait des biens immenses à saisir immédiatement, et, faisant appliquer la vieille maxime du Palais, que le Roi ne plaide jamais « dessaisi », elle fit prononcer le séquestre de tous les biens du connétable. Elle avait pour conseils le chancelier Duprat et l'avocat Poyet, qui sont restés les types des gens de loi serviles et corrompus [1]. Certain de se voir dépouillé par la Régente, mal vu du Roi qui lui préférait des favoris plus jeunes et moins rapprochés du trône, le connétable se souvint que sa mère était Italienne, renia la France dans son ardeur de vengeance, et s'enfuit à Mantoue, où il accepta le commandement des armées de l'Empereur. Parmi les complices de cette défection étaient le seigneur de Saint-Vallier et Jean de Brosses. Le premier fut condamné à mort, et l'on raconta, quelques années plus tard, que sa grâce fut obtenue du Roi par le dévouement de sa fille, Diane, mariée au sire de Brézé, grand sénéchal de Normandie. Le second eut ses biens confisqués; on le verra bientôt en recevoir la restitution en échange de complaisances plus humiliantes encore.

Claude de Guise n'avait garde de se mêler à ces querelles; la disgrâce de Bourbon et de Lautrec ne pouvait que le débarrasser de rivaux incommodes; il avait conservé la faveur de la redoutable Régente, et cherchait à se consolider en France. Il demanda et

[1] PASQUIER, *Recherches sur la France*, liv. V, ch. XIV, p. 577.

obtint de remplacer la Trémouille dans le gouvernement de la Bourgogne. Cette nouvelle charge était la plus avantageuse qu'il pût recevoir; elle le maintenait dans le voisinage de ses terres de Champagne, de ses parents de Lorraine et de ses lansquenets d'Allemagne. Il devenait le défenseur désigné de notre frontière de l'Est, ce qui lui évitait les guerres lointaines et la subordination à d'autres chefs. Durant les deux années suivantes [1], tandis que Bonnivet se faisait battre en Italie et que les armées impériales pénétraient dans la Provence à la suite de nos soldats dispersés, Guise n'eut qu'à couvrir la Champagne contre les invasions des coureurs allemands. Il s'en acquitta avec plus de gloire que d'humanité, et les éloges que lui valut cette campagne montrent la singulière idée que l'on se faisait à cette époque du métier des armes. L'important était de s'enrichir par des rançons, et de procurer du butin à ses soldats. Il n'eût pas été prudent de piller la Champagne; Guise ne l'osa faire. Mais il laissa les Allemands se répandre dans le plat pays, et charger de riches prises sur leurs chariots, assuré que cette bande de pillards ne saurait défendre ce qu'elle aurait enlevé et lui deviendrait une proie facile. Quand ils eurent amassé, sans être inquiétés, tout le butin qui était à leur convenance, les Allemands songèrent à la retraite; c'est alors que Guise se décida à les arrêter; il put choisir si bien le lieu et l'heure de l'attaque, qu'il les rejoignit près des tours de Neufchâteau, où les dames de Lorraine et de Guise se mirent aux créneaux avec leurs suivantes, pour en voir le « jeu jouer

[1] En 1523 et 1524.

à leur ayse et sans danger ». La fête ne fut pas d'abord telle qu'on l'avait espérée; le seigneur de Courville, qui menait la compagnie d'ordonnance de Guise, se prit de querelle au moment de la charge avec du Chastelet, son porte-enseigne, qui lui enfonça son épée dans la bouche. Cet accident mit du désordre parmi les assaillants. Mais les Allemands, qui « menoient un grand butin », et étaient pressés de le mettre en sûreté, se trouvèrent bientôt en désordre eux-mêmes; ils prirent la fuite, furent taillés en pièces, et « le butin fut recoux », c'est-à-dire que Guise et sa troupe se partagèrent les dépouilles que les Allemands rapportaient de la Champagne et de la Lorraine. Ce procédé ingénieux pour amasser du butin, tout en donnant de « l'esbat aux dames de Lorraine et de Guise qui en eurent le passe-temps », accrut la réputation de Guise et son crédit parmi les gens de guerre[1].

Cet esprit calculateur et avide offre un contraste frappant avec le cœur généreux et désintéressé de Bayard. Bayard avait aussi préservé la Champagne, l'une des années précédentes; il s'était enfermé dans Mézières, sans vivres, derrière des remparts ruinés, et avait retenu deux armées allemandes qui s'obstinèrent à l'assiéger; les travaux de nuit et la privation de nourriture avaient épuisé ses hommes d'armes, qui ne pouvaient plus soutenir le poids de leurs armures, lorsque les Allemands, lassés de cette résistance héroïque, renoncèrent à l'invasion projetée et se mirent en retraite. Bayard ne réclama aucune récompense; il resta ce qu'il était auparavant, capitaine d'une com-

[1] BRANTÔME, *Hommes illustres*, édit. Panthéon, p. 292; MARTIN DU BELLAY, *Mémoires*, p. 172 et 179.

pagnie d'ordonnance. S'il exerça un commandement dans une armée, ce fut de la seule autorité que lui donnaient son talent reconnu et l'admiration qu'avaient conçue les gens de guerre pour sa bravoure joyeuse, sa prodigue insouciance et l'élévation de ses sentiments. « J'ai plus aimé, disait-il, les personnes que les escus[1]... » Les fortunes des deux capitaines furent aussi opposées que leurs caractères. Tandis que l'habile Lorrain poussait ses fils jusqu'à côté du trône, l'honnête Dauphinois, resté le type de l'honneur chevaleresque, ne laissait qu'une fille mariée à son lieutenant Chastelard, homme d'armes comme lui[2]. Pendant que Claude de Guise amassait le butin de Champagne et faisait l'orgueil des bourgeois de Paris par ses escarmouches contre les coureurs de frontière, Bayard se faisait tuer en Italie, à l'arrière-garde de l'armée de Bonnivet, dont il couvrait la retraite, et, sanglant, couché à demi mort sous un arbre, il voyait le chef vainqueur, le connétable rebelle de Bourbon, s'arrêter devant lui et lui dire : « Capitaine Bayard, j'ay « grand'pitié de vous voir réduit en ce piteux estat, « après tant de braves exploits d'armes par vous mis à « fin », — à quoy le preux chevallier, reprenant ses esprits, luy repartit d'une forte haleine : « Ce n'est pas « de moy que vous devez avoir pitié, ains de vous[3]. »

Cette déroute de Bonnivet nous avait fait perdre l'Italie : François Ier, pour la recouvrer, appela à lui toutes les forces de son royaume, recruta des Suisses

[1] Pasquier, *Recherches sur la France*, liv. V, chap. XX.

[2] Leur fils suivit Marie Stuart en Écosse, et fut mis à mort par ordre de cette princesse que lassaient les témérités de sa passion.

[3] Pasquier, *Recherches sur la France*, liv. V, chap. XV.

et des lansquenets, se mit avec énergie et activité à préparer une campagne qui devait être décisive. Il voulait venger la trahison de Bourbon, la défaite de Bonnivet, la dévastation de la Provence. Tous ceux qui pouvaient porter les armes accoururent pour se signaler sous les yeux du Roi et rajeunir, dix ans après Marignan, la première gloire de son règne. Seul, Guise resta en France. Il sembla dédaigner le commandement des Bandes noires, et le laissa à son frère François de Lorraine. A la vérité, le titre de chef de gens de pied était peu estimé; on croyait encore que la lance du cavalier était la seule arme digne de la noblesse, et Guise, qui venait de diriger des troupes d'hommes d'armes dans le Nord, put prétexter qu'il serait amoindri si on le mettait de nouveau à la tête des lansquenets, comme dix ans auparavant.

Cette merveilleuse prévoyance ou ce hasard singulier non seulement évita à Guise d'être enveloppé dans le désastre de Pavie, mais lui permit de se trouver, quand la nouvelle en arriva, le seul chef qui pût inspirer confiance et défendre le royaume durant la captivité du Roi. A la bataille de Pavie, Montmorency avait été pris avec le Roi; tous les chefs de la noblesse française étaient ou tués ou captifs. Le duc d'Alençon, beau-frère de François, avait échappé presque seul, en quittant un peu tôt le champ de bataille; il était arrivé à Lyon sans descendre de cheval, près de sa femme Marguerite de Valois et de la Régente, en même temps que ceux qui annonçaient le désastre. Marguerite et sa mère le reçurent avec une telle hauteur et lui témoignèrent tant de mépris de cette fuite, qu'il s'enferma, languit un mois et mourut de honte.

Louise de Savoie appela Guise auprès d'elle pour faire partie d'un conseil où il joua le principal rôle, puisqu'elle n'y nomma avec lui que le duc de Vendôme, frère d'Antoinette, sa femme, et Lautrec, à demi disgracié par ses anciens revers, et frère d'une favorite que l'absence du Roi laissait sans pouvoir.

CHAPITRE II

DE LA BATAILLE DE PAVIE A LA MORT DE FRANÇOIS Ier.

1525-1547.

Claude de Guise, devenu le personnage le plus important de la Régence, donna un libre essor à ses pensées ambitieuses. Des exemples récents autorisaient toutes les prétentions. A la couronne venaient d'arriver successivement, après des hasards et des revers, deux rois qui n'étaient pas fils de rois. Louis XII, dans sa jeunesse, avait été fait prisonnier les armes à la main, rebelle contre son Roi ; François Ier avait pu craindre, au dernier moment, de se voir exclu par le mariage tardif de son prédécesseur. Ces fortunes si hautes, enviées par de jeunes imaginations qu'exaltaient les aventures des romans de chevalerie, excitèrent l'émulation de tous ceux qui avaient plus d'orgueil que de scrupules. Le connétable de Bourbon avait voulu se former un royaume en saisissant la souveraineté des provinces dont les revenus lui étaient contestés. Claude de Guise rêva au trône de son aïeul le bon roi René, et se sentit hanté par l'idée de restaurer une dynastie angevine.

Des débris de la maison d'Anjou et des biens acquis

par mariages, René II, le père de Claude de Guise, avait fait deux parts : la première, pour son aîné, comprenait la souveraineté de la Lorraine avec les titres pompeux de roi de Jérusalem, de Naples, de Sicile, de Hongrie, d'Aragon, d'Anjou et de Provence; la seconde, qui échut à Claude de Guise, comprenait les terres soumises au roi de France : Guise, Aumale, Mayenne, Joinville, Elbeuf, Harcourt, Longjumeau, Boves, Sablé, Laferté-Bernard, Esgallière, Orgon et Lambesc [1]. Malgré ces apanages, Claude de Guise affecta de ne pas se laisser prendre pour l'un des sujets du roi de France; il adopta l'écusson de Lorraine aux alérions d'argent, qu'il posa hardiment sur ceux des huit maisons souveraines dont il était issu [2]; il se présenta comme prince étranger, et réclama la préséance sur tous les seigneurs français, même princes du sang. Cette étrange prétention fut presque constamment appuyée par les rois, jusqu'au jour où Henri II, effrayé des airs de souveraineté qu'affectionnaient les Guises, s'empara, en 1551, du titre de duc d'Anjou pour un de ses fils, celui qui devint le roi Henri III.

Ce bel apanage du second fils de René II ne porta point préjudice à la fortune du troisième, Jean : à trois ans, il avait été choisi pour coadjuteur de l'évêque de

[1] Testament de René II, et acte de partage du 27 octobre 1530 cité par BOUILLÉ, *Histoire des ducs de Guise*, t. I, p. 48.

[2] HEINSE et BIGNON, *Devises et éloges des hommes illustres françois*, 1667 : « *D'or à la bande de gueules chargée de trois allerions d'argent, posé sur le tout de huit alliances qu'on blasonne partie de trois traits et coupé d'un, qui font huit quartiers, ou bien de quatre quartiers soutenus d'autres quatre; au un de Hongrie, au deux de Naples-Sicile, au trois de Jérusalem, au quatre d'Aragon, au cinq d'Anjou, au six de Gueldres, au sept de Flandres, au huit de Bar, avec un lambeau de gueules en chef.* »

Metz. Le roi de France le fit nommer cardinal dès qu'il eut vingt ans, en 1518, puis se plut à accumuler sur sa tête les revenus ecclésiastiques de tous les diocèses qui devenaient vacants. Le cardinal Jean de Lorraine réunit dans ses mains les archevêchés de Reims, Lyon, Narbonne, les évêchés de Metz, Toul, Verdun, Térouanne, Luçon, Albi, Valence, Nantes, Agen, les abbayes de Cluny, Marmoutiers, Saint-Ouen, Gorze, Fécamp. Il se démit plus tard de l'archevêché de Reims au profit de l'un des fils de son frère Claude de Guise, dès que cet enfant eut atteint l'âge de dix ans, et de certains évêchés ou bénéfices au profit d'autres neveux[1]. Vers la même époque, le cardinal Wolsey, en Angleterre, était archevêque d'York, évêque de Bath, de Winchester, de Durham, et abbé de Saint-Alban[2]. Le soin que pouvaient donner à leurs diocèses des prélats

[1] Le Père ANSELME (*Histoire généalogique*) fait connaître que Jean, ce premier cardinal de Lorraine, était né à Bar le 9 avril 1498. En 1501, il fut promu coadjuteur de l'évêque de Metz, et en 1508, évêque de Metz. Il se démit en 1529 de cet évêché en faveur de son neveu Nicolas, qui était âgé de quatre ans; le neveu abdiqua en 1548, et l'oncle reprit son évêché; il fut, en outre, évêque de Toul en 1517, de Térouanne en 1518, cardinal en la même année, archevêque de Narbonne en 1520, évêque de Valence et Die en 1521 jusqu'en 1524, de Verdun en 1523 jusqu'en 1544, de Luçon en 1524. Ce dernier évêché fut cédé, la même année, à Louis de Bourbon, sous la réserve de cent livres de pension. Il fut, en 1533, archevêque de Reims; en 1535, d'Albi; en 1537, de Lyon; en 1541, évêque d'Agen; en 1542, de Nantes. Il eut l'abbaye de Gorze dans son enfance et la céda à son néveu Nicolas; il obtint celle de Fécamp en 1523, de Cluny en 1529, de Saint-Jean de Laon en 1533 et la céda en 1535, celle de Saint-Germer de 1536 à 1538, de Saint-Médard de Soissons de 1536 à 1540, de Marmoutiers en 1539; de Saint-Ouen de Rouen, de Saint-Mansuy de Tours. En 1538, il se démit de l'archevêché de Reims en faveur de son neveu.

[2] De même, un siècle plus tard, le cardinal de Mazarin put posséder simultanément vingt-deux abbayes. Voir GAILLARDIN, *Histoire de Louis XIV*, t. II, p. 49.

accablés de revenus aussi considérables était apprécié en ces termes par un prédicateur anglais, Latimer : « Je vais poser une question singulière : quel est le prélat le plus zélé de toute l'Angleterre? Je peux répondre; je sais qui c'est; je le connais. Vous me regardez : vous attendez que je vous le nomme. Il y en a un qui est actif, le plus actif de tous ceux de l'Angleterre. Voulez-vous le connaître? Je vais vous le dire : c'est le diable. De tous ceux qui ont des affaires, c'est lui qui s'applique le mieux aux siennes. Imitez-le, prélats négligents. Si vous n'apprenez rien de Dieu, du moins, par honte, apprenez du diable[1]. » Le modèle que proposait ce prédicateur semble être celui qu'avait choisi le cardinal de Lorraine, si l'on croit ce que disent de ses habitudes Brantôme et de Thou : « Quand arrivoit à la Cour quelque fille ou dame nouvelle qui fust belle, il la venoit aussitost accoster et, la raisonnant, lui disoit qu'il la vouloit dresser de sa main... Je crois que la peine n'y estoit pas si grande comme à dresser quelque poulain sauvage; aussi, pour lors, disoit-on qu'il n'y avoit guères de dames ou filles résidentes à la Cour qui ne fussent desbouchées ou attrapées par la largesse dudit monsieur le cardinal. » C'était, remarque de Thou, l'emploi dont il s'acquittait le mieux. Ce premier cardinal de Lorraine était l'homme le plus riche de son temps et le plus accablé de dettes; il gaspillait dans les fêtes de son hôtel de Cluny ses revenus insaisissables, et se moquait de ses créanciers. Sans frein dans ses fantaisies et sans contrainte dans ses opinions, il s'entourait des esprits les plus hardis, et se plaisait à

[1] J. A. Froude, *History of England*, t. I, p. 62.

écouter les idées nouvelles de ses amis Rabelais, Érasme, Ramus. Il aimait les vers de Marot et les bijoux de Benvenuto Cellini. Il était si accoutumé à répandre des poignées d'or sans compter, qu'on le reconnaissait à la richesse de ses dons, et qu'un aveugle, à Rome, lui cria après avoir reçu son aumône : « Tu es Jésus ou le cardinal de Lorraine[1]. »

Ce prélat épicurien et prodigue, si différent de son frère Claude, ne fut pas inutile à la grandeur de la maison : ses largesses attiraient des partisans; ses galanteries assuraient le tout-puissant appui des femmes; la délicatesse de son goût ralliait aux Guises le petit monde des poètes et des artistes. Il jetait un certain éclat sur cette fortune naissante qu'aurait assombrie l'âpreté de son frère.

La tâche qu'imposait au nouveau Conseil la captivité du Roi était accablante. Ce n'était plus le Milanais à conquérir, c'étaient la Bourgogne et la Provence à conserver. Les caisses publiques étaient vides, les gens de guerre pris ou découragés, le peuple ruiné et mécontent. On n'aurait plus vu, comme au temps de Bertrand du Guesclin, toutes les fileuses de France s'attacher à leur quenouille pour filer la rançon. Les dernières bandes armées, les derniers cavaliers qui nous restaient, avaient été mis sous le commandement de Guise; c'était une ressource suprême contre l'invasion des Impériaux, qui était imminente. Guise risqua cette armée pour maintenir les intérêts des princes lorrains.

Les paysans de Lorraine étaient sollicités par les

[1] Tu sei Christo o il cardinal di Lorrena.

manants de Souabe de secouer le joug des seigneurs, et de former avec eux une sorte de fédération communiste. Le désir du pillage semble avoir été leur principale inspiration. Sous prétexte d'établir la communauté des biens, s'assemblèrent environ trente mille paysans, qui saccageaient les châteaux et les maisons isolées, « tuoient femmes et enfants avecques cruauté inusitée[1] ». Claude de Guise, sans attendre des ordres, sans même prévenir la Régente, n'hésita pas à dégarnir la frontière au moment du plus grand danger qu'ait encore couru la France, à s'enfoncer en Lorraine avec nos six mille derniers soldats, et à les risquer dans une lutte contre les paysans. Il rencontra leur troupe à Saverne, la massacra presque tout entière et se vit acclamé comme un sauveur par la Lorraine et l'Alsace.

« Madame la Régente ny le conseil de France ne trouvèrent bonne l'entreprise. » Charles-Quint dut l'approuver, au contraire; car elle le débarrassait fort à propos d'une révolte redoutable dans ses États, et lui permettait de tourner toutes ses forces contre la France. Mais Guise avait atteint son but : se poser par ce nouvel exploit comme le défenseur de l'ordre établi et de la religion ; il était vainqueur au moment où tous les autres chefs ne comptaient que des défaites ; il recevait les félicitations du Parlement et du Pape ; il acquérait au milieu de la chrétienté une situation si importante, que François Ier, à son retour de captivité, crut devoir le traiter comme un prince du sang et lui conférer le rang de duc et pair, qui n'appartenait

[1] Martin du Bellay, *Mémoires*, p. 200.

encore qu'à trois princes : les ducs de Nemours, de Longueville (Dunois) et de Vendôme. C'était la première fois qu'un simple gentilhomme[1] se trouvait, par la volonté du monarque, élevé à ce rang[2] et investi des mêmes droits que les pairs symboliques qui étaient représentés dans les cérémonies du sacre, à Reims, « Bourgongne, Normandye, Guyenne, Tholose, Flandres

[1] Il est vrai que Claude de Guise se prétendait prince comme cadet de la maison souveraine de Lorraine. Avant lui, en 1519, Claude Gouffier fut créé duc et pair de Rouannois, mais il mourut le jour même de l'érection sans en profiter. (Père ANSELME, t. V, p. 605.)

[2] Les fondations de duchés-pairies ne peuvent se relever aisément à cause de la difficulté de distinguer les duchés qui ne conféraient qu'un titre honorifique et non héréditaire. En résumant ce qu'en donnent PASQUIER (*Recherches de la France*, édition de 1619, p. 146), SAINT-SIMON (*Mémoires*, t. I, p. 79 et 271), le Père ANSELME (*Histoire généalogique*) et LALANNE (*Dictionnaire de l'histoire de France*), on peut rétablir dans l'ordre suivant les duchés-pairies :

1507 Nemours.
1510 Longueville.
1514 Vendôme.
1527 Guise.
1536 Étampes.
1538 Nevers (Clèves).
1538 Montpensier.
1547 Aumale.
1552 Montmorency.
1566 Château-Thierry.
1567 Graville.
1569 Mercœur.
1572 Uzès.
1573 Rethélois.
1573 Mayenne.
1575 Saint-Fargeau.
1581 Joyeuse.
1581 Épernon.
1581 Piney-Luxembourg.
1581 Elbeuf.
1581 Retz.
1587 Halluin.
1588 Montbazon.
1588 Rohan.
1588 Soubise.
1589 Ventadour.

Les duchés-pairies érigés de la mort de Henri III à celle de Mazarin sont ceux de :

Vendôme, la Trémouille, Sully, Roannois, Beaufort, Luynes, Lesdiguières, Brissac, Chaulnes, Richelieu, Puylaurens, Saint-Simon, la Rochefoucault, la Force, Valentinois, Rohan-Chabot, Mazarin.

Ensuite vient ce que Saint-Simon a appelé « cette étrange fournée des quatorze en 1663 », qui comprenait les duchés-pairies de Verneuil (petit-fils de Henri IV), Cœuvres (Estrées), Grammont, la Meilleraye, Rethel (Mazarin), Villeroy, Mortemart, Poix (Créquy), Saint-Aignan, Randan (Foix), la Roche-Guyon (Liancourt), Tresmes, Ayen (Noailles), Cambout (Coislin).

et Champaigne » ; les lettres patentes avaient soin de le spécifier. Innovation heureuse, si des droits précis, au lieu de simples honneurs de cour, avaient été conférés aux nouveaux ducs, et si ces dignitaires avaient établi et conservé parmi eux les traditions d'une politique nationale, comme surent le faire les pairs du royaume d'Angleterre. Une forte aristocratie, aimée du pays, liée à son histoire, connue par ses sacrifices à ses intérêts, aurait pu se constituer de bonne heure au-dessus d'une noblesse sans droit politique et sans cohésion. Mais il est peu probable que François Ier ait compris qu'une aristocratie était plus solide qu'une noblesse, et qu'il ait voulu fonder un nouvel ordre dans l'État. Peut-être n'eut-il pas même l'intention d'inaugurer un système de hautes récompenses pour ses sujets ; il prétendit simplement amoindrir les princes du sang en leur assimilant des princes étrangers ; il ne conféra, durant tout son règne, des duchés-pairies qu'à des princes du sang ou à des princes étrangers [1].

L'énormité de cette innovation révolta le Parlement. Ce corps rédigea des remontrances, et ne consentit à l'enregistrement des lettres patentes que sous la condition d'une extinction de plein droit, à défaut d'héritiers mâles. Guise reçut en même temps un don qu'il dut apprécier presque autant que cet honneur extraordinaire. En érigeant le comté de Guise en duché, le Roi y ajouta les terres voisines, « pour qu'il peust mieux durer ès noms et dignités de duché ». La donation comprenait, en outre, les revenus de la seigneurie de Guise, dont l'usufruit, échu à la famille de Rohan, fut

[1] Il faut en excepter le duc d'Étampes.

racheté par le Roi de ses deniers, et abandonné au nouveau duc. Peu de temps après avoir obtenu cette dotation, Guise sut encore demander et se faire accorder les produits du greffe de Toulouse [1]. Il ne négligeait aucun profit, si petit qu'il fût.

C'est probablement cette science dans l'art de s'agrandir qui a donné naissance à la réputation d'avarice et de rapacité des Lorrains. Les Lorrains ont autant de désintéressement et de générosité que les autres Français; mais on ne les connaissait en France que par ce seigneur qui regardait comme perdue toute journée où sa maison ne s'était pas enrichie. Le prince a fait la renommée de la province. On a prêté à tous ses compatriotes les traits que l'on observait en lui.

Ces hommes froids, dont toutes les idées ont pour centre le point étroit de leur intérêt privé, ne manquent jamais de partisans. On s'unit à eux par foi en leurs succès; on sait qu'ils ne se perdent point par les fautes dans lesquelles entraînent le dévouement ou l'enthousiasme. Guise était le chef naturel de tous les courtisans qui craignaient de s'attacher à la fortune incertaine des favorites, ou qui admiraient la constance de son bonheur à travers les disgrâces de ses égaux à la Cour.

La plus éclatante de ces disgrâces fut celle de la comtesse de Châteaubriant. Louise de Savoie avait enfin réussi à écarter cette favorite en faisant usage d'artifices étranges chez une mère. Comme François Ier arrivait à Mont-de-Marsan, tout étourdi de ses premières heures de liberté, ivre de sentir qu'il était

[1] *Portefeuille Fontanieu*, 223, cité par Bouillé, t. I, p. 89.

encore roi, sa mère mit sous ses yeux une de ses filles d'honneur, grande et blanche Picarde, aux cheveux blonds avec des reflets d'or, Anne d'Heilly[1]. Aussi spirituelle et moins âgée de dix ans que la brune comtesse de Châteaubriant, cette fille du Nord éblouit un prince qui venait de passer deux ans en Espagne dans un donjon.

Elle usa sans pitié de son pouvoir. Non contente d'exiger le renvoi de la comtesse de Châteaubriant, elle voulut humilier et pousser à bout cette rivale vaincue, et lui donna l'ordre de restituer les bijoux et les parures qu'elle avait reçus du Roi au temps de sa faveur; la comtesse fit briser les joyaux et fondre l'or, et ne renvoya que les lingots. Elle vécut encore douze années dans l'amertume et l'exil, maltraitée par son mari qui fut accusé de l'avoir fait mourir, oubliée de tous, sauf du poète Marot, qui s'écria à sa mort : « Cy gist un rien là où tout triompha. »

La jeune fille qui usait de la victoire avec tant de barbarie avait soin de demeurer soumise à la Régente. Louise de Savoie put se sentir seule souveraine en France. La reine Claude était morte, le comtesse de Châteaubriant chassée, et elle-même avait eu l'art d'attacher le Roi à Anne d'Heilly par des liens assez étroits pour que la nouvelle reine, Éléonore de Portugal, la sœur de Charles-Quint, se trouvât, dès son arrivée, une étrangère près de son mari, aussi délaissée et aussi humiliée que l'avait été la reine Claude. Par la docilité de ses deux filles d'honneur, Louise de Savoie avait su s'assurer successivement la condamna-

[1] Anne de Pisseleu, demoiselle d'Heilly.

tion de Semblançay et l'autorité sur le Roi. Ce pouvoir suprême de la protectrice fut transmis sans difficulté à la suivante, quand Louise de Savoie mourut jeune encore[1].

Anne d'Heilly voulut avoir un mari. On lui trouva un ami de M. de Saint-Vallier, qui avait été proscrit avec lui à l'époque de la révolte du connétable de Bourbon; ce fut Jean de Brosses, petit-fils du confident de Louis XI, Philippe de Comines. Il accepta de devenir l'époux de la favorite et d'habiter la Bretagne dont il reçut le gouvernement. A cette condition, ses terres confisquées lui furent restituées. Elles furent érigées en duché-pairie. Ce nouveau duc et pair prit rang immédiatement après le duc de Guise et se nomma le duc d'Étampes.

Une autre Picarde, plus adroite encore que la duchesse d'Étampes, devenait reine d'Angleterre. Anne de Boleyn fut d'abord fille d'honneur de Marguerite, sœur de François Ier; elle passa ensuite au service de la Reine d'Angleterre, Catherine d'Aragon, qu'elle parvint à faire répudier. Elle fut couronnée reine à Westminster et fit porter la traine de sa robe par une duchesse et deux évêques[2], avec la même pompe que peu d'années auparavant sa souveraine, vivante encore et abandonnée.

Le pouvoir absolu qu'exerçaient les femmes dans l'État convenait aux esprits souples comme le duc de Guise, mais il avait ses opposants et ses frondeurs : « Par malheur, disaient-ils, les dames peuvent tout; madame d'Estampes en fit bien chasser de plus grands

[1] En 1531.
[2] J. A. FROUDE, *History of England*, t. I, p. 280.

que moy qui ne s'en vantèrent pas, et m'estonne de ces braves historiens qui ne l'osent dire[1]... » « Elles tiennent les roys par les pièces qu'ils estiment le plus, leur font oublier les capitaines assiégez en Italie, ayment mieux mil escus en leur bourse qu'une province à Leurs Majestez. Peu sert de sçavoir les batailles et assauts, qui ne sçait la Cour et les Dames. Vengeance, colère, amour, inconstance, légèreté, impatience, précipice, les rendent incapables du maniement des affaires d'Estat[2]. »

Ce portrait ne saurait représenter la sœur du Roi, Marguerite de Valois, qui est peinte au contraire comme « ayant la raison la plus solide, non seulement de toutes les femmes, mais aussi de tous les hommes, de sorte que dans les affaires de l'État, on ne pouvait trouver de meilleurs conseils[3] ». Elle luttait avec les théologiens[4] et les poètes; la sérénité de son caractère et la sûreté de son goût lui assuraient le succès dans ses discussions avec les esprits délicats ou avec les pédants, de même que l'étendue de ses connaissances et la constance de son amour pour son frère lui faisaient une place à part dans la Cour, au milieu des filles et des jeunes femmes que les fêtes, la faveur des

[1] Blaise de Montluc, *Commentaires*, édit. Didier, p. 76.

[2] Tavannes, *Mémoires*, édit. Petitot, t. XXIII, p. 199.

[3] Dandolo, publié par Baschet, *la Diplomatie vénitienne*, p. 412. Giustinian dit de la même princesse, p. 400 : « Donna di molto valore e spirito grande. »

[4] Elle publia à Nérac *le Miroir de l'asme pescheresse, ou le miroir de très-chrestienne princesse Marguerite de France, royne de Navarre, duchesse d'Alençon et de Berry, auquel elle veoit son néant et son tout*. Ce traité de théologie en vers fut condamné par Noël Beda, syndic de la Sorbonne, malgré l'autorité du recteur Cop. Beda fut enfermé au mont Saint-Michel, où il mourut en 1537.

princesses, les fortunes de la comtesse de Châteaubriant et de la duchesse d'Étampes y avaient assemblées. Le poète Marot chantait leurs charmes; chacune d'elles eut ses *étrennes*. On peut repeupler les galeries de Fontainebleau en faisant revivre ce monde léger qui s'agite dans les dizains du poète, et qui s'épanouit au rire de mademoiselle d'Albert[1].

> Elle a très-bien cette gorge d'albastre,
> Ce doux parler, ce cler teint, ces beaux yeux;
> Mais en effet ce petit ris folastre
> C'est, à mon gré, ce qui lui sied le mieux.

Ces femmes savaient justifier et comme consacrer l'autorité et la prépondérance dont elles jouissaient, par la fierté de cœur avec laquelle elles demandaient et favorisaient la valeur. Il ne fallait point, pour leur plaire, le calme somptueux d'une existence timide et assurée. Ces héroïnes voulaient que leurs maris acquissent de la gloire par les armes. Elles n'avaient ni la modestie, ni la modération de la femme moderne; mais elles commandaient l'élévation des sentiments, et elles méprisaient les petitesses et les vilenies : « Le naturel de toutes les femmes est tel, qu'elles hayssent mortellement les coüards et les poltrons, encore qu'ils soient bien peignés, et ayment les hardis et courageux, pour difformes qu'ils soient. Elles participent à vostre honte, et quoy qu'elles soient entre vos bras dans le liet, faisant semblant d'estre bien ayses de vostre retour, elles voudroient que vous fussiez esté estouffé, pensant que la plus grande honte qu'elles ayent est

[1] Clément MAROT, édition de 1700, p. 337.

d'avoir un mari coüard[1]. » Aussi, quand le duc d'Alençon s'est enfui de Pavie, il meurt, accablé de honte sous le regard de sa femme; quand la Châtaigneraie est jeté à terre dans un duel, devant les dames, il ne veut plus reparaître vaincu sous leurs yeux, et il déchire de ses doigts l'appareil qui panse sa blessure. Elles rachetaient leurs galanteries en exigeant le courage.

Claude de Guise se tenait en dehors de ce monde enchanté où trônait son frère, le cardinal Jean; il n'y conservait de relations que ce qui était indispensable pour entretenir son crédit; ce n'était point par austérité de mœurs, mais ses passions étaient renfermées dans les limites de son gouvernement et s'étendaient dans une région inférieure. Il eut longtemps pour maitresse la fille du président des Barres, à Dijon.

Il s'éprit d'une paysanne des environs de Joinville, dans une des visites qu'il faisait à sa femme, la pieuse Antoinette de Bourbon. La vertueuse femme sut que son mari avait un rendez-vous secret avec la paysanne dans une chaumière; elle y fit tendre la plus belle de ses tapisseries et allumer des flambeaux de cire[2], pour le rappeler au respect de lui-même par le contraste du luxe et de la misère. Elle ne put le défendre contre la bassesse d'une autre inclination; on ne sait pas la condition de la femme qui en fut l'objet, mais on racontait que le duc avait pour rival un palefrenier, qui était neveu du bourreau de Langres. C'est ce dernier que les pamphlets considéraient comme le père de l'enfant que le duc de Guise reconnut comme

[1] Montluc, *Commentaires*, p. 151.
[2] Varillas, *Histoire de Charles IX*, t. I, p. 139.

étant de lui et fit nommer abbé de Cluny[1]. Ce singulier abbé, dom Claude, se signala par ses exploits à la Saint-Barthélemy, fut accusé d'avoir empoisonné son frère, le second cardinal de Lorraine, et mourut en 1612, après une vie méprisée.

Outre ce fils, le duc de Guise eut, ainsi que son père, douze enfants légitimes; les deux aînés moururent en bas âge, comme étaient morts ses deux frères aînés. En 1519, naquit François, le futur duc de Guise, le grand Balafré, et en 1524, Charles, le second cardinal de Lorraine, l'héritier du cardinal Jean, aussi intelligent, aussi dépravé que cet oncle, mais plus actif et plus ambitieux.

Le duc Claude vivait au milieu de cette nombreuse famille, et devenait comme un petit souverain dans ses châteaux; il s'était fait affilier aux ordres des Frères Prêcheurs et de Citeaux, mais sans que cette formalité lui imposât beaucoup de privations, car il avait reçu du Saint-Siège, moyennant une rétribution, des bulles qui accordaient à lui et à cinquante personnes de chaque sexe qu'il désignerait, la permission de la viande aux jours maigres et les indulgences gagnées par le pèlerinage aux églises de Rome, pendant le Carême[2].

Cette affectation à se renfermer dans ses gouvernements fut momentanément nuisible à son influence. Le principal crédit se partagea entre Montmorency et Brion[3].

[1] D'après le Père ANSELME, *Histoire généalogique*, cet abbé de Cluny aurait eu pour mère la fille du président des Barres.

[2] *Inventaire de Joinville*, cité par BOUILLÉ, t. I, p. 65.

[3] TAVANNES, *Mémoires*, édit. Didier, p. 79.

Le connétable de Montmorency était le chef de cette famille de barons qui se faisaient appeler les premiers barons de France, mais qui prenaient rang aux états généraux après les comtes, les vicomtes et vidames, et n'avaient aucune préséance sur les barons des provinces autres que l'Ile-de-France, pas plus que n'en prétendaient sur eux les premiers barons du Périgord [1]. Il ne fut élevé à la dignité de duc et pair qu'en 1552, sous le règne de Henri II. C'était un courtisan souple et accoutumé aux intrigues, qui savait cacher sous des dehors de rudesse et même de brutalité une âme capable de toutes les servilités. « Il vous repassoit ses capitaines grands et petits, asseurez-vous qu'il leur faisoit boyre de belles hontes, et non-seulement à eux, mais à toutes sortes d'estats, comme à ces messieurs les présidents, conseillers et gens de justice; la moindre qualité qu'il leur donnoit, c'estoit qu'il les appeloit *asnes, veaux, sots*... Asseurez-vous qu'ils trembloient devant luy et les renvoyoit ainsi qualifiés. » Cette terreur s'éveillait facilement chez ceux qui savaient que l'exercice de ses dévotions ne l'interrompait pas dans les exécutions qu'il aimait à ordonner. « On disoit qu'il se falloit garder des patenostres de M. le connétable, car en les marmottant, lorsque les occasions se présentoient, il disoit : Allez-moi pendre un tel; attachez celui-là à cet arbre; faites passer celui-là par les picques tout à

[1] Voir notre BRANTÔME, *Hommes illustres*, édit. Panthéon, t. I, p, 313. Les premiers barons du Périgord qui apposaient leurs signatures en cercle aux États de la province étaient les quatre barons de Ribérac, Salignac, Estissac et Grinhols. Voir Ph. DE BOSREDON, *Note sur les États du Périgord; Mém. Soc. hist. et arch. du Périgord,* t. II, p. 289.

ceste heure, ou les arquebuses, tout devant moy; taillez-moi en pièces tous ces marauds; boutez-moi le feu partout, un quart de lieue à la ronde. Tout cela, sans se débander nullement de ses *Pater*[1]. »

Aussi âpre que le duc de Guise dans sa cupidité, il était effréné dans ses galanteries, et voulait racheter ses cruautés et son libertinage par une dévotion exaltée; mais pour son esprit étroit, la dévotion se bornait au respect des autorités établies, le Pape et l'Empereur. Aussi fut-il opposé, durant toute sa carrière, à la politique du Roi de France, et poussa jusqu'aux limites de la trahison son obstination dans l'idée d'une union avec le Pape et l'Empereur, pour faire la guerre aux Turcs, et maintenir l'ordre constitué dans la chrétienté. Son avarice causa presque autant de dommages que son incapacité militaire et sa nullité politique; en se faisant donner le monopole du sel de Savoie, et en refusant de s'en dessaisir, il nous fit perdre l'alliance de Gênes, et, avec Gênes, la flotte de Doria.

Chabot de Brion, amiral de France, lieutenant général en Bourgogne, Dauphiné et Normandie, était le rival de Montmorency dans la faveur du Roi. Il se fit combler de biens, ainsi que son frère, Chabot de Jarnac, gouverneur d'Aunis. Non content des dons que lui octroyait la munificence royale, il perçut pour son compte un impôt de vingt sous sur les matelots de Normandie qui partaient pour la pêche du hareng, et un droit de six livres sur les bateaux de pêche au maquereau[1].

[1] Brantôme, *Hommes illustres*, édit. Panthéon, t. 1, p. 314 et 315.
[2] Pasquier, *Recherches sur la France*, p. 569.

Cette rapacité avait été mise à la mode par Louise de Savoie. Son confident, le cardinal Duprat, mourut quatre ans après elle, en laissant quatre cent mille écus d'or cachés dans ses coffres; c'était le produit de ses exactions comme homme de loi, et ses complaisances comme ministre; il aspirait à la tiare et espérait réussir à l'aide de ses écus d'or. Le trésorier des guerres, Spifame, laissa cinq cent mille écus d'or [1]. Dans ce pillage, on est heureux de remarquer la générosité du garde des sceaux Monthelon, qui reçut du Roi un don de deux cent mille livres confisquées sur les Rochellois après une émeute, et qui fit, avec cette somme, construire un hôpital à la Rochelle.

Ces malversations étaient d'autant plus criminelles, que la guerre continuait sur toutes nos frontières, et que nos alliés contre Charles-Quint menaçaient toujours de se séparer de nous. Le Roi d'Angleterre n'avait rompu avec l'Empereur que malgré les intérêts et les réclamations de ses sujets; pour ménager leur mécontentement, notre ambassadeur, du Bellay, recommandait au moment d'une entrevue que devaient avoir les deux princes [2] : « Surtout, je vous prie que vous ostiez de la Cour ceux qui ont la réputation d'estre mocqueurs et gaudisseurs, car c'est bien la chose en ce monde la plus haïe de cette nation. »

La Provence fut de nouveau envahie en 1536; Guise vint s'établir à Paris avec sa femme et ses enfants, et promit aux bourgeois de les défendre, tandis que toutes nos forces militaires se réunissaient

[1] *Journal d'un Bourgeois de Paris*, p. 453; Henri Martin, *Histoire de France*, t. VIII, p. 224.

[2] J. A. Froude, *History of England*, t. 1, p. 236.

dans la vallée du Rhône pour arrêter l'Empereur. En même temps, le maréchal de Fleuranges s'enferma dans Péronne, où il fut bientôt assiégé par le comte de Nassau[1]. La France était ainsi entamée au nord et au midi. En Provence, la dévastation systématique des campagnes empêcha l'armée envahissante de se ravitailler, et ne la laissa arriver au Rhône qu'épuisée et sans forces. Au nord, Paris était dans la terreur; on savait que Péronne n'avait plus de poudre et très peu de défenseurs; qu'elle ne pouvait tarder à être enlevée, comme venaient de l'être la ville et le château de Guise. Irrité par la nouvelle du pillage de ses biens et de l'affront fait à sa terre ducale, Claude de Guise résolut de délivrer Péronne. Il quitta Paris secrètement avec sa cavalerie et quatre cents arquebusiers chargés de sacs de poudre; il traversa, de nuit, le campement de l'armée assiégeante, et introduisit ses arquebusiers avec leur poudre dans la place. Au petit jour, le comte de Nassau vit les arquebusiers qui défilaient sur la muraille, et la cavalerie au loin qui se repliait en bon ordre sur Paris. Il leva le siège.

Le succès de ce coup de main fit l'admiration des Parisiens; on oublia Fleuranges qui avait tenu un mois dans Péronne, pour célébrer le seul duc de Guise qui avait su y introduire les arquebusiers.

Après avoir ainsi rappelé son nom aux Parisiens, Guise rentra en Champagne pour reprendre sa guerre d'incursions sur les frontières; il se sentait tellement indépendant dans les provinces de Bourgogne et de Champagne, qu'il osa refuser au connétable de lui

[1] Guillaume DU BELLAY, *Mémoires*, p. 331, 428, 429.

envoyer des pièces de canon qui se trouvaient à Troyes; il fallut une lettre de François Ier pour le contraindre à la discipline. A Reims, il donna aux chanoines la permission d'enfreindre les ordonnances royales, et fut, pour ce délit, cité devant le Parlement de Paris [1].

Cependant, son frère le cardinal de Lorraine ne tarda guère à lui faire savoir qu'il devait reparaître à Fontainebleau, et songer à se ménager de nouveaux alliés, s'il voulait assurer l'avenir. Le Roi voyait naître sous ses yeux une petite Cour, rivale de celle de madame d'Étampes, à l'exemple de celle qu'il avait opposée lui-même à Anne de Bretagne, sous le règne de Louis XII. Il avait vu revenir sans tendresse ses fils qui l'avaient remplacé dans les prisons de l'Espagne. Les jeunes princes avaient été, à leur retour, environnés de toutes les intrigues, et courtisés de tous les ambitieux, que pouvait tenir en éveil la santé délabrée du Roi. L'aîné s'était épris d'une fille d'honneur de la reine Éléonore, mademoiselle de Lestrange, qui paraît avoir été une personne assez modeste et peu disposée à entrer en lutte contre la redoutable duchesse d'Étampes.

Le second, Henri, fuyait les femmes, restait sombre et taciturne. Son père, un jour, devant la grande sénéchale de Normandie, s'inquiétait de ce peu de galanterie et de cette timidité sauvage. — Il faut le rendre amoureux, répondit la dame [2].

[1] Ms. Béthune, v. 8540, f. 100, et v. 8580, f. 89, cités par Bouillé, *Histoire des ducs de Guise*, t. I, p. 118.

[2] Le Laboureur, *Addition aux Mémoires de Castelnau*, t. I, p. 270 : « On dit que le roi François Ier, qui le premier avoit aimé Diane de

C'était en 1533, elle avait trente-quatre ans, le jeune prince en avait quinze. Veuve depuis deux ans de Louis de Brézé, elle portait encore le deuil, et son corsage de velours noir faisait ressortir l'éclat des seins, qui étaient nus, à la mode de l'époque. Son père était fils d'Aymar de Poitiers, seigneur de Saint-Vallier, qui avait épousé Marie de Sassenage, fille naturelle du roi Louis XI [1]. Son mari, le grand sénéchal de Normandie, était fils de Jacques de Brézé, comte de Maulevrier, qui avait épousé Charlotte, fille naturelle du roi Charles VII et d'Agnès Sorel [2]. Charlotte avait été surprise par son mari en adultère, et poignardée avec son amant. Par son aïeule et par celle de son mari, Diane de Poitiers, sénéchale de Normandie, semblait prédestinée aux faveurs royales.

Hautaine, froide, adroite à chercher des alliances, et douée du privilège étrange d'avoir conservé sa beauté aussi parfaite jusqu'à l'âge de près de soixante ans, et son influence aussi absolue sur le prince qui lui avait offert ses premiers hommages à quinze ans, jusqu'au jour où il mourut, Diane de Poitiers avait su, dès le commencement, si bien assurer son empire, qu'elle n'eut aucune inquiétude quand elle apprit, l'année suivante, que le jeune prince devait épouser une nièce du pape Clément VII.

Poitiers, lui ayant un jour témoigné quelque déplaisir du peu de vivacité qu'il voyoit en ce prince Henri, elle lui dit qu'il falloit le rendre amoureux et qu'elle vouloit en faire son galant. »

[1] Fille de Marguerite de Sassenage, veuve d'Amblard de Beaumont, Marie épouse en 1467 Aymar de Poitiers.

[2] Charlotte était la seconde fille de Charles VII et d'Agnès Sorel; elle épousa, en 1462, Jacques de Brézé, qui la poignarda avec son amant, Pierre de la Vergne, à Romiers-lez-Dourdan. Voir Peignot, *la Maison royale de France*.

Ce projet aurait pu facilement être combattu, car il flattait peu l'orgueil de la maison royale. La jeune fille qu'on destinait au second fils du roi de France était née du mariage du duc d'Urbin, neveu de Léon X, avec Catherine de la Tour, sujette de François Ier; c'était Catherine de Médici. Diane affecta de favoriser cette alliance, prévoyant sans doute qu'une enfant de famille inférieure à la sienne, et d'une santé qui devait être bien misérable, d'après les circonstances de sa naissance, ne saurait de longtemps mettre obstacle à sa fortune. Clément VII, de son côté, n'était pas sans inquiétudes, en tant que souverain Pontife, sur cette alliance, qui comblait sa vanité de membre de la famille Médici. S'unir aussi intimement au roi de France était se faire un ennemi décidé de Charles-Quint. Selon notre ambassadeur Grammont, évêque de Tarbes[1], « aucunes fois qu'il pensoit qu'on ne le regardast, il faisoit de si grands soupirs, que pour pesante que fust sa chappe, il la faisoit bransler à bon escient ». Il devait appréhender également qu'après sa mort, l'alliance française fût abandonnée par son successeur, et que sa pauvre nièce fût délaissée à la Cour, peut-être répudiée. On peut ajouter foi à la tradition qui le représente comme la prévenant d'avance du danger, même si l'on refuse d'admettre qu'il lui ait proposé, pour assurer ses droits, de donner naissance à des princes, n'importe à quel prix[2]. Cette enfant avait quatorze ans; elle chercha à plaire à toutes les femmes de la Cour. Sa situation subalterne n'excitait aucune

[1] Cité par J. A. Froude, *History of England,* t. I, p. 157.

[2] « Fatti figliuoli de ogni maniera. » Voir Martha Freer, *Life of Jeanne d'Albret,* t. I, p. 61.

jalousie; mais un événement inattendu vint tout à coup renverser tous les projets, transformer la petite fille des marchands florentins en dauphine de France, et ranger parmi les courtisans de Diane de Poitiers tous ceux qui espéraient d'un nouveau règne l'avancement de leur fortune. Le Dauphin mourut subitement à Avignon[1], en 1536; Henri, le second fils du Roi, l'époux de Catherine de Médici, devenait l'héritier de la couronne.

On a supposé que le Dauphin avait été empoisonné. Les bruits de ce genre étaient toujours accueillis à la Cour, sorte de salon de gens oisifs, ignorants et crédules, parmi lesquels se propageaient des récits exagérés ou faux, que nous ont conservés Brantôme avec malignité, et de Thou avec naïveté. Mais il en est plusieurs que leur peu de vraisemblance permet de rejeter. L'extrême propension à supposer du poison dans toutes les maladies des princes était une des faiblesses de l'époque; on doit s'en défier, même quand la torture arrachait des aveux aux malheureux que l'on soupçonnait du crime imaginaire. Le moindre accident

[1] Une chanson populaire, souvent citée, s'applique probablement à cette mort et au désespoir de mademoiselle de Lestrange, qui perdait ainsi tout espoir de succéder à la duchesse d'Étampes :

Toute brunette suis,
Jamais ne seray blanche
Monseigneur le Dauphin
Malade dans sa chambre
Sa mye le va voyr
Bien triste et bien dolente :
— Si vous mourez, monsieur,
A qui me doibs-je rendre?
— Mon escuyer Brissac,
Je la vous recommande.

suffisait pour faire croire au poison, et Marguerite de Valois, souffrante un jour, écrivait qu'elle avait été empoisonnée dans la fumée de l'encens par l'évêque de Condom. « Ce n'est, disait-elle, que des vomissements. » Elle se trompait; c'était simplement une grossesse qui commençait. Mais, même en supposant un crime contre la vie du Dauphin, il serait absurde d'en accuser Catherine de Médici, sous le prétexte qu'elle arrivait d'Italie, le pays des poisons, et qu'elle avait seule le profit de cette mort. Elle n'avait alors que seize ans, aucun enfant, malgré le conseil de Clément VII, nulle tendresse chez son mari. Si, simple princesse, elle avait dû craindre d'être répudiée, elle avait à redouter bien davantage cette honte le jour où son mari devenait l'héritier du trône, et pouvait lui reprocher, au nom de la raison d'État, l'obscurité de sa naissance et le manque d'enfants. Catherine était trop préoccupée de se faire accepter comme la femme du second fils du Roi, pour avoir pu songer à devenir Dauphine par un crime. Elle ne pouvait qu'accroître ses dangers en élevant sa dignité. Mal assurée d'être tolérée au second rang, elle devait appréhender d'être repoussée dès que le premier s'offrirait à elle. La mort du Dauphin accrut, en effet, les difficultés de sa situation. Ce ne fut qu'à force de caresses pour la duchesse d'Étampes, et de supplications près de François Ier, qu'elle put intéresser l'affection et aussi la loyauté du Roi, et obtenir que son mariage ne serait pas considéré comme nul.

Tout le bénéfice de l'importance que donnait à Henri la mort de son frère fut recueilli par Diane de Poitiers. Elle commença à se poser en rivale d'influence devant la duchesse d'Étampes, et en maîtresse de la future Cour. Henri se déclara le père d'une fille que l'on nomma Diane. On désigna comme la mère une jeune Piémontaise nommée Philippe Duc, qui était une des demoiselles de la suite de Diane de Poitiers, et qui se retira presque aussitôt dans un couvent. Il semble probable que la véritable mère fut Diane de Poitiers elle-même. Elle acceptait la renommée et les honneurs de favorite du prince, mais refusait de passer pour avoir une fille de lui. Il est peu naturel cependant que la jeune Piémontaise ait pu pousser le dévouement et la soumission envers sa dame jusqu'à lui donner son honneur tout entier, pour obéir à un caprice que dictait seul l'orgueil et non le soin d'une réputation connue de toute la Cour. Faut-il supposer que Henri, lassé un moment des dédains de la grande sénéchale qui le traitait en enfant et affectait souvent de le contraindre à une passion purement idéale, aura obtenu plus de complaisance chez une des filles nobles de sa maison? En tout cas, la grande sénéchale éleva la jeune Diane comme son enfant, et non comme la fille d'une rivale de rang inférieur; elle eut soin de lui faire obtenir, quand Henri fut roi, les prérogatives de légitimée de France, et s'occupa de la marier avec autant de sollicitude que les aînées qu'elle avait eues de son mari.

Le cardinal de Lorraine eut la prévoyance et l'adresse de comprendre de quel prix serait pour la maison de Guise une union intime avec Diane de Poitiers; il vit que c'était assurer, de la sorte, pour le prochain règne, le crédit et la faveur de ses neveux. Le duc de Guise arriva avec ses fils : l'aîné put prendre part à des fêtes et à des tournois dont François Ier n'était plus le héros :

Un chevalier royal
A là dressé sa tente
Et sert, de cœur loyal,
Une dame excellente,
Dont le nom gracieux
N'est jà besoin d'écrire :
Il est écrit aux cieux
Et de nuit se peut lire.

Ravagé par un abcès qui lui avait déformé la bouche[1], François Ier était devenu irritable et versatile : il avait un besoin continuel de mouvement et de plaisirs. Tout travail de l'esprit lui semblait intolérable[2]. Il consentait à donner des ordres, mais se refusait au moindre effort qui eût été nécessaire pour savoir s'ils étaient exécutés. Il commandait des statues à Benvenuto Cellini, mais ne lui procurait pas le métal pour les fondre. Il voulait que sa Cour passât dans la chrétienté pour le centre de la courtoisie et du bon goût, et il effrayait quelquefois les ambassadeurs étrangers par la grossièreté de ses propos soldatesques[3]. Charles-Quint

[1] ZUAM ANTONIO VENIER, *Relation de* 1533, extraite de BASCHET, *la Diplomatie vénitienne,* p. 395 : « Il est guéri du mal qu'il a eu, mais il lui en reste une trace sur la figure; il lui manque aussi quelques dents perdues par suite de ce même mal. » Il lui manquait aussi la luette (HUBERT, *Vita Fred. Pal.,* cité par Henri MARTIN, t. VIII).

[2] MARIN CAVALLI, *Relation de* 1546 (BASCHET, p. 416) : « Il mange et boit beaucoup, il dort très bien : ce qui lui importe, c'est de se sentir vivre dans une joie continuelle; autant il supporte les fatigues, autant les soucis d'esprit lui pèsent. Il ne veut jamais prendre part à l'exécution; ni même la surveiller; il lui semble que c'est assez de savoir son rôle qui est de commander et de donner des plans. Le soin pour le reste, il le laisse à ses subalternes. »

[3] Paget, ambassadeur d'Angleterre, écrit à Henri VIII que François Ier a hâte d'entrer en combat singulier avec Charles-Quint, et

était son ennemi, il l'accueillit par des fêtes ; les bourgeois de Gand étaient ses alliés, il les livra à Charles-Quint. Il fut tout contraste, plein d'élans généreux et d'inspirations élevées, mais incapable de s'assujettir à des plans préconçus.

Sa politique fut surtout inconsistante dans ses relations avec les réformés, qu'il protégea ou fit brûler, selon le caprice du moment. Les protestants étaient sous son règne bien peu nombreux en France. Si, dès cette époque, l'Église avait supprimé les abus qu'elle a interdits plus tard, il n'est pas douteux que la réforme aurait été sans objet, du moins en France, et que nous n'aurions pas connu des guerres de Religion. Aujourd'hui, il est permis au catholique de lire en français les évangiles et les prières de la messe. Sous François Ier, on était brûlé pour le demander ou pour souhaiter que les évêques n'eussent qu'un siège et que les gens d'Église eussent des mœurs pures. Les premiers réformés ne se séparèrent que lentement et avec répugnance de la communion de l'Église[1]. François Ier, sa mère et sa sœur virent sans effroi ce mouvement, qui aurait pu, dans le principe, n'avoir d'autre conséquence que de produire, dès le seizième siècle, la dignité et la sainteté de vie du clergé du dix-neuvième. La Cour défendit longtemps Berquin, Marot, Estienne et Dolet contre les délations de Béda et d'Antoine de Mouchy. Béda avait osé accuser d'hérésie la sœur même du Roi ; il fut enfermé au mont

qu'il s'exprime en ces termes : « He would give his daughter to be strumpet to a bordel to be sure of the encounter with the Emperor. » *State papers*, vol. IX, p. 182.

[1] Ranke, *Hist. of Popes*, t. I, p. 120, de la traduction anglaise.

Saint-Michel et y mourut. Antoine de Mouchy, en latin *Demochares*, a donné naissance au mot *mouchard*, par le zèle avec lequel il savait épier et faire dénoncer les hérétiques.

Bientôt, les réformés parurent se plaire à irriter le Roi; ils semblèrent impatients de persécution. Des exaltés se rencontrent toujours, dans tous les partis, pour éloigner par leurs violences ceux qui veulent la conciliation, pour honnir les habiles qui essayent d'assurer lentement le succès, pour faire appel à la force, quand ils se sentent les plus faibles, et pour exaspérer le fanatisme par une sorte de nostalgie du martyre. Les défis de ces intransigeants du protestantisme, et l'horreur soulevée par les supplices que Henri VIII faisait subir aux catholiques en Angleterre, finirent par pousser à bout François Ier; il commmença les exécutions en 1535. Ce fut cette année que fut imprimée la première Bible en langue française, à Neufchâtel, par Robert Olivétain, qui emprunta aux Vaudois, pour sa traduction, d'anciens manuscrits en langue romane. Les Vaudois furent exterminés en 1544; Berquin et Dolet furent brûlés[1]. Marot et Estienne prirent la fuite. Le pieux historiographe Mézeray[2] put répliquer dans le siècle suivant à ceux qui accusèrent François Ier d'indulgence pour les réformés : « Quoi donc! brûler les hérétiques par douzaines, les envoyer aux galères

[1] Étienne Dolet, né à Orléans en 1509, fut brûlé le 3 août 1546; c'était un génie d'une portée remarquable. Un historien des ducs de Guise (t. I, p. 121) dit, sans citer d'autorité, que Dolet passait pour bâtard du Roi. Le Roi avait moins de quatorze ans à la naissance de Dolet; il habitait Cognac, et non Orléans.

[2] MÉZERAY, *Histoire de France*, t. II, p. 1038.

par centaines et les bannir par milliers, est-ce là permettre ou n'y prendre pas garde? »

La duchesse d'Étampes favorisa ceux qui n'étaient pas hostiles à la réforme; Diane de Poitiers se prononça hautement pour la suppression de l'hérésie. L'antagonisme entre les deux femmes devint une véritable guerre qui partagea la Cour. La duchesse d'Étampes avait pour alliés l'amiral, Chabot de Brion, qu'on regardait comme le rival du Roi dans ses bonnes grâces, et Antoine Sanguin, évêque d'Orléans, à qui elle fit donner le chapeau de cardinal, « troisiesme de ce temps créé par amour des femmes[1] »; il prit le titre de cardinal de Meudon. Diane de Poitiers s'était assuré l'appui du connétable de Montmorency et du cardinal de Lorraine. Celui-ci était l'adversaire des nouvelles doctrines par intérêt pour ses bénéfices et ses nombreux épiscopats, mais les scandales de sa vie privée, et son intimité avec Rabelais et Érasme, ne permettent pas de lui prêter des convictions religieuses. Ses neveux, les trois fils aînés du duc de Guise, faisaient leurs débuts à la cour de Diane, tandis que leur père se tenait à l'écart et évitait de se compromettre dans sa querelle entre les deux favorites. Chacune d'elles avait son grand officier de la couronne et son cardinal; elles commencèrent les hostilités dans la personne de leurs partisans; elles semblèrent se considérer entre elles, comme le roi d'un échiquier, que l'on n'attaque qu'après avoir pris les principales pièces. Montmorency fut le premier enlevé. Diminué dans l'amitié du Roi, qui le voyait avec jalousie s'attacher à

[1] TAVANNES, *Mémoires*, p. 100.

son successeur, ce courtisan cachait sous sa figure de dogue et sous sa brutalité affectée un art profond des intrigues de cour; il prévit sa disgrâce au mariage de Jeanne d'Albret, la fille de Marguerite de Valois et du roi de Navarre. Cette enfant avait douze ans, et devait, par ordre du Roi, épouser le duc de Clèves. Mais elle possédait déjà ce caractère hautain et cette force de volonté qui firent d'elle, quelques années plus tard, un redoutable chef de parti. Elle refusa d'épouser un prince allemand, et ne se laissa parer pour les noces qu'après avoir rédigé une protestation dans laquelle elle se déclara contrainte par violence, disant [1] : « La Reine, ma mère, m'a fait fouetter par ma gouvernante, la baillive de Caen. » Devant l'autel, elle refusa d'approcher. François Ier la fit porter par Montmorency. Le connétable, humilié de ce concours qu'on l'obligeait de donner en public aux fonctions de la baillive de Caen, comprit qu'il devait quitter la Cour. Le Roi, du reste, oublia bientôt ce mariage qu'il avait exigé avec tant d'obstination contre les vœux de l'enfant, et se servit de la protestation pour le faire annuler quelques années plus tard [2]. Montmorency expia dans un exil, à son château de Chantilly, sa partialité pour le fils contre le père, et attendit avec confiance la revanche de Diane de Poitiers.

Celle-ci fit expier à l'amiral la perte du connétable. Elle le fit accuser de concussions; le Roi, facilement irritable, le somma de se justifier. Trop sûr de son

[1] Protestation publiée dans le livre de *Marguerite de Valois* par madame la comtesse d'Haussonville, p. 209.

[2] Brantôme, *Dames illustres*. Martha Freer, *Life of Jeanne d'Albret*.

crédit, Chabot demanda des juges; on le livra à des commissaires que présidait le chancelier Poyet, l'ancien instrument de Louise de Savoie et le flatteur de Diane. Poyet prononça la condamnation de Chabot, qui fut déchu de toutes ses dignités, enfermé en prison, et forcé de payer quinze cent mille livres d'amende. « Les dames avoient aydé à sa faveur, par les dames il se perd[1]. » Cet arrêt ne fut obtenu des commissaires que par la pression du chancelier; l'un d'eux protesta, en signant, de la violence qu'il subissait[2].

La duchesse d'Étampes répondit à ce coup en ruinant le chancelier Poyet. Ce magistrat coupable fut mis en jugement à son tour; convaincu de prévarications, il fut condamné à cent mille livres d'amende, dépouillé des sceaux et enfermé à la Bastille.

Le duc de Guise, qui avait recherché l'appui de Chabot, au temps de sa puissance[3], et ensuite « qui avoit aydé à sa ruine[4] », intervint en sa faveur pour ne pas être entraîné dans la chute du chancelier. Mais il fit payer son intercession. Chabot lui donna une tapisserie à fond d'or « estimée trente mil escus », qui fut tendue au château de Joinville. La duchesse d'Étampes obtint de le faire sortir du donjon de Vincennes, mais il mourut bientôt du chagrin de sa disgrâce. « D'Annebaut, par faveur de madame d'Étampes, empiète le mesme crédit. » Ce nouveau

[1] TAVANNES, *Mémoires*, p. 100.

[2] Il mit avant son nom un V et un I à la fin, pour calmer sa conscience peu scrupuleuse avec les lettres du mot *vi*, par violence. PASQUIER, *Recherches sur la France*, p. 569.

[3] Voir lettre du duc de Guise à Chabot, afin d'avoir l'appui du Roi dans un procès qu'il avait à Rouen en 1537, Ms. Béthune, v. 8557, f. 149, cité par BOUILLÉ.

[4] TAVANNES, *Mémoires*.

venu, qui hérita de la charge d'amiral, n'avait ni capacité, ni habitude des intrigues, et ne se montra pas un rival dangereux pour le duc de Guise. Guise restait, en 1541, le seul seigneur considérable qui eût conservé son crédit. Il avait marié, trois ans auparavant, au roi d'Écosse, Jacques V, sa fille Marie, veuve du duc de Longueville.

Petit-fils du roi René, beau-père du roi d'Écosse, entouré de ses douze enfants, tous beaux et robustes, le duc de Guise sentait grandir son ambition avec les succès. Il se voyait déjà plus important que son aîné, le duc de Lorraine. Peut-être rêva-t-il de placer Louise, sa seconde fille, sur le trône de France[1]. Cette jeune fille était à peu près du même âge, mais plus belle et plus saine que Catherine de Médici, elle pouvait plaire à Henri, et obtenir que la jeune Florentine fût répudiée en sa faveur. Si ce projet fut tenté, il a dû être promptement abandonné devant l'opposition de Diane, qui n'aurait pas toléré un pareil changement. Louise fut mariée en premières noces à René de Nassau, et ensuite au prince de Croy.

S'il fut déçu dans ce rêve d'une seconde couronne royale pour sa famille, Claude trouva des compensations

[1] M. de Bouillé, dans son *Histoire des ducs de Guise*, le croit d'après un manuscrit qu'il a consulté avec une excessive confiance (t. I, p. 124). Le fait n'est pas invraisemblable ; le bruit de ce mariage s'est assurément répandu ; il a été recueilli un siècle plus tard par madame de Lafayette, dans son roman de la *Princesse de Clèves* (p. 45 de l'édition de 1764) ; mais elle suppose que c'est Marie de Guise, la veuve de Longueville, et non Louise de Guise, qui a dû supplanter Catherine de Médici ; si cette dernière n'a pas ignoré ces rumeurs de cour, on peut supposer qu'elles n'ont pas été étrangères à sa haine contre Marie Stuart, la fille de la rivale qu'on avait essayé de lui donner.

dans la générosité du Roi ; la disparition des principaux courtisans le laissait en mesure de la solliciter davantage, et il sut se faire remettre en 1541 une somme de trente mille livres en pur don, ce qui fait environ trois cent soixante mille francs de notre monnaie[1]. Claude touchait en outre vingt-deux mille livres de pensions régulières ou plus de deux cent quatre-vingt mille francs par an. Malgré ces pensions, ces honneurs et sa toute-puissance, le duc de Guise ne put sauver son frère le cardinal de Lorraine de la disgrâce qui frappait successivement tous les favoris à ce déclin du règne. L'heureux prélat connut enfin les revers, malgré ses efforts pour s'attacher à Diane de Poitiers ; il dut se retirer à Rome. La cause de cet exil n'est pas très-connue. Un historien[2] la voit dans sa cupidité de prince lorrain ; Jean aurait reçu de l'empereur Charles-Quint une pension de six mille écus sur les revenus de l'archevêché de Saragosse. Ce serait environ soixante-douze mille francs d'aujourd'hui, c'est-à-dire à peu près le chiffre de la pension que le cardinal Dubois, sous la Régence, acceptait du roi d'Angleterre. Si le cardinal de Lorraine fut un précurseur de

[1] FROUDE, *History of England*, liv. I, chap. I, accumule des chiffres et des faits qui demontrent scientifiquement que la valeur de l'argent était douze fois plus forte au milieu du seizième siècle qu'aujourd'hui ; il prouve, sans laisser de place au moindre doute, que le denier avait la même valeur que le schelling. Il en était de même en France. On peut citer comme exemple le prix de quelques objets d'après Claude HATON, *Mémoires*, t. I, p. 16 et 113. Ainsi, en 1555 et 1559, un mouton valait 25 sols, un veau 20 sols, un bœuf 10 livres, une poule 2 sols et demi, huit œufs 5 deniers, une paire de souliers 10 sols, « au plus grand point qu'ils eussent sceu estre », l'arpent de pré de 15 à 20 livres, la journée d'un manouvrier aux champs 2 sous et demi, autant un maçon, charpentier ou couvreur.

[2] GAILLARD, *Histoire de François Ier*, livre V.

Dubois, dans l'art de se faire donner des appointements par les souverains étrangers, il n'en est pas resté de preuves bien authentiques. Mais François Ier sentit vaguement de la trahison autour de lui, et comprit qu'il avait été dupe de l'Empereur. Dans ses instincts de méfiance, il écarta ceux qui lui avaient conseillé l'alliance de l'Espagne. Charles-Quint, au moment de son passage en France, avait parlé de se déposséder du Milanais en faveur du plus jeune fils de François Ier, le duc d'Orléans ; appât grossier que Montmorency et le cardinal de Lorraine s'empressèrent de faire accepter par le Roi [1]. François Ier cédait volontiers à la tentation d'oublier son royaume de France pour son duché de Milan : ainsi déçu, il laissa Charles-Quint dompter ses sujets flamands, discipliner ses princes allemands, rétablir son autorité dans tout l'Empire ; il perdit le seul moment où son intervention aurait pu être un obstacle à l'unité de l'Allemagne, et réclama le prix de ses complaisances à l'heure où l'Empereur, redevenu le maître et sentant sous sa main ses armées victorieuses, ne pouvait plus céder une province que, même vaincu, il savait promettre, mais ne voulait pas abandonner.

Avec autant d'imprévoyance que son ennemi avait eu d'astuce, François Ier, qui avait laissé écouler l'heure de le combattre avec la moitié de ses sujets pour alliés, qui l'avait secondé de ses vœux, tandis qu'il réduisait les rebelles, lui déclara la guerre au moment où il avait recouvré son autorité et était rentré dans la plénitude de sa force. Durant la première

[1] TAVANNES, p 100.

campagne, celle de 1542, le Roi confia au duc de Guise la direction de l'armée que commandait son plus jeune fils, le duc d'Orléans, ce même prince que Charles-Quint avait leurré de la promesse du Milanais.

Claude de Guise emmenait avec lui son fils aîné, François, que l'on nomma depuis *M. de Guise le Grand,* et une foule de jeunes gentilshommes qui faisaient leurs premières armes, et étaient empressés de se signaler dans l'armée du duc d'Orléans. Sa prudence de vieux coureur de frontières, ses habitudes de campagnes qui se bornaient au ravitaillement de quelques places et à des escarmouches avec des partis de fourrageurs, furent complètement déconcertées par l'ardeur entreprenante de cette bruyante gendarmerie. Il se vit bientôt débordé. M. d'Orléans « se met hors de page, donne des conseils résolus ». Il veut acquérir de la gloire, assiège Damvilliers, s'en empare. Guise donne ordre que les soldats de la garnison soient gardés prisonniers de guerre; mais le duc d'Orléans, qui leur a promis la liberté, « mande secrètement au sieur de Tavannes qui gardoit une porte, qu'il les laisse sortir; il est obéy; M. de Guyse luy demande s'il ignoroit sa charge, et par quel commandement il avoit laissé aller les prisonniers; il respond par celuy de son maistre. M. d'Orléans embrasse M. de Guyse et appaise tout [1]. »

Ainsi soutenus par le fils du Roi, ces jeunes gens parlaient avec hauteur au favori de la vieille Cour, et ne supportaient pas sans impatience son autorité. Le chef qui avait survécu à tant de rivaux tombait maintenant

[1] TAVANNES, *Mémoires.*

dans le discrédit avec son Roi mis hors de mode au milieu de cette jeune noblesse avide de renommée et rebelle à la discipline. L'armée s'attardait au siège d'Yvoy, dans le Luxembourg. Le Roi, plus occupé d'une attaque sur Perpignan, que dirigeait le Dauphin, écrit de lever le siège d'Yvoy; Guise prend aussitôt ses mesures pour obéir. Tavannes court auprès du duc d'Orléans, lui dit: « Le Roy perd une ville, vous l'honneur. Votre frère prendra Perpignan, vous la honte. M. de Guyse n'y a tel interest que vous. » A l'instant, les deux enfants décident que la brèche est praticable, et que la batterie d'assaut sera établie le matin à l'heure où dort le duc de Guise, qui surveillait toute la nuit les préparatifs de la levée du camp. De bonne heure, ils font mener dans un chemin creux quatre canons pour battre la muraille et élargir la brèche. Mais la vigilance du vieux général ne se surprenait pas aussi facilement; les deux écoliers sont découverts dans leur entreprise : « M. de Guyse aborde M. d'Orléans qui portoit le sieur de Tavannes en crouppe, blasme cet acte, offre de quitter sa qualité de prince pour combattre et maintenir que c'estoit mal entrepris. » Tavannes saute à bas du cheval du duc d'Orléans, et, au lieu de s'excuser de l'escapade qu'il a conseillée, il crie fièrement au vieux général : « Que s'il lui plaisoit quitter sa qualité pour le combattre, il luy feroit grand honneur, et le trouveroit fort homme de bien [1]. » Le duc d'Orléans put empêcher ce duel, mais le canon fut placé comme Tavannes l'avait voulu : la place, battue de huit heures du matin à une heure après midi, ouvrit ses portes.

[1] TAVANNES, *Mémoires*, édit. Didier, p. 105.

Ainsi, plus de respect. Guise voyait le premier venu remettre en question une grandeur si lentement édifiée, et oublier son âge et ses dignités pour l'appeler au combat, comme le plus simple des gentilshommes de sa suite. Que pouvait faire une armée ainsi dirigée? Les audacieux qui la menaient savaient réussir contre les ordres du Roi et la sagesse d'un chef expérimenté, dans une témérité comme cette prise d'Yvoy; mais ils se laissaient emporter par la plus légère fantaisie de leur vanité. Déjà commençait à se manifester aux étrangers ce qu'ils ont appelé les vices du caractère français : l'orgueil sans persistance, la bravoure sans but, la passion de ce qui est bruyant ou brillant, sans la pensée de ce qui est utile. Le duc d'Orléans entend dire, au milieu de ses succès dans le Luxembourg, que son frère Henri va livrer une grande bataille dans le Roussillon. Une bataille donne plus de réputation parmi les dames que la conquête du Luxembourg. Aussitôt, il sépare son armée et court vers le Midi. L'intérêt de la France n'existe pas pour ces cervelles légères; il faut être à la bataille, et il ne faut pas qu'un autre commande l'armée qui est abandonnée. L'armée du Nord est licenciée; Charles-Quint en profite pour reprendre les places qu'il vient de perdre dans le Luxembourg, tandis que le jeune prince voyage inutilement dans le Roussillon pour y chercher une bataille qui n'eut pas lieu[1].

Une guerre ainsi menée ne pouvait qu'épuiser le pays dans une série de campagnes stériles. L'année 1543 n'amena pas plus de résultats que la précédente.

[1] Martin DU BELLAY, p. 493.

François de Guise servait dans l'armée de Flandre, et faisait contraste avec les autres jeunes combattants par son talent précoce et sa valeur froide [1]. On voyait déjà en lui l'activité du général et la bonne humeur du chef de gentilshommes. Il savait combiner d'avance les opérations et frapper les esprits par l'éclat de l'exécution. Quand l'armée vint assiéger pour la seconde fois la place de Luxembourg, si follement abandonnée l'année précédente par la présomptueuse précipitation du duc d'Orléans, ce fut François de Guise qui établit les batteries de brèche. Il surveilla, toute la nuit, les pionniers qui plaçaient les pièces sur le front de la tranchée. Il était revêtu d'un pourpoint de satin blanc, pour être plus facilement retrouvé dans l'obscurité, et reconnu quand il y avoit des ordres à donner. Une heure avant le jour, voyant que les canons étaient prêts à commencer le feu, il sortit de la tranchée, fut aperçu, avec son costume blanc, des murailles de la place, et salué à coups de mousquet et d'arquebuse à croc. Une balle lui brisa « le dessus du cou-de-pied, près de la cheville [2] ».

Ces expéditions stériles, dans lesquelles les deux armées prenaient et pillaient quelques places, lassèrent Charles-Quint, qui dirigea l'année suivante, 1544, sur la Champagne, une armée plus considérable, avec l'intention d'envahir et de ravager notre territoire. Le comte de Sancerre, enfermé dans Saint-Dizier, soutint le premier choc des ennemis, comme autrefois Bayard dans Mézières, et retint autour de ses murs cette armée qui s'y attarda. L'été s'avançait, et ce grand effort de

[1] Martin du Bellay, *Mémoires*, p. 506.
[2] *Id.*, *ibid.*, p. 516.

l'Empereur allait être inutile, quand les éclaireurs de son armée interceptèrent et portèrent à son ministre, le cardinal Granvelle, « un paquet dans lequel fut trouvé l'alphabet du chiffre » que le duc de Guise employait pour correspondre avec le comte de Sancerre. Granvelle simula aussitôt, à l'aide de ce chiffre, une lettre de Guise au gouverneur de Saint-Dizier, par laquelle le Roi le prévenait qu'il ne devait pas attendre de secours, et l'autorisait à accepter une capitulation honorable, « brave astuce, certes[1] ». Le comte de Sancerre rendit la place et se justifia près du Roi, en affirmant qu'il « s'étoit rendu sur la parole de M. de Guyse ». Celui-ci donna un démenti et « se voulut desmettre de tous ses grades, dignités et nobles qualités de prince, pour combattre M. de Sancerre ». Après plusieurs jours de querelle, on reconnut que la lettre était fausse, et l'on comprit la fraude.

Pendant ce temps, l'Empereur, maître de Saint-Dizier, avançait sur Épernay et Château-Thierry. Les Parisiens épouvantés ne connaissaient qu'un homme de guerre, le duc de Guise. Ils le demandèrent avec anxiété, et se regardèrent comme sauvés quand ils le virent entrer dans leurs murs. « La pluspart dirent qu'ils n'avoient plus de peur, puisqu'ils avoient leur Roy et M. de Guyse pour deffenseurs. » Cet incurable engouement des Parisiens pour certains hommes se retrouve à toutes les époques de notre histoire. Ils acclamaient leur idole, fort indifférents à la bataille de Cérisoles que gagnait, la même année, un prince de Bourbon, le jeune duc d'Enghien. Glorieux éclat jeté

[1] BRANTÔME, *les Duels*, édit. de Leyde, 1772, p. 287, et Martin DU BELLAY, *Mémoires*, p. 515.

sur cette fin de règne; revanche de Pavie, qui permettait de sortir avec honneur du Milanais par une paix devenue nécessaire.

Cette victoire de Cérisoles faisait du duc d'Enghien le vrai chef de la noblesse française, et l'élevait en un seul jour au-dessus de nos plus vieux capitaines. Le jeune François de Guise, jaloux de cette gloire, partit l'année suivante avec l'armée du duc d'Orléans, qui devait enlever Boulogne aux Anglais. C'était la seule guerre qui restât après le traité de Crépy, conclu avec l'Empereur. Impatient de se signaler, François de Guise s'élança avec témérité à travers les hommes d'armes anglais dans une rencontre, et il reçut « un coup de lance au-dessous de l'œil destre, déclinant vers le nez, qui entra et passa oultre de l'aultre part, entre la nuque et l'oreille, d'une si grande violence[1] », que l'arme se brisa; le fer, court et acéré, resta engagé dans les os de la joue. François de Guise demeura en selle malgré cette horrible blessure; il retourna à sa tente et fit appeler Ambroise Paré. L'énergie du blessé donna de l'audace au chirurgien. Ambroise Paré saisit avec des tenailles le bout de bois qui ressortait de la blessure, tira de toute sa vigueur le fer de la lance, fortement retenu par les os, et réussit à l'arracher sans détruire l'œil. Cette cicatrice donna à François de Guise le surnom de *Balafré*. « Il porta la douleur aussi patiemment que qui ne luy eust osté qu'un poil de la teste[2]. »

La peste sépara les deux armées. Le duc d'Orléans, dans une des fêtes un peu brutales que les jeunes seigneurs avaient mises à la mode, déclara que jamais fils

[1] Ambroise PARÉ, *Voyage de Boulogne*.
[2] Martin DU BELLAY, *Mémoires*.

de France n'était mort de la peste; il entra avec d'autres fous dans une chambre d'où venaient d'être emportés des pestiférés, ouvrit les lits et souleva la plume, avec son épée, en nuage autour de lui. Il mourut trois jours après.

François Ier voyait ainsi disparaître ses fils. Il n'avait plus que Henri, le prince dur et froid, qui semblait prendre l'attitude d'un compétiteur, et tenir avec Diane de Poitiers une cour ennemie de la sienne. Il avait reporté son affection sur le duc d'Enghien, le héros qui consolait son déclin par la victoire de Cérisoles. Mais ce dernier favori fut tué presque aussitôt par le comte Bentivoglio, qui lui jeta d'une fenêtre un buffet sur la tête, en jouant avec d'autres jeunes gens, à la Roche-Guyon (1546). On a soupçonné les Guises d'avoir voulu se défaire d'un compétiteur redoutable, et d'avoir inspiré la meurtrière étourderie de l'Italien Bentivoglio. Il est certain que le duc d'Enghien remettait en honneur la famille des Bourbons, amoindrie par la défection du connétable, et que les Guises voyaient avec dépit se relever une maison plus rapprochée du trône que la leur. Un Italien ne passait pas pour agir avec tant de légèreté que d'écraser un favori du Roi sous un buffet, par manière de plaisanterie; il ne s'écartait pas, au contraire, des mœurs de son pays, en tuant un ennemi au milieu des plaisirs. Il est juste de remarquer, toutefois, la grossièreté des jeux qu'avaient mis à la mode les fils de François Ier. Ceux qui se jetaient sur les lits des pestiférés, ou qui faisaient ce que raconte Tavannes[1] : « se dressent embuscades où l'on se blesse,

[1] TAVANNES, *Mémoires*, édit. Petitot, p. 287.

faillent à estrangler Jarnac sans qu'on luy coupa la corde, se mocquent des dames, mesprisent l'amour, mettent un pendu dans le lit de madame de Crussol », étaient bien capables de se jeter des meubles à la tête. François Ier lui-même, dans sa jeunesse, avait failli être victime d'un accident semblable, qui lui laissa une cicatrice au front. Ajoutons qu'il n'était pas prudent de confier un tel crime à l'Italien; il pouvait trahir ceux qui lui auraient conseillé un divertissement aussi suspect.

Aucune des actions de Claude de Guise, pendant sa vie entière, ne permet de le soupçonner d'un meurtre. A défaut d'honneur, sa circonspection lui eût évité de prêter la main à un crime à la fois inutile, puisque le duc d'Enghien laissait quatre frères pour disputer aux Guises la faveur royale; dangereux, puisque ces frères pouvaient poursuivre leur vengeance; et d'autant plus méprisable qu'il frappait le fils de son propre beau-frère. Son fils aîné, François le Balafré, n'était pas à l'âge des guets-apens; d'ailleurs, il cherchait plutôt la faveur du Dauphin, et c'était près de François Ier seul que le duc d'Enghien était en crédit. Quant aux deux prélats, l'oncle, le cardinal Jean de Lorraine, était à Rome; le second, Charles, n'avait encore que vingt-deux ans et n'aurait sans doute pas osé engager la famille dans une entreprise si dangereuse à l'insu du duc, son père. Il est vrai que les quatre Bourbons qui restaient, semblaient peu à craindre; on pouvait croire que, le duc d'Enghien mort, le reste de la famille tomberait dans l'obscurité : chance toutefois peu vraisemblable, puisque c'était la famille des princes du sang, presque la maison royale.

Le fait le plus grave, qui permettrait de supposer certains remords chez le duc de Guise, comme s'il avait autorisé un crime, c'est qu'il a cru en subir la vengeance. Au moment de sa mort, il s'est imaginé qu'il était empoisonné; il l'a dit à ses fils, qui l'ont fait graver sur son inscription tumulaire. Personne n'avait intérêt à empoisonner le duc de Guise au moment où il mourut dans une sorte de disgrâce tempérée par la faveur dont jouissaient ses fils, sous le nouveau règne de Henri II. Le poison ne pouvait être que l'instrument d'une vengeance. Peut-être que le duc a cru que les Bourbons le frappaient en souvenir du meurtre de leur frère, et bien qu'il ait dit : « Je ne sçais si celuy qui m'a donné le morceau est grand ou petit, mais je lui pardonne », l'inscription inusitée et bizarre sur la lame qui couvrait le cercueil prouve que l'idée de poursuivre la punition de cette mort était entrée dans l'esprit des fils. Ainsi, à partir de cette fin tragique du duc d'Enghien, une sorte de fatalité semble s'appesantir sur la race des Guises, et les enlacer dans une série de représailles qu'on se transmet comme un legs. Que Coligny, allié des Bourbons, ait eu part au meurtre du Balafré, c'est aussi peu vraisemblable que la complicité de Claude dans la mort du jeune Bourbon. Mais le fils du Balafré tue Coligny, il est tué lui-même par Henri III; et l'on ne saura jamais si le quatrième duc de Guise n'était pas avec Concini parmi les complices inconnus de Ravaillac; une série de meurtres relie ainsi la mort étrange du vainqueur de Cérisoles et la fin mystérieuse de son neveu Henri IV, à plus de soixante ans de distance.

C'eût été payer bien cher la faveur de François Ier,

que se l'assurer par un crime. Le Roi, attristé, infirme et toujours somnolent, sauf à la chasse, voyait s'écarter de lui la troupe turbulente de la jeune noblesse; la Cour se groupait autour de Henri et de Diane de Poitiers, et traitait François Ier comme un vieillard débonnaire, bien qu'il eût à peine cinquante ans. Il avait parfois des réveils terribles : un jour, il se précipita comme en frénésie dans l'appartement de son fils et jeta par la fenêtre les pages et les meubles [1]. La duchesse d'Étampes savait garder son influence sur lui, et la conserva vingt-deux ans. « Le roi François, blessé des dames au corps et en l'esprit, la petite bande de madame d'Estampes gouverne [2]. » La jeune Dauphine, Catherine de Médici, faisait sa cour à cette redoutable sujette et partageait ses devoirs entre elle et Diane, la favorite de son mari. Humble, triste, maladive, elle craignit le divorce pendant neuf ans de suite; elle eut recours à tous les remèdes, à tous les maléfices que lui suggérèrent les aventuriers pour faire cesser sa stérilité; elle resta neuf ans sans enfant, puis elle en mit au monde dix dans les treize années suivantes. Son fils aîné, François, naquit en 1543. Mais, même après qu'elle eut donné le jour à un héritier du trône, elle ne diminua rien de ses respects pour les deux favorites. Quand elle disait : « La table de ma Dame », c'est de la table de Diane de Poitiers qu'elle voulait parler, comme si elle était une de ses suivantes [3]. Elle sentait que cette protection pouvait seule lui assurer l'avenir;

[1] VIEILLEVILLE, *Mémoires*.

[2] TAVANNES, *Mémoires*, édit. Petitot, p. 217.

[3] L'AUBESPINE, *Histoire particulière de la Cour de Henri III*. Archives curieuses de l'Histoire de France, t. III, p. 375.

celle du Roi ne lui suffisait déjà plus, car le Roi semblait en disgrâce dans sa Cour. Le prestige de son avènement s'était évanoui; un monde nouveau s'agitait et demandait à naitre. La jeune génération attendait avec impatience l'ère qui allait s'ouvrir et le monde inconnu que devait emplir le croissant de Diane [1]. Diane était la lumière de ce printemps : parmi les principaux seigneurs qui briguaient l'honneur de son alliance, elle choisissait lentement ses gendres. Un prince souverain, le seigneur de la Marck, obtint une de ses filles en mariage. La main de la seconde, Louise de Brézé, fut demandée par le troisième fils du duc de Guise; mais Diane lui fit attendre longuement cette faveur si précieuse. Il fallut que le frère du prétendant, l'archevêque de Reims, Charles, « se genast tellement par l'espace de près de deux ans, que ne tenant pas table pour sa personne, il disnoit à la table de Madame [2] ». La duchesse d'Étampes seule osait tenir tête à « Madame ». Claude, vieilli avec son Roi, n'avait plus d'orgueil que pour ses fils; quand il s'avançait, à Fontainebleau, suivi de François le Balafré, Claude, marquis de Mayenne et bientôt duc d'Aumale, et François, grand prieur de France, le Roi pouvait lui dire en souriant : « Mon cousin, vous seriez bien deffendu contre qui vouldroit vous derobber votre cappe. »

François, le fils aîné, fut nommé, en 1546, gouverneur du Dauphiné. Il convoitait la Provence, ce royaume de l'aïeul René; mais François Ier, par une sorte de défiance tardive, voyait avec inquiétude cette fortune déjà presque royale qu'il s'était plu à édifier

[1] *Donec totum impleat orbem.*
[2] Claude DE L'AUBESPINE.

par une série de caprices. On dit qu'il avertit son fils de se défier des Guises. Le fait paraît même attesté par le témoignage de Catherine de Médici et d'une de ses filles d'honneur, Marguerite de Modon[1]. Il est certain que le duc de Guise et son frère le cardinal n'étaient plus en faveur au moment de la mort de François Ier, et qu'ils ont été à peu près négligés à l'avènement de son successeur. Doit-on, dans ce fait, admirer surtout l'art merveilleux avec lequel le duc de Guise comprit qu'il devait s'effacer devant ses fils et que, l'œuvre de ses contemporains étant terminée, l'achèvement de la grandeur des Guises devait être dû à des hommes plus nobles? En poussant l'égoïsme jusqu'à la perfection, Claude atteignait presque le désintéressement; il ne cessait de songer à lui-même que pour mieux assurer la grande faveur de sa famille. Doit-on s'étonner davantage de l'inconséquence du Roi qui, sans y être contraint par des services signalés, ni par des talents supérieurs, avait élevé, sans prévoyance et sans défiance, une famille ambitieuse, puis qui voulait la rejeter dans la disgrâce au moment même où le fils aîné venait de montrer des qualités militaires de premier ordre, et où les services qui pouvaient être rendus allaient être la justification des récompenses exagérées qui avaient été conférées d'avance? Élever le père si haut et ne pas en profiter pour utiliser les fils, c'était une faute dont les conséquences furent conjurées par l'adresse du duc de Guise. Laissant avec Diane de Poitiers et le Dauphin Henri ses fils, dont l'aîné était destiné à jeter assez d'éclat pour sauvegarder l'honneur de leur triste règne,

[1] De Thou, *Histoire universelle*. livre III.

Claude sut se tenir à l'écart. Il disparut à peu près de la vie politique.

Le compagnon de ses premières armes, le roi François Ier, disparut bientôt aussi. En 1547, « le roy François meurt à Rambouillet : les dames plus que les ans luy causèrent la mort. Il eut quelques bonnes fortunes et beaucoup de maulvaises. Les dames faisoient tout, mesme les généraux et capitaines [1]. »

[1] TAVANNES, *Mémoires*, édit. Didier, p. 136.

CHAPITRE III

DÉBUT DU RÈGNE DE HENRI II.

1547-1550.

« Madame d'Estampes donne les bagues du roy François à madame de Valentinois, et sort par la porte dorée [1]. » Cruelle humiliation, la blonde souveraine qui présidait à la table des dames, dans le palais de Fontainebleau, qui avait tous les honneurs et tous les pouvoirs d'une reine, qui s'était plu durant dix ans à encourager les railleries contre Diane de Poitiers, à déjouer ses desseins, à la soumettre à ses caprices, devait maintenant se présenter devant cette ennemie, remettre les bijoux entre ses mains, obtenir de pouvoir se retirer sans être maltraitée. Quand, sous les yeux de toute la Cour, il fallut sortir par la porte dorée et cacher ses larmes, elle dut songer avec amertume à la pauvre comtesse de Châteaubriant qu'elle avait fait exiler autrefois, qu'elle avait contrainte de rendre les joyaux, mais qui, du moins, les lui avait renvoyés brisés, sans être obligée de s'abaisser devant elle. Elle comprenait aussi que cet affront ne suffirait pas à

[1] TAVANNES, *Mémoires*, édit. Petitot, p. 408.

assouvir la haine froide de Diane et son désir lentement amassé de vengeance. Elle était sans recours dans la main de la femme dont elle avait gêné la cupidité, critiqué la beauté et offensé l'orgueil. Elle entendait vaguement proférer des reproches d'intelligences secrètes avec l'Espagne, des menaces de procès en haute trahison où seraient enlacés ceux qui s'étaient attachés à sa fortune; elle sentait préparer une persécution savante; elle dut, d'abord, sur les ordres de son ennemie, rejoindre en Bretagne son mari, Jean de Brosses. Diane confiait ainsi à la grossièreté de ce mari avili, le soin de l'épuiser d'outrages et de vexations, supplice choisi autrefois pour madame de Châteaubriant.

Diane venait d'être créée duchesse de Valentinois, à l'avènement du nouveau Roi, et de prendre la place qu'occupait la duchesse d'Étampes à la tête de la table des dames. Elle avait près de cinquante ans. « Vieille comme elle est, dit un ambassadeur, le Roi, qui l'a aimée, est encore son amoureux et son amant. Il la voit chaque jour, une heure et demie [1]. » Sa beauté restait assez parfaite pour inspirer les sculpteurs, et faire le désespoir de la Reine [2]. Henri II se parait des emblèmes

[1] ALBERI, *Relazioni Veneti*, t. IV, p. 78; Lorenzo CONTARINI, 1551 : « Elle fut aimée du roi François, et de quelques autres, et en dernier lieu du Dauphin, *il quale l'ha amata ed ama e gode così vecchia come è.* »

[2] Un historien anglais (WHITE, *Massacre of S. Bartholomew*, p. 27) remarque que dans ces dernières années, une statue a été élevée en France à Diane de Poitiers, et il ajoute avec une affectation de pudeur prétentieuse : « It is painful to see a noble nation so deficient in self respect as to make idols of the mistresses of their sovereigns. » Si les maîtresses de Charles II étaient les belles personnes que l'on croit, il vaudrait mieux voir leurs statues dans les parcs de Londres que leurs arrière-bâtards à la Chambre des lords.

de Diane : « Le Roi a un pourpoint de cuir blanc, brodé de deux croissants d'or et d'une H entre deux D. » Les Suisses et les Écossais de la garde avaient le même chiffre sur leurs uniformes; on le grava sur les palais et sur les médailles [1], avec une profusion si outrageante pour la Reine, que de récents historiens, ne comprenant pas qu'elle ait pu tolérer cette humiliation publique, ont supposé que la lettre royale était liée par deux C pris par erreur pour deux D. Si Catherine feignit de le croire, aucun des contemporains ne s'y est trompé, et les croissants semés parmi les chiffres ne pouvaient guère laisser de doute sur l'allusion mythologique au nom de Diane.

Henri II avait été transformé par Diane et, pour ainsi dire, remodelé à son gré. Avant de la connaître, il avait le teint pâle et presque livide, et une telle gravité que plusieurs de ceux qui étaient à la Cour assuraient ne l'avoir jamais vu rire une seule fois [2]. Quelques années après, il était devenu gai et avait les joues fraîches, rompait des lances, passait des heures entières aux jeux de paume ou de ballon [3], courait le cerf deux ou trois fois la semaine; « c'étoit à franchir un grand fossé plein d'eau où il se plaisoit le plus [4] », et personne à la Cour ne sautait avec autant de légèreté. D'une ignorance extraordinaire à une époque où les lettres étaient en honneur, surtout parmi les gens de guerre, il savait tout au plus lire et écrire [5]. En imitation de

[1] Giovanni Capello, dans Baschet, *la Diplomatie vénitienne*, p. 443.
[2] Matteo Dandolo, *ibid.*, p. 430.
[3] Lorenzo Contarini, dans Baschet, p. 434.
[4] Brantôme, *Hommes illustres.*
[5] Contarini, dans Baschet, p. 436.

Charles-Quint, il imagina de se faire appeler *Majesté* [1], mais son règne « se peut dire le règne du connestable, de madame de Valentinois et de M. de Guyse, non le sien [2] ». Il livra en effet toute l'administration, toute la direction politique, et même tous les revenus du royaume à ceux qui avaient recherché sa faveur sous le règne de son père, et qui l'entouraient à son avènement : « ils estoient quatre qui le dévoroient comme un lyon sa proie, sçavoir le duc de Guyse, qui avoit six enfants qu'il fit très-grands; le connestable avec les siens; la duchesse de Valentinois avec ses filles et gendres, et le mareschal de Saint-André, qui estoit entouré de grand nombre de nepveux et d'aultres parents, tous pauvres [3] ».

Claude de Guise agissait plus par ses fils que par lui-même dans la Cour, où il faisait seulement de rares apparitions. Le véritable favori était son fils aîné, François le Balafré, gouverneur de Savoie et de Dauphiné, compagnon des jeux du Roi qui le choisissait comme un de ses adversaires à la paume. Un jour, le Roi quitta la partie en le voyant atteint au visage par une balle qu'il avait manquée et qui lui avait fendu la lèvre [4]. François établissait solidement son crédit, en faisant donner des compagnies de gendarmerie à ses gentilshommes et en protégeant près du Roi ceux qui invoquaient son intercession; la dame de Bavay lui demanda son appui, plaçant en lui « l'espoir de recou-

[1] PASQUIER, *Recherches sur la France*, liv. VII, chap. v.

[2] TAVANNES, *Mémoires*, édit. Didier, p. 137.

[3] VIEILLEVILLE, *Mémoires*, par Vincent CARLOIX, édit. Didier, p. 60.

[4] Giovanni CAPELLO, *Diario del viaggio*. Voir BASCHET, *la Diplomatie vénitienne*, p. 445.

vrer sa fille qui si meschamment et malheureusement luy avoit esté ravie par Rolle ». Il n'avait pas trente ans, et il s'était déjà formé sans bruit une clientèle dévouée, qui s'unissait à celle de son père pour soutenir les prétentions de la maison de Guise. Dans un voyage de la Cour en Savoie, à Chambéry, « comme on vouloit marcher en cérémonie, chacun tenant son rang selon sa qualité, il survint un petit différend » entre lui et le chef de la famille de Bourbon, Antoine de Vendôme. Comme premier prince du sang, Antoine marchait le premier dans toutes les entrées, « après le poisle du Roy, et seul de son rang. Il fut esbahy de voir à sa main gausche » le jeune François de Guise, et lui dit : — « Mon compaignon, tenons-nous rang en ce pays-ci? — Oui, monsieur, répond François, et plus qu'en aultre pays de France, car estant cestuy-ci de nouvelle conqueste, duquel je suis gouverneur et lieutenant général pour le Roy, Sa Majesté m'a commandé de marcher ainsy. — Je le dis, mon compaignon, répliqua Antoine, parce que tout ce que pourroit faire le chef de vostre maison seroit d'estre en ma main. — Je le pense bien, monsieur, en la France; mais, hors le royaume, vous seriez après luy, parce qu'il est souverain, et vous ne l'estes pas, ains sujet et vassal de la couronne de France, et M. de Lorraine ne tient son estat que de Dieu et de l'espée. » Antoine ne jugeait pas que l'on fût hors de France, puisque l'on était en pays de « nouvelle conqueste », et voulut se retirer, mais il fut rappelé par le Roi [1]; les assistants estimèrent seulement que le jeune François de

[1] Vieilleville, *Mémoires*, p. 80.

Guise « estoit fort esclave des honneurs et de la gloire », et ne comprirent pas encore ce que recélait de dangers et de troubles cette prétention de supprimer, avec les privilèges des princes du sang, tout l'intervalle qui séparait de la couronne.

Les projets du second fils, promu cardinal à vingt-trois ans, étaient encore plus vastes; après avoir échoué dans sa prétention de prendre le titre de cardinal d'Anjou [1], le cardinal Charles demanda au Roi, le 15 novembre 1547, à être aidé dans une entreprise sur le royaume de Naples [2], où l'appelaient, disait-il, les partisans de la maison d'Anjou : « ils me bailleront gens et argent et me mettront dans ledit royaume pour le bailler à un de mes frères »; il voulait que le Roi lui assurât « l'appui du Grand Seigneur », ou pour le moins « du roi d'Alger », qui pourraient prêter quarante ou cinquante galères. Tandis qu'il s'efforçait d'attirer une invasion de musulmans dans l'Italie méridionale, le jeune cardinal s'occupait de faire désigner comme pape au prochain conclave son oncle Jean, le premier cardinal de Lorraine.

Ainsi, l'idée fixe des fils est encore l'agrandissement de la maison : comme leur père, ils ne perdent de vue un seul instant ni leurs intérêts, ni leurs prétentions. Aussi libre dans ses opinions et dans ses mœurs que son oncle le cardinal Jean, le cardinal Charles « avoit l'esprit prompt et subtil, le langage et la grâce, avec de la majesté et le naturel actif et vigilant [3] ». Il était

[1] MARLOT, *Histoire de l'église de Reims*, t. II, p. 786; Père ANSELME, *Histoire généalogique*.

[2] BOUILLÉ, *Histoire des ducs de Guise*, t. I, p. 179.

[3] Michel DE CASTELNAU, *Mémoires*, p. 407.

doué d'une telle vivacité d'intelligence que les ministres étrangers [1] s'étonnaient de le voir deviner où ils voulaient en venir, aussitôt qu'ils avaient ouvert la bouche; d'une mémoire si merveilleuse qu'il n'oubliait aucun détail des affaires de l'Europe dont il se faisait constamment rendre compte; enfin de talents de séduction qui lui gagnaient des dévouements. Ces extraordinaires qualités étaient gâtées par une cupidité qui ne reculait pas pour se satisfaire devant les moyens déshonnêtes et une duplicité qui le faisait considérer comme ne disant jamais la vérité [2]. La liberté de ses mœurs, et les relations intimes qu'il entretenait avec les luthériens d'Allemagne, ne donnaient pas confiance dans sa sincérité religieuse : « On le tenoit, dit Brantôme, pour fort hypocrite en sa religion. » Sans s'entourer des novateurs, comme son oncle, il affecta d'assister Ramus dans son procès devant le Parlement [3]. Il aimait les artistes et les poètes. C'est lui qui fit venir de Bourges et qui prit pour page un jeune homme aux

[1] Jean MICHIEL, *Relation* publiée par TOMMASEO dans les *Documents inédits de l'histoire de France*, t. I, p. 458 : « Oltre che sia d'un ingegno maraviglioso et d'uno spirito tanto vivo che non s'apre a fatica la bocca per parlargli, che ha subito inteso dove si vuol arrivare; e ch'abbi ancora felicissima memoria, e sia accompagnato d'una molto grave e grata presenza, e oltra queste parti dotato d'un grandissimo e raro dono della lingua e del parlare... ma d'una ingordigia inestimabile, con nome di valersi anco di vie poco oneste. »

[2] Jean MICHIEL, *Relation* publiée par TOMMASEO dans les *Documents inédits de l'histoire de France*, t. I, p. 458 : « Oltre questo, d'una gran duplicità, di dir poche volte il vero; e tenuto per persona prontissima all' offendere, come vendicativa; e come invidiosa, tarda al beneficare. » Voir aussi Giovanni SORANZO, *Relaz. amb. ven.*; ALBERI, p. 441, anno 1558 : « Licenziosissimo per natura, ingordigia inestimabile, gran duplicità. »

[3] GUILLEMIN, *le Cardinal de Lorraine*, p. 25, 453, 455, le présente comme partisan de la liberté illimitée de penser.

cheveux dorés, sourd, hardi, élégant, fils d'un monnoyer du Roi; il lui fit donner plus tard une compagnie de gendarmerie et lui céda une des tours de son château de Meudon; c'était le capitaine Ronsard, qui acquit plus de gloire par ses vers que par son épée [1]. On voit dans la salle des gardes de l'archevêché de Reims un portrait du cardinal Charles de Lorraine, peint en 1547; il avait vingt-trois ans : sa figure longue, fatiguée, son menton proéminent, semblent indiquer un épicurien spirituel, nerveux, irascible. Archevêque de Reims à neuf ans, il parvint à réunir peu à peu dans ses mains autant de bénéfices que son oncle [2].

Cet homme heureux et léger, dont le caractère se retrouvera en partie dans son neveu Henri, le troisième duc de Guise, ne fut ni aimé, ni estimé [3]. Les pamphlets ne tarissent pas en railleries sur le contraste entre sa témérité orgueilleuse dans le conseil et ses terreurs trop vives pour être dissimulées dans les

[1] De Saulcy, *Académie des inscriptions et belles-lettres*, 25 juin 1875.

[2] Charles de Guise, né le 17 février 1524, reçut la même année l'abbaye de Moustier-la-Celle à Troyes, en 1548 celle de Moustier-Neuf à Poitiers, qu'il garda jusqu'en 1552. Archevêque de Reims en 1538, consacré en 1545, cardinal en 1547, il obtint l'évêché de Metz en 1550 et le résigna l'année suivante. Il recueillit dans la succession de son oncle, le cardinal Jean, les abbayes de Cluny, Fécamp et Marmontiers; il posséda celle de Cormery de 1548 à 1565, de Saint-Martin de Laon en 1550, de Saint-Remy de Reims en 1557, de Saint-Denis en France, de Moustier en Der, de Saint-Urbain à Châlon; il céda l'abbaye de Marmontiers à Jean de la Rochefoucauld moyennant dix mille livres de pension (Père Anselme, *Histoire généalogique*). On raconte (Bouillé, t. III, p. 2) qu'ayant appris que le pape Paul IV blâmait ces cumuls de bénéfices, il se serait joyeusement déclaré prêt à « permuter tous les siens contre celui dont jouit Sa Sainteté ».

[3] Jean Michiel, édition Tommaseo, t. I, p. 458 : « Odio universale conceputo contra lui. »

moments de danger. Bien qu'intimement uni toute sa vie avec lui, son frère le Balafré passait pour se méfier de ce génie turbulent et insatiable : « Aussy a-t-il dict plusieurs fois de luy : Cet homme enfin nous perdra[1]. »

A côté des Guises, qui tenaient tant de sièges épiscopaux, les gouvernements de Bourgogne, Champagne, Savoie et Dauphiné, les charges de général des galères et de colonel général de la cavalerie, et vingt compagnies de gendarmerie, on voyait la maison de Montmorency posséder à la fois les offices de connétable, de grand maître de la maison du Roi, d'amiral, de colonel général de l'infanterie, les gouvernements de Guyenne, Languedoc, Isle-de-France et trente compagnies de gendarmerie[2]. Dès que François Ier est enterré, « le connétable de Montmorency est mandé du roi Henri. Il luy avoit donné plusieurs prudents conseils secrets pendant qu'il se contenoit sagement relégué en sa maison[3]. » Il était le seul vieux capitaine de cette jeune Cour, et ne retrouvait parmi ses anciens rivaux de Fontainebleau que le duc de Guise pour « balancer sa faveur ». Mais la confiance, poussée jusqu'à la tendresse, de Henri II pour le connétable, qu'il nommait « son compère », témoignait d'une « inclination naturelle[4] » que le duc de Guise n'avait pas su conquérir. On se demandait même si le Roi ne préférait pas son compère à Diane, et l'hésitation dura quel-

[1] L'Aubespine, *Histoire de la Cour de Henri II*. Le même auteur dit encore : « Le duc de Guise (le fils), grand chef de guerre et capable de servir son pays, si l'ambition de son frère ne l'eût prévenu. »

[2] Tavannes, *Mémoires*, p. 137.

[3] *Id., ibid*, p. 136.

[4] Tavannes, *Mémoires*, p. 137.

ques jours; mais « aujourd'hui, écrit l'ambassadeur vénitien [1], on reconnaît que Madame est aimée davantage ».

Le vieux courtisan sut profiter de la confiance du Roi pour prendre la direction des affaires; il essaya d'en détourner l'esprit peu capable d'application de son jeune maître, et l'encouragea à continuer ses exercices violents de chasse, de jeu de paume, de tournois, en lui persuadant qu'il éviterait ainsi l'obésité, « que le Roi redoutait beaucoup [2] ». Il se risqua même, dans son ardeur à écarter Henri II de l'administration du royaume, jusqu'à lui chercher des distractions d'une autre nature, et à lui faciliter des entretiens secrets avec une fille d'honneur de la Reine. C'était une Écossaise, très jeune et blonde, dont les charmes offraient un contraste avec ceux de la duchesse de Valentinois. Au bout de quelque temps, cette enfant devint enceinte : « Madame s'en plaignit vivement, et le Roi n'obtint qu'avec difficulté son pardon [3]. » Mais le connétable ne put faire oublier sa complicité dans cet outrage à la favorite, et Henri II eut le chagrin de voir naître une inimitié acharnée entre les deux personnes qu'il aimait le plus. Presque tous les courtisans prirent le parti de « Madame », et à leur tête les jeunes Guises, qui soutenaient en elle la belle-mère de leur frère Claude d'Aumale, et refusaient de tolérer le ton hautain, l'autorité provocante du connétable [4]. La duchesse de Valentinois et les Guises rappelaient qu'à

[1] ALBERI, *Relazioni veneti*, 1860. Lorenzo CONTARINI, t. IV, p. 78.
[2] *Ibid.* Voir aussi BASCHET; *la Diplomatie vénitienne*, p. 436.
[3] *Ibid.* et BASCHET, p. 438.
[4] ALBERI, *Relazioni veneti.*

l'époque où Charles-Quint traversa la France, le connétable lui avait montré les lettres des princes allemands qui offraient à François Ier de s'unir avec lui contre l'Empereur. Un homme comme Charles-Quint ne pouvait laisser échapper les bénéfices d'une pareille confidence; il se hâta de faire connaître aux princes allemands que le roi de France lui avait communiqué leurs lettres, excita leur indignation contre un monarque capable de trahir ainsi leur confiance, et les gagna comme auxiliaires dans la guerre qu'il nous déclara quelques mois plus tard. Légèreté coupable ou criminelle complaisance pour un empereur qu'il croyait l'ami de François Ier, c'était un acte qui dénotait l'incapacité politique et l'étroitesse d'esprit du connétable. Sa tête de soldat n'avait compris que la révolte des capitaines contre leur empereur, et il s'était cru grand mainteneur de discipline, et grand défenseur de l'ordre établi, en livrant ainsi les alliés de la France à son implacable ennemi. Les souvenirs de cette triste méprise furent réveillés avec d'autant plus d'à-propos, que ces mêmes princes allemands accréditaient des ambassadeurs près de Henri II, afin de lui demander de nouveau l'appui de la France contre Charles-Quint, et de voir si l'on trouverait chez le fils plus de fidélité aux alliances que ne leur en avait témoigné François Ier. Ces envoyés furent accueillis au milieu de fêtes somptueuses. Après un repas, qui se prolongea plusieurs heures, « le bal commença, où la Royne et toutes les dames, filles de la Royne et autres damoiselles se trouvèrent ornées, parées et si richement accoutrées, avec tant de grâces et de beautés que ces Allemands demeurèrent comme ravis de chose si rare, si admirable et non accoustumée en leurs régions [1] ».

Pour les fêtes seulement, la duchesse de Valentinois cédait le premier rang à la Reine. Catherine de Médici semblait absorbée par le soin de ses enfants, qu'affligeaient des infirmités étranges [2] : les membranes muqueuses du nez se dessèchent chez son fils aîné, François, et quelques années plus tard chez Henri ; ces deux enfants sont couverts d'abcès à la face [3] ; François en meurt à dix-sept ans ; Henri est malade et infirme toute sa vie ; Charles et le plus jeune fils, Hercule, meurent de maladies inconnues, l'un à vingt ans, l'autre à trente ; les deux filles aînées, Élisabeth, reine d'Espagne, et Claude, duchesse de Lorraine, meurent avant vingt-huit ans ; la dernière fille seule, Marguerite, était fraîche et saine.

Henri II avait eu toujours une véritable répugnance pour la chambre de sa jeune femme ; il n'y pénétrait que sur les instances de sa vieille favorite. C'était « Madame » qui l'exhortait à y dormir [4]. De son côté,

[1] VIEILLEVILLE, *Mémoires*, liv. IV.

[2] François, né en 1543, mort en 1560 ; roi sous le nom de François II en 1559 ;

Élisabeth, née en 1545, morte en 1568 ; reine d'Espagne en 1559 ;

Claude, née en 1547, morte en 1575 ; duchesse de Lorraine en 1559 ; elle doit son nom au duc Claude de Guise, dont la femme fut marraine de cette enfant (L'ESTOILE, t. I, p. 13) ;

Louis, né en 1548, mort en 1550 ;

Charles, né en 1550, mort en 1574 ; roi sous le nom de Charles IX en 1560 ;

Alexandre, né en 1551, mort en 1589 ; roi en 1574 sous le nom de Henri III ;

Marguerite, née en 1553, morte en 1615 ; reine de Navarre en 1572 ;

Hercule, né en 1554, mort en 1584 ; duc d'Alençon et duc d'Anjou ;

Victoire et Jeanne, deux jumelles nées et mortes en 1556.

[3] MARTHA FREER, *Henri III king of France*, t. I, p. 5.

[4] BASCHET, *la Diplomatie vénitienne* ; CONTARINI, p. 474.

la Reine s'efforçait de conserver les bonnes grâces de Diane par des flatteries ingénieuses, par des visites assidues, par les éloges adroits de sa beauté, qu'elle avait le courage de faire devant le Roi [1]. Elle ne réussissait pas constamment à dompter les révoltes de sa dignité ni à cacher ses larmes. Le jeune Tavannes reçut une fois la confidence de ses douleurs secrètes et offrit d'aller couper le nez de la duchesse de Valentinois pour mettre fin à ses sortilèges [2]. La jeune Reine pouvait croire cependant qu'elle n'avait pas besoin de faire mutiler le visage d'une rivale âgée de cinquante ans, pour lutter de beauté avec elle; comme tous les Médici, elle avait, il est vrai, la bouche trop grande, les yeux gros et ronds [3]; elle rappelait le pape Léon X, son oncle, d'une manière saisissante pour tous ceux qui l'avaient vu. Mais on ne peut admettre qu'elle ait pu passer pour laide; les portraits d'elle, à cet âge, lui donnent une grâce naïve, qui semble prédire toute sa puissance dans l'art de la séduction, et une innocence souriante, qui ne paraît pas encore de la fausseté; elle devait avoir déjà ce que l'on admira avec tant de bruit, quelques années plus tard, la main parfaite, un bras de statue, et la plus belle jambe de toute la Cour. Déjà aussi elle

[1] BASCHET, *la Diplomatie vénitienne;* CONTARINI, p. 474.

[2] TAVANNES, *Mémoires,* édit. Petitot, t. XXIV, p. 183 : « Les factions de Montmorency et de Guise croissent; madame de Valentinois tient le milieu et esloigne la Royne des affaires, et de son mary, encores qu'elle n'eust rien de beau par dessus elle, non sans soupçon de sortilége. La Royne s'en plaint au sieur de Tavannes qui offre couper le nez à madame de Valentinois; la Royne le remercie, se résout à patience. »

[3] SURIANO : « Gli occhi grossi proprii alla casa de' Medici. » Voir aussi Giovanni CAPELLO, *Documents inédits,* publiés par TOMMASEO, t. I, p. 372.

avait son sourire enchanteur et sa voix musicale, sonore, ces deux charmes qui la rendirent si redoutable dans les négociations où elle discutait en personne.

La réserve discrète, la sorte de soumission dans laquelle elle était tenue, lui permit, du moins, de ne pas se trouver mêlée au déchaînement des cupidités durant les premières années du règne. La nouvelle Cour avait hâte de recevoir ou d'extorquer des dons. A chaque avènement, le fisc percevait des droits pour la confirmation de tous les offices du royaume, des charges vénales, des immunités ou privilèges de corporations. Le produit de cet impôt fut abandonné à Diane en pur don ; elle en tira la valeur de quatre millions de notre monnaie actuelle [1]. Elle reçut aussi le château de Chenonceau, qui avait été confisqué sur les biens de Semblançay ; ce château sera sa rançon dans quelques années ; en le cédant à Catherine, elle apaisera ses royales rancunes. Un de ses gendres, Claude, fils du duc de Guise, reçut en cadeau toutes les terres vacantes du royaume [2] ; l'autre gendre, Robert de la Marck, voulut être maréchal de France ; on enleva le bâton au maréchal de Biez, qui fut dépouillé de son office, condamné à mort pour concussion, puis gracié quand Diane eut vu son gendre nommé maréchal à sa place. Pour que François de Guise, le Balafré, qui venait d'être fait grand veneur, pût être en même temps grand chambellan, il fallut dépouiller de ce titre le petit duc de Longueville. Non content de saisir dans l'héritage de cet enfant cette charge, qui était depuis cent vingt ans dans sa famille, François de Guise se fit

[1] CONTARINI, dans BASCHET, *la Diplomatie vénitienne,* p. 436.
[2] Henri MARTIN, *Histoire de France,* t. VIII, p. 366.

nommer administrateur de ses biens. Il aurait voulu aussi être grand maître de la maison du Roi, mais Montmorency, qui jouissait de ce titre, n'était pas d'humeur à se laisser dépouiller comme un mineur : cette charge assurait l'autorité sur tous les gentilshommes et tous les gardes qui se trouvaient à la Cour ; les ordres, dans les résidences royales, étaient donnés par le grand maître. François de Guise eut beau faire remarquer que le titre de grand maitre ne pouvait être uni à celui de connétable, que ces deux dignités étaient incompatibles et donnaient trop de pouvoir à un sujet, on le laissa dire, et à cette époque Montmorency put se défendre avec succès contre son jeune rival. Le Roi s'efforça de les réconcilier en les comblant d'un don énorme ; il leur abandonna, en une seule fois, à François de Guise, au connétable et au maréchal de Saint-André, les deux décimes du clergé, impôt qui produisait, selon l'ambassadeur vénitien, huit cent mille francs, ou près de dix millions de notre monnaie [1].

Ce maréchal de Saint-André a joué toute sa vie le rôle de lien entre Guise et Montmorency, de manière à profiter de la faveur des deux et à s'enrichir des débris qu'il pouvait recueillir entre eux. « C'étoit un fin et rusé courtisan, d'entendement vif, d'entregent fort agréable, de beaucoup de valeur, adroit aux armes [2]. » Il est un curieux exemple de ces courtisans qui se sont mêlés à toutes les grandes affaires et ont

[1] CONTARINI, dans BASCHET.

[2] L'AUBESPINE, *Archives curieuses de l'histoire de France*, t. III. Il ajoute : « Il porte pénitence pour une grosse... qui le travaille le reste de sa vie. » D'Albon de Saint-André était de la maison des dauphins de Viennois.

amassé des richesses considérables, sans qu'il soit possible de leur attribuer une part directe dans les événements. Ce n'était pas une mauvaise spéculation que de s'attacher en même temps aux Guises et aux Montmorencys, car « il ne leur échappoit non plus qu'aux hirondelles les mouches, état, dignité, évesché, abbaye, offices, qui ne fust incontinent englouti, et avoient pour cet effet gens apostés pour leur donner advis de tout ce qui mouroit parmi les titulaires [1] ».

Mais à quoi bon se quereller pour se partager des charges de cour, des gouvernements, des pensions? Le trésor royal n'était pas inépuisable : on découvrit des moyens de s'enrichir encore après qu'on se le serait partagé. On imagina d'inventer des coupables pour leur vendre leur pardon; on transforma la justice en instrument d'extorsion. Ce trafic avait déjà été exercé, sous le règne précédent, par le connétable de Montmorency, qui avait échangé contre des écus d'or sa protection pour le mari de la comtesse de Châteaubriant, accusé de s'être approprié les fonds recueillis par les États de Bretagne pour la canalisation de la Vilaine. On combina un système d'intelligences anciennes et secrètes avec l'Espagne, et l'on enferma dans ces obscures accusations tous ceux qu'avait enrichis le caprice de la duchesse d'Étampes. La défense n'était pas malaisée : le coupable prétendu n'avait d'autre plaidoirie à présenter que la cession d'un château ou d'une terre à tous ceux qui jouissaient de la faveur de Henri II. Le plus compromis de tous, Bossut de Longueval, secrétaire de la duchesse d'Étampes, cessa

[1] VIEILLEVILLE, *Mémoire*.

d'être inquiété dès qu'il eut cédé au jeune cardinal de Lorraine le château de Marchais [1]. Le plus considérable des anciens partisans de la duchesse d'Étampes, le cardinal de Meudon, obtint sa grâce en cédant au même cardinal de Lorraine son château de Meudon. Aussi avide de châteaux que d'évêchés, le jeune Lorrain se fit donner encore les châteaux de Dampierre et de Chevreuse pour assurer contre toute poursuite Duval, le trésorier de l'épargne. Il réussit aussi à dépouiller le cardinal de Tournon des charges de chancelier de l'ordre et de maître de la chapelle du Roi, comme s'il avait voulu qu'il n'y eût plus d'autres cardinaux français à la Cour que les deux cardinaux de Lorraine, son oncle Jean et lui [2].

Le Balafré ne resta pas étranger à ces spéculations. S'il fit rendre à la dame de Bavay la fille qui lui avait été enlevée, il assura l'impunité au ravisseur en se faisant céder par lui les terres du comté de Varay [3]; il sauva également du châtiment de ses crimes le comte de Grignan, gouverneur de Provence, qui avait brûlé vingt-cinq villages et égorgé la totalité de leurs habitants suspects d'hérésie. Grignan n'eut même rien à payer, et ne fut astreint qu'à rédiger un testament qui léguait à François de Guise l'universalité de ses biens, parmi lesquels figuraient les terres des victimes. La

[1] Ce château, situé près de Notre-Dame de Liesse (Aisne), devint la principale habitation de la famille de Guise. Il appartient aujourd'hui au prince de Monaco, qui l'a fait restaurer et meubler dans le style du seizième siècle; les portraits des principaux personnages de la maison de Guise et de leurs contemporains y sont réunis.

[2] Jusqu'à la mort de son oncle Jean, le cardinal Charles portait le titre de cardinal de Guise, qu'il transmit à son frère Louis, évêque de Troyes, promu cardinal en 1552.

[3] BOUILLÉ, *Histoire des ducs de Guise*, t. I, p. 199.

succession ne fut ouverte qu'en 1563; François de Guise était mort, l'influence de sa maison momentanément éclipsée, et le Parlement de Toulouse annula le testament [1].

Les seules personnes qui ne purent acheter la clémence furent celles qui avaient blessé l'orgueil de la duchesse de Valentinois. Le secrétaire des finances Bayard, seigneur de La Font, fut jeté dans un donjon et retenu enfermé jusqu'à sa mort, en punition d'avoir fait rire les dames du cercle de la duchesse d'Étampes sur les charmes surannés de Diane de Poitiers. Mais la victime la plus illustre avait été désignée par le Roi lui-même. Dans l'intention de mieux torturer dans son exil et dégrader, selon les règles de la chevalerie, la malheureuse femme que son père avait aimée pendant vingt ans, le Roi lui suscita un champion qui pût être vaincu et dégradé publiquement. Afin de l'accabler à la fois sous la condamnation d'un combat judiciaire et sous la douleur de voir déshonorer et tuer le chevalier qu'elle avait préféré, il fit revivre les vieilles formes du jugement de Dieu, et convoqua toute la Cour à Saint-Germain pour assister au duel de Jarnac et de la Châtaigneraie.

Gui Chabot, comte de Jarnac, neveu de l'amiral Chabot de Brion, avait fait ses premières armes comme volontaire en Italie en 1544 [2]. Jeune, grand, élégant, il se livrait à de telles dépenses à la Cour de François Ier, et suffisait à entretenir un si grand faste qu'on le regardait comme enrichi par les dons secrets de la duchesse

[1] Arrêt du 27 mars 1563. Voir Henri MARTIN, *Histoire de France*, t. VIII, p. 371.

[2] MONTLUC, *Commentaires*, édit. Petitot, p. 141.

d'Étampes. Henri, encore dauphin, l'interrogea sournoisement pour lui faire avouer ces faveurs et perdre ainsi l'ennemie de Diane; il prétendit que Jarnac lui avait répondu « qu'il tiroit de grosses sommes » de Madeleine de Puiguyon, la seconde femme de son père, le gouverneur d'Aunis. Jarnac nia avoir tenu ce propos. A cette époque, les princes du sang eux-mêmes n'éprouvaient aucun scrupule à recevoir des dons de la main des femmes qu'ils aimaient. Condé, quelques années plus tard, se fit donner un château par la maréchale de Saint-André, « car enfin toute grande dame, pour son honneur, doit donner, soit peu ou prou, soit argent, soit bagues ou joyaux[1] ». Jusque sous le règne de Louis XIV[2], cette dégradante coutume a souillé les gens dont l'honneur était le plus scrupuleux sur tous les autres points. Mais s'il n'était pas honteux de recevoir des terres ou des pièces d'or, il était malhonnête de publier de quelle main on les tenait; il était infâme surtout, comme il le serait aujourd'hui, de sauver, par crainte d'un danger personnel, la réputation de la favorite du Roi en compromettant celle de la femme de son propre père. Qu'il fût ou non l'amant de la

[1] BRANTÔME, *Dames galantes*, discours II.

[2] MOLIÈRE, *l'École des femmes*, acte I, sc. I :

> L'un amasse du bien dont sa femme fait part
> A ceux qui prennent soin de le faire cornard.

Voir aussi dans SAINT-SIMON, t. IV, p. 246, le portrait du comte de Marsan, « extrêmement petit homme, trapu, qui n'avoit que de la valeur, du monde, beaucoup de politesse et du jargon de femmes aux dépens desquels il vécut tant qu'il put. Ce qu'il tira de la maréchale d'Aumont est incroyable. » Cette coutume était encore si répandue au dernier siècle, qu'on voit un homme à bonnes fortunes se faire un mérite de n'avoir jamais reçu d'argent des femmes qui l'avaient aimé. (Marquis DE VALFONS, *Mémoires*.)

duchesse d'Étampes, le comte de Jarnac ne pouvait, sans déshonneur, avouer ni feindre des relations avec Madeleine de Puiguyon. Il est vrai qu'une confidence faite au Dauphin pouvait s'excuser par la foi dans la discrétion de ce prince; mais Henri se plaisait précisément à répéter ces sortes de scandales par une habitude de mesquine perfidie, qu'adopta également son fils Henri III, en la poussant au point de se faire des ennemies de toutes les femmes et de sa sœur même.

Ce qui était grave surtout dans les idées de l'époque, c'est que Jarnac avait nié le propos que le Dauphin lui prêtait; il y avait démenti, l'affront le plus cruel pour le temps. Le mal n'était pas de mentir, mais de se laisser dire qu'on avait menti; on ne devait rien céder à personne, et le plus grand éloge qui pût s'adresser à deux adversaires était : « Tous deux estoient hauts à la main, qui ne vouloient céder d'un point l'un à l'autre, tous deux pointilleux, barnieux et scalabreux[1]. » Au milieu de ces incidents, François Ier était mort. Le nouveau Roi ne pouvait appeler Jarnac en combat singulier; il prit pour champion un duelliste robuste et redouté, le comte de la Châtaigneraie, exigea que le combat fût public, devant toutes les dames, trois mois après la mort de son père, et assigna comme lieu de la rencontre la terrasse de son château de Saint-Germain.

Ce fut une fête. La noblesse accourut des provinces voisines. En réalité, on comprenait que Jarnac était attaqué comme le chevalier de la duchesse d'Étampes,

[1] Brantôme, *les Duels*, p. 213, édit de Leyde, 1722.

et que la Châtaigneraie représentait la nouvelle favorite. Les romans de chevalerie habituaient les imaginations à ces combats; chacun se réjouissait de voir, non plus une lutte simulée, un simple tournoi entre compagnons, mais un duel à mort, dont le vaincu serait déshonoré. François de Guise s'avança comme le parrain de la Châtaigneraie; il était suivi de trois cents gentilshommes vêtus à ses couleurs, qui remplissaient un côté de la lice. Un Bourbon osa se présenter comme le parrain de Jarnac : le duc Antoine de Vendôme, le frère aîné du vainqueur de Cérisoles, était le seul qui n'hésitât pas à se compromettre contre une cabale si puissante, que dirigeaient le Roi, la duchesse de Valentinois, les Guises. Henri II refusa durement d'accorder un tel parrain à Jarnac, et il ne lui laissa, pour débattre contre François de Guise les conditions du combat, qu'un gentilhomme de la famille disgraciée et oubliée de Bonnivet, le comte de Boisy. Heureusement, Jarnac trouva un défenseur plus puissant et plus écouté dans le juge même du camp, le connétable. Montmorency n'était nullement tenté de voir grandir un nouveau favori; il craignit que l'un de ses neveux fût dépouillé de la charge de colonel général de l'infanterie, convoitée par la Châtaigneraie, et difficile à défendre contre lui s'il la réclamait avec le prestige acquis dans une lutte si solennelle; il concéda donc, malgré François de Guise, toutes les conditions qui pouvaient égaliser les chances des deux adversaires. Les femmes prirent place sur les estrades, les trompettes sonnèrent une fanfare. Le combat commença. Jarnac, frêle, mais souple, comprit qu'il serait promptement lassé par son ennemi si la lutte se prolongeait; il se baissa et le frappa au jarret du tranchant de sa lame, en un point que ne couvraient pas des plaques d'acier. La Châtaigneraie tomba, perdit son sang. Jarnac se retira, pour ne pas irriter le Roi en complétant sa victoire, et ne parla pas d'emporter, selon l'usage, l'épée du vaincu.

L'issue inattendue du combat, la colère mal dissimulée du Roi, la déception des femmes, qui auraient voulu voir le vaincu achevé et désarmé, le départ précipité de Diane et des Guises, mirent un tel désordre dans cette foule, que le peuple, attiré autour de la terrasse de Saint-Germain par ce concours de grands seigneurs, put se précipiter sur le festin préparé pour célébrer le triomphe de la Châtaigneraie, se partager les mets et enlever l'argenterie. La Châtaigneraie mourut quelques jours après, en déchirant de ses mains sa blessure. Jarnac servit longtemps à la tête de sa compagnie de gendarmerie : il pénétra l'un des premiers dans Saint-Quentin, à travers l'armée espagnole, lorsqu'elle assiégea cette place en 1557, et défendit une des onze brèches, à l'heure de l'assaut, avec une telle obstination que « les ennemis par les autres endroits étant entrés dans la ville, et qui desjà saccageoient et brusloient partout, les vinrent prendre et deffaire par derrière, avant qu'ils pensassent monstrer visage[1] ». Guéri des blessures reçues à cet assaut, il reparut au siège de la Rochelle, en 1568, mais ne put jamais se relever de sa disgrâce; sa famille était assez oubliée pour qu'un siècle plus tard on considérât comme un

[1] RABUTIN, *Commentaires*, édit. Didier, p. 542, 562, 563.

événement extraordinaire le mariage de l'héritière des Rohans avec un de ses membres.

Dans ce duel fameux, François de Guise avait vu soutenir par Antoine de Bourbon l'adversaire de celui dont il s'était déclaré le parrain. Pour la seconde fois, depuis l'entrée à Chambéry, il rencontrait devant lui ce duc pauvre et ambitieux. La maison de Bourbon n'était pas encore relevée du désastre qu'elle avait subi par la disgrâce du connétable; il ne restait plus que la branche de la Marche; le duc de Vendôme, frère d'Antoinette, duchesse de Guise, était mort jeune en laissant six enfants qui furent élevés par les soins de leur oncle, François, le premier cardinal de Bourbon. Leur tante, la duchesse de Guise, ne les considéra jamais que comme des ennemis; mais le cardinal de Bourbon prit soin de leur fortune avec une telle tendresse, qu'on l'accusa de les avoir enrichis « du bien temporel », de son archevêché de Sens, de son évêché de Laon, de ses abbayes de Saint-Denis, Sainte-Colombe « et autres bénéfices que tenoit ledict seigneur », presque aussi bien partagé que les Lorrains en dignités ecclésiastiques. Il fit couper les futaies de ses terres d'Église, et l'on disait de lui : « Il a bien sceu jouer des hauts bois et si n'estoit ménestrier[1]. » Le second des fils du duc de Vendôme, le duc d'Enghien, remit un moment sa famille en éclat par la victoire de Cérisoles, mais sa mort subite la priva bientôt de son crédit. L'aîné, Antoine duc de Vendôme, s'efforça d'y suppléer à force d'obstination et d'audace; il défendit ses droits de premier prince du sang, plutôt

[1] Claude Haton, *Mémoires*, t. I, p. 45.

par vanité que par fermeté. Quant aux deux plus jeunes frères, ils n'étaient pas beaucoup plus comptés à la Cour que de simples gentilshommes; l'un d'eux, Jean, comte de Soissons, se fit tuer, à trente ans, à la bataille de Saint-Quentin; l'autre, qui n'avait que dix-sept ans à l'avènement de Henri II, obtint bientôt l'alliance des Montmorencys et devint le rival le plus redoutable du duc de Guise : c'était Louis de Bourbon, premier prince de Condé.

L'aîné ne tarda pas à se trouver de nouveau le compétiteur de François de Guise; cette fois, il ne s'agissait plus d'une dispute de préséance, ni d'un intérêt à prendre dans un duel; les deux rivaux se disputaient la main de la nièce de François Ier.

La sœur de ce roi, Marguerite de Valois, n'avait eu qu'une fille, Jeanne d'Albret, de son mariage avec Henri II, roi de Navarre, fils de Jean d'Albret et de Catherine de Foix, que Ferdinand le Catholique avait dépossédés de leur royaume en 1512. Jeanne d'Albret, après avoir obtenu l'annulation de son mariage avec le duc de Clèves, était recherchée par l'empereur Charles-Quint, qui voulait l'unir à son fils Philippe, afin de consacrer sa possession de la Navarre, et d'acquérir, par l'annexion du Béarn, une entrée toujours ouverte et une frontière avancée au milieu de la France méridionale. Le roi de France, qui la vit demandée en mariage au même moment par Antoine de Bourbon et par François de Guise, la pressa d'accepter un des deux prétendants pour déjouer les espérances de l'Empereur. La jeune fille avait vingt ans, un caractère viril, autant d'intelligence que sa mère, avec plus de fermeté et moins d'éclat. Elle ne se cacha pas pour déclarer qu'elle ne consentirait jamais à devenir, en épousant François de Guise, la belle-sœur d'une fille de la duchesse de Valentinois[1]. La fière princesse offrait ainsi en dot à l'autre prétendant la haine de Diane, de ses filles, et des Guises; elle ne remarquait pas qu'Antoine de Bourbon avait plus de courage que de cœur, et plus d'ambition que de tête.

Inférieur à Jeanne d'Albret en intelligence et en volonté, il hésita tout à coup et sembla reculer au moment où le jour du mariage était déjà fixé. L'Empereur, qui ne renonçait pas à ses projets, avait imaginé de dissuader Antoine de Bourbon d'un mariage avec une jeune fille déjà épousée par le duc de Clèves; bien que toutes les cérémonies eussent été publiques, huit ans auparavant, quand la jeune fille n'avait que douze ans, les agents de l'Espagne firent croire un moment à Antoine de Bourbon que le mariage avait été consommé. Au bout de quelques jours, cet esprit vacillant changea de nouveau; le mariage fut enfin célébré, et le chef de la famille de Bourbon devint l'héritier de la couronne de Navarre.

François de Guise épousa presque au même moment Anne d'Este, fille du duc de Ferrare et petite-fille de Louis XII. Hercule II, duc de Ferrare, était le mari de Renée de France[2], fille de Louis XII; Anne d'Este,

[1] MARTHA FREER, *Life of Jeanne d'Albret*, p. 73-77.

[2] Hercule II, duc de Ferrare, de Modène et de Reggio, épousa en 1527 Renée de France et mourut en 1558. Renée mourut en France en 1571. Ils eurent deux fils et quatre filles : Alphonse II, qui succéda à son père; Louis, cardinal de Ferrare, opposé aux Guises; Anne d'Este, duchesse de Guise, née en 1531, mariée en 1549, veuve en 1563, remariée en 1566 à Jacques de Savoie, duc de Nemours morte

leur fille, avait dix-huit ans en 1549; elle était « la plus belle de la Cour, possible quand je dirois de la chrestienté ne mentirois-je[1] ». Le Roi paya la dot d'Anne d'Este, mais ne lui donna pas le titre de petite-fille de France.

Un titre de ce genre était porté par une jeune fille dont le mariage fut célébré dans le même temps. Diane, légitimée de France, qui passait pour la fille de Henri II et de Philippe Duc, fut unie à Horatio Farnèse, duc de Castro, dont le père était fils naturel du pape Paul III. Le Roi cherchait toujours l'alliance du Saint-Siège et croyait l'assurer par ce mariage entre bâtards, oubliant que Paul III avait déjà quatre-vingts ans, que le futur Pape ne porterait aucun intérêt aux descendants de ce vieillard, et que lui-même avait déjà vu, malgré sa propre union avec une nièce de pape, son père abandonné par la Cour apostolique, dès qu'un Médici avait cessé d'y régner.

Ces mariages à la Cour se célébraient au milieu d'une série de fêtes dans lesquelles les gentilshommes se consolaient par des galanteries de ces quatre longues années de paix. « Nous estions lors de loysir en nostre garnison, et n'ayant rien à faire, il le faut donner aux dames. En ce temps-là, je portois gris et blanc d'une dame de qui j'estois le serviteur lorsque j'avois le

en 1607; Lucrèce, duchesse d'Urbin; Marfise, marquise de Carrare; Bradamante, comtesse Bevilacqua. Voir SAINT-SIMON, *Mémoires*, t. XI, p. 165.

[1] BRANTÔME, *Hommes illustres*, *M. d'Imbercourt*, édit. Panthéon, p. 211; cependant, un historien des Guises dit qu'elle était un peu bossue. On ignore d'après quel document; les portraits n'en laissent rien soupçonner et justifient le témoignage de Brantôme. Le mariage fut célébré le 4 décembre 1549.

loysir[1]. » François de Guise figura parmi les tenants du tournoi qui fut donné pour célébrer, en 1549, l'entrée solennelle du Roi et de la Reine à Paris : là, on eut le plaisir de voir « les cérémonies anciennes observées, tous les tenants blessez[2] ». Tavannes, qui eut les plus brillantes passes d'armes, brisait soixante lances par jour. Au milieu des cérémonies de l'entrée royale, deux jeunes gentilshommes se prirent de querelle si publiquement, qu'ils résolurent de renouveler le spectacle du duel de Jarnac. Mais le Roi, qui n'aimait pas ce souvenir, refusa de leur donner le camp; ils eurent recours au gendre de Diane, le maréchal de la Marck, qui leur fit « bailler le camp » hors du royaume, dans la principauté de Sedan.

Le baron des Guerres et le seigneur de Fendilles, les deux champions, arrivèrent à Sedan[3], « très bien accompagnés de leurs parents et amis, parrains et confidents, et ledit sieur de Fendilles ne voulut jamais entrer dans le camp, tant il estoit bravache et fendant, qu'il n'eût veu un feu allumé, et une potence pour y attascher et brusler son ennemy après sa victoire, tant espéroit-il en avoir bon marché. De premier abord, Fendilles donna un grand coup de son espée à travers la cuisse dudit baron, qui lui fit une telle ouverture à cause de la largeur de l'espée, que le sang en sortit en si grande abondance, qu'il commençoit desjà à diminuer de la force dudit baron qui, en prévoyant son inconvénient, s'avisa d'aller aux prises et à la lutte, y ayant esté très bien dressé par un petit

[1] Montluc, *Commentaires*, édit Petitot, t. XXI, p. 232.
[2] Tavannes, *Mémoires*, édit. Didier, p. 152.
[3] Brantôme, *les Duels*, édit. de 1722, Leyde, p. 3.

prestre breton, et ayant aussitôt porté son homme par terre, et le tenant soubs luy, n'ayant ne l'un ne l'autre nulles armes offensives, car elles leur estoient désemparées des mains pour mieux se servir de la lutte, parquoy le baron eut recours aux mains et aux poings dont il en donnoit de très-grands coups à son ennemy, et cependant cela n'estoit rien, et de tant plus s'alloit-il affoiblissant de la playe et de son sang qui lui couloit fort toujours. La fortune voulut que le combat estant en tels termes de suspension, un eschaffaut qui estoit là tout auprès du camp vinst à se rompre et tomber, où il y avoit force dames et damoiselles, gentilshommes et autres qui s'y estoient mis pour voir le cruel passe-temps. De sorte que la confusion s'en ensuivit si grande, tant par la chute dudit eschaffaut et par les cris, les plaintes et le mal que se faisoient et enduroient les damoiselles, si bien qu'on ne sçavoit à quoi s'amuser ou de voir la fin du combat, ou aller secourir ces pauvres créatures, se blessans, se pressans et s'estouffans si misérablement les unes les autres; cependant sur ce grand esclandre, tintamarre et trouble, y eut quelques-uns des amis et parents du baron des Guerres qui, prenant l'occasion à propos, se mirent à crier : Jetez-lui du sable dans les yeux et la bouche; ce qu'ils n'eussent osé faire sur la vie, sans cet escandale de cet eschaffaut rompu, d'autant que par les lois du camp cela est fort deffendu. Pour fin, le baron, amassant du sable, ne faillit d'en jeter dans la bouche et les yeux de son ennemi, si bien qu'il fut contraint de se rendre, ce disant les partisans du baron, dont crièrent : Il se rend. Ceux de Fendilles disent que non... »

Tant de divertissements, tant de largesses, tant de

pensions appesantissaient la charge de l'impôt. Au milieu d'une promenade triomphale dans l'Italie du nord, qu'il avait entreprise comme une fastueuse prolongation à son entrée dans la ville de Paris, Henri II apprit que les impôts de gabelle avaient tellement accablé ses sujets de Guyenne et de Saintonge, qu'un soulèvement de ces deux provinces venait d'amener de graves désordres. Le comte de Monneins, lieutenant du Roi en Guyenne, avait été assassiné par la populace de Bordeaux; les bureaux de la ferme, en Saintonge, avaient été pillés, et le sel jeté dans les ruisseaux.

François de Guise fut chargé de commander les soldats que le Roi envoya en Saintonge pour rétablir son autorité. Il eut l'humanité de pacifier le pays sans massacres et sans cruauté, et le bon sens de s'en faire honneur. Il raconte lui-même qu'il avait pu réduire la Saintonge « sans néanmoins y punir rigoureusement ces rebelles, comme fit depuis le connestable à ceux de Bordeaux[1] ».

En Guyenne, au contraire, la répression fut atroce. A l'approche du connétable, les séditieux s'étaient dispersés. La municipalité de Bordeaux envoya jusqu'à Langon un navire drapé d'or aux armes de Montmorency, pour fléchir par ce présent et par la perspective des plaisirs d'un voyage sans fatigue sur le fleuve le terrible connétable qui proférait des menaces effroyables contre la ville. L'ordre établi avait été troublé; c'était à ses yeux le plus grand des crimes. Il répondit qu'il n'entrerait à Bordeaux que par la brèche, et parla d'abandonner la ville « à force et à pillage »,

[1] Guise, *Mémoires-journaux*, p. 5

ce qui mit les habitants en grand « espouvantement, principalement les femmes et les filles ». François de Guise l'avait rejoint avec ses troupes de Saintonge; ils entrèrent ensemble à Bordeaux. Durant un mois, ce ne furent que « pendus, décapités, roués, empallés, desmembrés à quatre chevaux et bruslés, mais trois d'une façon dont nous n'avions jamais ouy parler, qu'on appeloit mailloter; on les attacha par le milieu du corps, sur l'eschaffaut à la renverse, sans estre bandés, ayant les bras et jambes délivrés et en liberté, et le bourreau, avec un pilon de fer, leur rompit et brisa les membres, sans touscher à la teste ni au corps[1] ». Les plus jeunes des habitants furent « à cause de leur jeunesse seulement fouettés ». Tous les survivants, hommes et femmes, furent contraints d'aller s'agenouiller devant le cadavre en décomposition du comte de Monneins, qui avait été exhumé, et de faire publiquement amende honorable pour le crime commis; cette repoussante cérémonie était surtout pénible pour les jeunes filles qui étaient épiées par les soldats, suivies et soumises aux traitements les plus grossiers : Vieilleville se fit beaucoup d'ennemis dans l'armée, et passa pour un caractère bizarre, parce qu'il protégea contre les outrages les filles et les nièces du conseiller au Parlement de Bordeaux, chez lequel il était logé. Il dut faire prendre les armes à sa compagnie pour les sauver du viol. Plusieurs semaines après les exécutions, les jurats et les conseillers du Parlement espérèrent que le connétable était adouci, et osèrent lui demander de restituer à un armateur de la ville le *Montréal*, navire

[1] VIEILLEVILLE, *Mémoires*, p. 84 et suiv.

de trois cents tonneaux qui avait été abandonné aux soldats pour être dépecé et brûlé. Montmorency leur répondit : « Et qui estes-vous, messieurs les sots, qui me voulez contreroller et me remonstrer? Vous estes d'habiles veaux d'estre si hardis d'en parler. Si je faisois bien, j'enverrois tout à ceste heure faire dépecer vos maisons au lieu du navire[1]. »

A l'époque où se terminaient ces expéditions, la famille de Guise fut frappée par la mort du duc, et presque en même temps par celle de son frère Jean, le premier cardinal de Lorraine. Le duc était à Fontainebleau; il se sentit malade, déclara qu'on l'avait empoisonné, et se fit transporter à Joinville. C'est de là que la duchesse écrivait à François de Guise : « Mon fils, mon amy, si fortune me faict ce tort de me l'oster, je feray avec les gens de bien que j'ay icy le mieux que je pourray, et vous advertiray de tout; car, mon amy, après Dieu, je ne puis avoir espoir et consolation que de vous autres mes enfants. Je ne puis estre sans douleur tant grande qu'en vérité j'en ay ce que j'en puis porter. Vostre bonne mère, Anthoinette[2]. »

François prit après la mort de son père le titre de duc de Guise; quelques jours plus tard, le cardinal Jean, qui revenait de Rome, succomba dans le trajet; son neveu Charles prit son titre de cardinal de Lorraine; il « s'approprie tous les meubles de l'oncle qui estoient précieux, laisse toutes les dettes d'iceluy, qui estoient immenses, à ses créanciers, pour y succéder par droit de banqueroute[3] ».

[1] BRANTÔME, *Hommes illustres*, t. I, p. 317.
[2] GUISE, *Mémoires-journaux*, p. 31.
[3] L'AUBESPINE, *Histoire particulière de la Cour de Henri II.*

Bien qu'il obtînt ainsi plus de trois cent mille livres de rente, c'est-à-dire près de quatre millions de francs de revenu, le nouveau cardinal de Lorraine imita le désordre du premier, et évita comme lui de payer ses dettes, dont le chiffre devint considérable [1].

Ainsi, la disparition des deux chefs de la maison de Guise ne diminua pas son autorité. Le second duc de Guise et le second cardinal de Lorraine avaient plus de tête, plus d'activité, plus de valeur que ceux qu'ils remplaçaient. Ils étaient appuyés par leurs frères, ambitieux comme eux, et habiles à leur créer des partisans; l'un d'eux, celui qui était le gendre de Diane, devint duc et pair, et prit le titre de duc d'Aumale que quittait son aîné à la mort de son père; un autre reçut le titre de cardinal de Guise, que laissait son frère Charles pour prendre celui de cardinal de Lorraine. Rien n'est abandonné; il reste des frères et de jeunes enfants pour recueillir les plus minces portions de l'héritage et pour accroître le trésor commun, depuis les deux duchés-pairies jusqu'à la dernière abbaye. Le plus jeune frère est déjà grand prieur de France et général des galères. Tous vivent dans l'union la plus intime, et s'entendent comme en un concert de convoitises, pour l'accroissement continuel de leur maison. C'est en rêvant sa grandeur que s'étaient fait tuer les frères du premier duc de Guise; les frères du duc François sont prêts à se sacrifier également pour la même cause. Le duc d'Aumale lui-même, bien que pair de France comme son aîné, ne cherche pas à détacher ses intérêts des siens, à former une maison

[1] De Thou, *Histoire générale*, livre VI.

rivale ; c'est la maison de Guise seule qu'il soutient et veut élever ; les idées de chacun des frères ont un centre unique où elles aboutissent. Chaque matin, les quatre plus jeunes se rendent chez le cardinal de Lorraine, le suivent au lever de leur frère aîné ; de là, tous les six se rendent ensemble chez le Roi.

Le nouveau duc de Guise prit une part active à l'organisation de l'armée que levait Henri II pour appuyer les villes d'Allemagne révoltées contre Charles-Quint. La jeune Cour, lasse de la paix, réclamait des conquêtes et de la gloire : le Balafré allait mettre au service de la France ses grandes qualités de commandement et ses talents militaires.

CHAPITRE IV

ANNEXION DE METZ, TOUL ET VERDUN.

1551-1552.

Charles-Quint poursuivait avec obstination son projet d'astreindre aux règles d'une obéissance commune tous les sujets de ses immenses États. Au plus fort de sa lutte contre François Ier, il avait dépouillé de leurs vieux priviléges les provinces espagnoles. Dès qu'il eut obtenu la paix avec la France, il se hâta d'en profiter pour accabler sous son autorité absolue les petits souverains de l'empire d'Allemagne. Après les avoir vaincus à Muhlberg en 1557, il se prépara à soumettre les villes impériales au joug qui liait déjà les princes de l'Empire. Ces villes invoquèrent près de Henri II le secours qui n'avait pas été donné aux princes en temps opportun. Le roi de France se hâta d'accepter ce rôle de protecteur des libertés de l'Allemagne, et entreprit de le soutenir par d'immenses préparatifs.

Le commandement de ces forces appartenait de droit au connétable ; mais ce vieux capitaine dut subir la présence et le contrôle du jeune Roi, qu'accompagnaient les ducs de Guise et d'Aumale, et la foule des courtisans, peu disposés à reconnaître l'autorité de

Montmorency ou à tolérer la rudesse de ses manières. Le plus entouré de ces jeunes capitaines était le maréchal de Brissac, que les femmes avaient surnommé le beau Brissac. Il fut saisi au plus fort de sa faveur par une petite intrigue à laquelle le connétable ne fut sans doute pas étranger. Quelqu'un dit tout bas que le beau Brissac était préféré au Roi par la duchesse de Valentinois; Jean de Tais, grand maître de l'artillerie, répéta légèrement le propos. Il n'en fallut pas davantage pour que le grand maître de l'artillerie fût forcé de se démettre de sa charge, et que Brissac fût relégué dans le commandement de l'armée du Piémont[1]. Il y resta huit ans, défendant seul, sans renfort, sans argent, avec quelques gentilshommes volontaires et l'infanterie gasconne, qui marchait sous les *enseignes jaunes*, les places et les forts de la haute Italie. Ce fut bientôt une mode de servir sous ses ordres; nul n'était réputé bon capitaine s'il n'avait fait son apprentissage près du maréchal de Brissac. Que penser de ce paladin? Est-ce un héros inconnu, un homme de guerre dont la France a été privée par les jalousies de Montmorency et du duc de Guise? Les contemporains sont unanimes à admirer la fécondité de ses ressources, sa gaieté dans les crises les plus dangereuses, son talent de commandement. Dans la réalité, il n'a fait que se maintenir au milieu des montagnes, défendre ou surprendre des châteaux, et il ne parait avoir jamais été attaqué par des forces bien redoutables. Quand il revint en France, après la mort de Henri II, il ne songea qu'à s'effacer, à se faire en quelque sorte le courtisan des Guises. Il a eu du moins

[1] BOYVIN DE VILLARS, liv. I et II; RABUTIN, liv. I; VIEILLEVILLE, liv. III.

l'honneur de couvrir, sans renfort, pendant toute la durée du règne, notre frontière d'Italie.

Si Brissac était privé d'un commandement dans l'armée qui se rassemblait, le connétable ne put aussi aisément se défaire du duc de Guise. Au contraire, comme pour témoigner de la part qu'il avait prise dans l'organisation de cette armée et de l'autorité qu'il devait y posséder durant la campagne, le duc de Guise reçut les titres de prince de Joinville et de sénéchal héréditaire de Champagne, titres destinés à former l'apanage de son fils aîné, qui devenait ainsi comme un dauphin de la maison de Guise. Mais ils ne consistaient pas en de simples honneurs : les revenus qui y étaient attachés produisaient près de quatre cent mille francs par an de notre monnaie.

L'esprit d'ordre, la science des détails et le talent administratif du duc de Guise étaient nécessaires pour rassembler et maintenir les troupes qui se préparaient à une campagne sur le Rhin.

Le noyau de l'armée était formé par les compagnies d'ordonnance; chacune de ces compagnies comprenait de vingt-cinq à cent hommes d'armes, suivis chacun de deux archers et d'un « coultillier ». Tous les hommes d'armes étaient gentilshommes; la seule admission dans une de ces compagnies de gendarmerie conférait la noblesse [1]; ils touchaient trente-quatre livres par mois [2]. Les archers recevaient la moitié de cette solde [3]. Les pages et les valets grossissaient l'effectif de la com-

[1] Président Hénault, *Abrégé chronologique*, année 1600.

[2] C'est à peu près la solde d'un chef d'escadron aujourd'hui, en tenant compte de la différence des valeurs.

[3] Guise, *Mémoires-journaux*, édit. Didier, p. 122.

pagnie, mais prenaient rarement part au combat. Cette masse d'hommes, couverts de fer, liés par l'honneur chevaleresque, était irrésistible quand elle se précipitait au galop, la lance en avant. Charles VIII n'avait que six de ces compagnies pour sa fameuse charge de Fornoue; Condé n'en prendra que trois pour disperser toutes les milices parisiennes, près de vingt mille hommes, dans la plaine de Saint-Denis, en 1567. Les hommes d'armes étaient fiers de leurs longues lances, et disaient volontiers que le bois était l'arme du Français. Le commandement des compagnies d'ordonnance n'était donné qu'aux plus grands seigneurs ou à des chefs éprouvés. Il était devenu promptement le gage du pouvoir et du crédit. Le capitaine d'une compagnie de gendarmerie arborait la bannière aux fleurs de lis; il liait à sa fortune les jeunes gentilshommes qui servaient sous ses ordres; il disposait d'une force docile et mobile. La puissance n'est plus dans la possession d'un château fort, depuis que l'artillerie ruine les murailles en quelques heures; elle est toute dans les compagnies d'ordonnance : on est maréchal de France, gouverneur de province, mais on se vante de son titre de capitaine d'une compagnie de cinquante hommes d'armes. Pour gagner à la France l'alliance du pape Alexandre VI, Louis XII donne à son fils César Borgia une de ses compagnies de cent hommes d'armes. Le duc de Lorraine en avait une, et quittait souvent ses États pour venir en prendre le commandement.

Ces compagnies comprenaient dans l'armée que préparait Henri II neuf à dix mille gentilshommes, montés « sur gros roussins, avec les bardes peintes des couleurs des sayes que portaient les capitaines », pour que chaque compagnie pût se rallier à ses couleurs. Les hommes étaient « armés du haut de la teste jusqu'au bout du pied avec les haultes pièces et plastron, la lance, l'espée, l'estoc, le coultelas ou la masse, suivis de leurs coultilliers et valets [1] ». Les chefs portaient des armures niellées et dorées, et montaient des chevaux « caparaçonnés de bardes et lames d'acier légères et riches ou de mailles fortes et déliées couvertes de velours, draps d'or et d'argent, orfavreries et broderies en somptuosité indicible ».

Après les hommes d'armes venaient les chevau-légers en nombre à peu près égal : ils étaient armés « de corselets avec bourguignotes à bavières, brassals, gantelets et tassettes jusqu'au genoil, la demi-lance ou le pistolet, ou le coultelas ». Guise introduisit, dès cette époque, une réforme dans la cavalerie. Les généraux devaient alors créer un peu eux-mêmes l'armement : Guise imagina pour cette campagne l'arquebusier à cheval [2], comme le duc d'Alva [3] organisera, quelques années plus tard, les mousquetaires à pied. L'armée comprenait cinq à six mille arquebusiers à cheval, armés de « jacquettes et manches de mailles ou cuirassines, la bourguignote ou le morion, l'arquebuze de trois pieds de long à l'arçon de la selle [4] ».

Cette innovation fut blâmée; on voyait avec regret modifier les vieux usages militaires, et la valeur person-

[1] François DE RABUTIN, *Commentaires*, p. 414.

[2] Henri D'ORLÉANS, duc D'AUMALE, *Histoire des princes de Condé* : « Ce grand capitaine avait compris tout le parti qu'on pourrait tirer des armes à feu. »

[3] C'est le général espagnol que les Mémoires contemporains nomment le duc d'Alve et qu'on appelle maintenant le duc d'Albe.

[4] RABUTIN, *Commentaires*, p. 414.

nelle devenir moins nécessaire quand « tant de braves et vaillants hommes » meurent « de la main le plus souvent des plus poltrons et plus lasches, qui n'oseroient regarder au visage celui que, de loin, ils renversent de leurs malheureuses balles par terre [1] ».

Mais une transformation plus importante commençait à changer davantage encore l'art de la guerre. L'infanterie jouait un rôle de plus en plus considérable dans la composition des armées. Pendant longtemps le service des armes fut réservé à la noblesse ; assez tard le Roi commença à donner des commissions pour recruter dans les campagnes des enseignes de gens de pied. La noblesse se plaignit qu'en mettant les armes aux mains des paysans, le Roi les rendit désobéissants et rétifs [2]. Elle voyait avec appréhension les vilains prendre du cœur et mériter de l'honneur en combattant à ses côtés. « Ils sont hommes comme nous, disait-elle, et non pas bestes ; si nous sommes gentilshommes, ils sont soldats ; ils ont les armes en main, lesquelles mettent le cœur au ventre à celui qui les porte... [3]. J'en ay vu parvenir qui ont porté la picque à six francs de paye, faire des actes si belliqueux et se sont trouvés si capables, qu'il y en a eu prou qui estoient fils de pauvres laboureurs, qui se sont avancés plus avant que beaucoup de nobles, pour leur hardiesse et vertu [4]. » Le plus fameux de ces parvenus est Paulin, le paysan dauphinois, qui partit comme *goujat* ou valet de soldat, et devint baron de la Garde et général des galères ; il com-

[1] Blaise DE MONTLUC, *Commentaires*, édit. Petitot, p. 342.

[2] Francesco GIUSTINIANO, *Documents inédits, Ambassadeurs vénitiens*, publication de M. TOMMASEO, t. I, p. 184.

[3] MONTLUC, *Commentaires*, p. 327.

[4] *Id., ibid.*, p. 324.

manda constamment les flottes de François Ier et de Henri II, conquit la Corse, effraya Gênes, massacra les Vaudois. Homme énergique et sans scrupule, que les obstacles, les déceptions, le succès inouï, peut-être aussi la trop grande habitude de partager les croisières et les mœurs des corsaires turcs avaient rendu sauvage et cruel.

L'infanterie française se recrutait principalement à l'origine dans les vallées du Lot, de la Dordogne et de la Garonne. La noblesse pauvre de ces contrées acceptait les grades de capitaines et de lieutenants des compagnies de gens de pied; quelques gentilshommes y étaient même enrôlés comme *lanspessades*, et portaient la pique [1]. Ainsi furent formées les *vieilles bandes* qui décidèrent la victoire de Cérisoles, et qui, aguerries dans les guerres d'Italie par Blaise de Montluc, étaient appréciées dès cette époque par le duc de Guise. Les autres provinces ne fournissaient guère que des *pionniers* ou *gastadours*, ce que l'on appelait par dérision *les enseignes de la petite casaque de drap rouge* [2]. Les gens de pied gascons étaient employés principalement en Italie, et l'infanterie que Henri II dirigea sur le Rhin fut composée en grande partie de Suisses et de lansquenets allemands; c'était une troupe indisciplinée, turbulente, et qu'on ne menait que par l'espoir du pillage. Au siège de Novare, en 1522, Montmorency

[1] La lance était l'arme du gentilhomme; celui qui ne trouvait pas place dans les compagnies d'ordonnance devenait *lance à pied*, en espagnol *lanza pezada*, en français lanspessade.

[2] D'AUBIGNÉ, *les Aventures du baron de Fæneste*, p. 258 : « Il me semble vous avoir vu aux enseignes de la petite casaque de drap rouge? — Par voutade et par caprice, je prenois quelque casaque d'un des pionniers... »

avait commandé les Suisses pour l'assaut : « Ils lui firent response qu'il estoient prests de combattre en campagne, et que ce n'estoit leur estat d'assaillir les places [1]. » Ces auxiliaires étaient surtout dangereux pour leurs chefs, qu'ils tuaient dans leurs exercices ou dans les salves au milieu des revues. « C'est le lieu des vengeances secrettes, et n'en est point où en plus grande seureté on les puisse exercer. Il y avoit de publicques et notoires apparences qu'il n'y faisoit pas fort bon pour aucuns [2]. »

L'armée de Henri II était pourvue avec une telle abondance qu'il « n'y avoit jusques aux simples soldats et valiets qui ne feissent traisner mille hardes et brouilleries sur chariots et charrettes ou sur chevaux et juments [3] ». Les services administratifs des armées étaient dans un état rudimentaire; ils étaient confiés presque exclusivement aux femmes qui suivaient les soldats, comme dans les armées des républiques de l'Amérique espagnole. Des troupes de femmes portaient le butin, fouillaient les maisons, pourvoyaient au campement et à la nourriture des hommes. L'armée la mieux disciplinée du siècle, celle du duc d'Alva, qui traversa la France pour aller réduire les villes de Brabant en 1567, et que tous les capitaines coururent admirer sur son passage, en remarquant la belle tenue des soldats, leurs mousquets à fourchettes, leur morions gravés au burin et dorés, leurs armures damasquinées, la fameuse armée des neuf mille vétérans espagnols était accompagnée de « quatre cents courtisanes à

[1] Martin DU BELLAY, *Mémoires*, p. 160.
[2] MONTAIGNE, *Essais*, t. I, p. 156.
[3] RABUTIN, *Commentaires*, p. 414.

cheval, belles et braves comme princesses, et huit cents à pied, bien en point aussy[1] ».

Ces femmes prenaient part quelquefois au combat; on en a vu qui saisissaient des maraudeurs allemands, les désarmaient et les poussaient à coups de bâton devant elles. Souvent elles se trouvaient enrichies par une heureuse aventure de guerre, et se retiraient ou se mariaient. Dans les déroutes, elles étaient presque toujours sacrifiées; les paysans les guettaient et les tuaient[2] dès qu'ils espéraient le faire impunément. Dans une marche en pleine paix, on verra le jeune Strozzi, par simple cruauté, en faire jeter huit cents dans la Loire.

La vie en campagne était rude; la sobriété et la résistance à la fatigue étaient poussées à un degré qu'on ne s'imaginerait pas aujourd'hui; on couchait sur la terre, sans tente, sans vivres autres que ce que l'on ramassait en route.

Mais les plus fortes souffrances pesaient sur les gens de pied. Ceux de l'armée de Henri II s'en aperçurent dès les premières marches. « Les soldats de pied cheminoient les armes sur le dos, avec la chaleur et la poussière; quand ils arrivoient, ne trouvoient que la place vide, sans vivres et sans moyen d'en recouvrer promptement; ainsi altérés avec une chaleur véhé-

[1] BRANTÔME, t. I, p. 62. Voir aussi GACHARD, *Correspondance de Philippe II*, t. I, p. 565, lettre de Jean de Horn au Roi : « On dit qu'ils ont plus de deux mille putaines avec eux. » Cette armée comprenait les quatre vieux régiments de Lombardie, Sicile, Sardaigne et Naples. Voir LOTHROP MOTLEY, *The rise of the dutch Republic*, édit. Routledge, p. 340.

[2] VIEILLEVILLE, *Mémoires*, liv. X, chap. XI : « Les autres habitants (de Sisteron) courent aux armes, tuant goujats et valets, sans espargner leurs garses. »

mente, beuvoient de ces eaux froides; à raison de quoy tomboient en grandes maladies, pleurésies et fièvres dont en mouroit grand nombre[1]. » Leurs valets et leurs femmes pillaient les voitures qui étaient en retard, et tous se consolaient par la pensée de la riche proie que leur livreraient les villes prises et mises à sac.

Cette masse d'hommes, de femmes et de chevaux fondit sur la Lorraine. Rien de plus aisé que de faire rentrer dès ce jour dans le sein de la nationalité française les populations de cette province. L'Empereur, habitué à voir les Lorrains dans nos armées, aurait sans doute accepté cette consécration politique d'une union qui existait déjà dans les intérêts et les sentiments des Lorrains; tout au plus aurait-il demandé, comme compensation de cet accroissement de nos forces, une renonciation aux droits sur l'Italie. Mais le duc de Guise ne voulut pas voir priver sa maison d'une couronne souveraine; si la Lorraine devenait française, un Guise n'était plus un prince étranger. Il entreprit donc de sauver le jeune duc de Lorraine, son cousin. Il avait reçu Henri II en Champagne, dans le château de Joinville, tandis que l'armée s'étendait sur la Lorraine; il lui présenta un matin la mère du jeune duc, « niepce de l'Empereur, abandonnée de secours », avec « force belles paroles[2] ». Henri II était dans le premier enthousiasme d'un jeune prince qui part pour la conquête du monde; l'Allemagne ne saurait échapper à ses armes; tant de victoires l'attendent qu'il peut être magnanime au début près d'une femme, veuve, jeune, qui implore

[1] François de Rabutin, *Commentaires*, p. 414, 415.
[2] Tavannes, *Mémoires*, p. 164.

sa générosité pour un enfant. N'est-ce pas une sage politique que se faire des alliés solides pour couvrir notre frontière? Sur le conseil de Guise, Henri II décide donc que le jeune duc de Lorraine conservera ses États, sera élevé jusqu'à sa majorité au Louvre, et épousera une fille de France. C'est ainsi que la Lorraine est laissée au pouvoir d'une famille destinée à combattre notre politique durant plus de deux siècles, contre-carrer Richelieu, Mazarin et même Louis XIV, et prolonger avec art une sorte de guerre civile entre les Lorrains et les Français.

Cette faveur accordée à la famille du duc de Guise, au détriment du sol national, fut jugée d'autant moins importante par l'esprit romanesque du Roi, que la facilité des premiers succès fit espérer les plus vastes extensions de territoire.

Les bourgeois de Metz avaient demandé à recevoir le roi de France et le connétable; mais, par une précaution que prenaient toutes les villes fermées, ils avaient stipulé qu'ils ne laisseraient pénétrer dans leurs murs avec le Roi que ses gardes et une enseigne de gens de pied. Ils voulaient être certains de rester les plus forts dans leur place, et de ne pas ouvrir leurs portes à des maitres en croyant accueillir des hôtes. Le connétable rassembla dans la nuit sous une enseigne les meilleurs soldats de toute l'armée, et plaça Tavannes avec quelques hommes décidés sur le pont-levis par lequel pénétrait cette troupe. Les bourgeois voulurent baisser la herse, en « voyant cette enseigne si bien accompagnée », mais Tavannes les contint assez longtemps pour laisser filer sept cents hommes dans la place : à cette vue, toute idée de résistance cessa, et les clefs furent livrées au Roi [1]. Toul envoya les siennes presque aussitôt. Le petit fort de Rodemack, en avant de Metz, se rendit. Les vainqueurs le nommèrent Roc de Mars. On vivait dans les merveilles de la mythologie ; on compara à Orphée le cardinal de Lorraine, quand son éloquence charma les bourgeois de Verdun et les décida à accueillir le Roi qui leur donna une garnison avec Tavannes pour gouverneur. Déjà l'on se disputait les récompenses de ces faciles conquêtes : « Ces deux de Guise et de Montmorency, différents en tout, s'accordent en un point, qu'il ne falloit faire place à une tierce faveur ; les petites fortunes estoient permises, les grandes empeschées. Le Roy à grand'peine peut obtenir de ses favoris susdits d'agrandir le mareschal de Saint-André, auquel ils firent place, estant forcés de l'amitié extresme que lui portoit Sa Majesté [2]. »

Si les grands montraient tant d'âpreté, les derniers soldats prétendaient ne pas demeurer les mains vides ; déjà, à la prise de Rodemack, Vieilleville avait surpris une troupe de gens de pied qui emmenaient vingt-cinq femmes, dont onze nobles, « avec un grand et riche butin » ; il n'avait près de lui que six cavaliers, mais il chargea ces maraudeurs, délivra les femmes et les accompagna près d'une bannière blanche que le Roi avait fait dresser dans la ville, comme lieu de refuge pour les femmes qui ne voulaient pas être maltraitées.

Dès que commença la marche vers le Rhin, la licence prit de plus fortes proportions : le soldat « monstra bien son insolence au premier logis, qui effraya si bien tout le reste, que nous ne trouvasmes jamais depuis

[1] Tavannes, *Mémoires*, p. 164.
[2] *Id.*, *ibid.*, p. 165.

un seul homme à qui parler. Et falloit faire cinq ou six lieues pour aller au fourrage et aux vivres, mais avec bonne escorte, car dix hommes n'en revenoient pas [1]. » L'armée s'avançait péniblement, et le Roi « commençoit à mugueter Strasbourg [2] », mais les bourgeois de Strasbourg « monstrent l'inconvénient de ceux de Metz les avoir faits sages ». Ils ne sont pas plus spirituels que ceux de Metz, disait le connétable; sa naïve confiance en lui-même fut déçue, comme dans plusieurs de ses entreprises militaires. Strasbourg ferma ses portes; les villes d'Alsace refusèrent même des vivres. Henri II dut ramener son armée en arrière.

La retraite fut pénible; « il falloit que les gastadours et pionniers eslargissent le chemin pour les mulets et reste du bagage; en quoy nous pastismes beaucoup [3] ». Vieilleville étonna le Roi en déployant devant lui une carte géographique sur laquelle il lui montra le chemin à parcourir. Quand il vit cette « carte de la cosmographie du traict du Rhin », qui était probablement la première dont il fût fait usage à la guerre, le Roi avoua qu'un « chef d'armée ne doit jamais marcher sans une carte, non plus qu'un bon pilote sans sa calamite ».

Le duc de Guise eut l'idée presque aussi nouvelle de faire payer très exactement le peu de vivres qu'apportaient les paysans; l'armée ne tarda pas à en voir accourir un grand nombre, « mesme des femmes chargées de fromages, de quoi elles remportoient bien de l'argent ». Les vivres ne manquaient plus, mais les nuits étaient difficiles à passer : « Tout le monde estoit

[1] VIEILLEVILLE, *Mémoires*, p. 129.
[2] D'AUBIGNÉ, *Histoires*, p. 19.
[3] VIEILLEVILLE, p. 129 et suiv.

logé à l'estoille et campoit à la haye, à faulte de trouver villaiges. » Les soldats fatigués se consolaient par l'espoir de piller quelque place ; ils enlevèrent successivement Damvillé et Montmédy, que Henri II ne laissa point saccager, parce qu'il voulait réunir ces villes au royaume, et n'avait pas intérêt à maltraiter ni à appauvrir leurs habitants. La fureur des gens de pied qui se voyaient privés de la proie sur laquelle ils comptaient, d'après les lois de la guerre, gagna jusqu'aux Français des *vieilles bandes*, « qui se mutinèrent couvertement, et dès lors commencèrent à se rompre et à secrètement abandonner leurs enseignes [1] ». L'irritation fut portée à son comble quand, à la capitulation d'Yvoy, les bandes de gens de pied furent tenues hors des remparts, pendant que le connétable faisait entrer sa compagnie d'ordonnance et celle de son fils aîné, pour empêcher le pillage [2]. Les lansquenets se mirent en révolte ; ils s'introduisirent par une brèche et commencèrent à vider les maisons et à maltraiter les habitants de cette pauvre ville, qui se croyaient en sûreté sur la parole du roi de France. Le fils du connétable dirigea une charge sur les pillards, avec ses cavaliers ; mais dans les rues étroites et glissantes de la ville, les hommes d'armes et les chevaux bardés de fer ne pouvaient manœuvrer ; des coups de feu abattirent les gentilshommes de Montmorency, une quinzaine furent tués, et parmi eux celui qui portait le guidon du connétable ; le fils du connétable faillit être tué par une balle d'arquebuse qui ricocha sur l'arçon de sa selle. La victoire resta aux rebelles, qui firent

[1] Rabutin, p. 423.
[2] Vieilleville, p. 135.

subir aux habitants d'Yvoy toutes les horreurs auxquelles étaient soumises les villes prises d'assaut.

Le Roi, désespéré d'être le témoin impuissant de tant de misères, voulut le lendemain faire punir les rebelles; mais son prévôt dut prendre la fuite quand il vit les lansquenets, toujours furieux, mettre à mort ses archers de la connétablie. Les gens de pied français n'avaient pris part ni à la révolte des Allemands, ni au pillage. Pour les dédommager, on leur abandonna Chimay, qui fut prise d'assaut[1]; ils « entrèrent à la foule là dedans et la saccagèrent de tout ce qu'ils purent ravir; se diligentoient tant à fouiller et chercher les biens, que dedans la voulte d'une des tours du chasteau, furent bruslés plus de cent ou cent vingt soldats françois où eux-mesmes, sans penser, avoient mis le feu ».

La guerre était, au seizième siècle, un métier; il fallait s'en nourrir, s'y enrichir; le vaincu devenait une proie. Ses biens, son corps, sa femme, restaient la propriété du vainqueur. Les gentilshommes étaient le plus souvent épargnés pour être mis à rançon : le simple homme d'armes ne devait une rançon que d'un mois de solde, mais le chef pouvait être taxé à la volonté de celui qui l'avait pris; bien des petits seigneurs sont devenus riches en un jour par la chance des grosses rançons; c'était un hasard qui faisait de la guerre une sorte de jeu, avec ses émotions, ses ruines, ses fortunes. Tel partait petit compagnon, qui revenait chargé d'écus d'or. Cette coutume de faire des prisonniers pour leur rendre leur liberté a duré longtemps, surtout

[1] Rabutin, p. 428.

chez les Allemands, qui ont toujours été incapables d'industrie et de goût et ne savaient acquérir de richesses que par la brutalité et la violence. Jusqu'au milieu du règne de Louis XIV, ils mirent en liberté contre argent leurs prisonniers de guerre; en 1676, le maréchal de Créqui, livré par trahison près de Trèves, fut rendu par les ducs de Zell et de Hanovre contre payement d'une rançon de cinquante mille livres[1].

Mais ceux qui ne paraissaient pas en mesure de payer une grosse somme, ou qu'on ne pouvait facilement emmener et garder, étaient mis à mort ou jetés nus dans la campagne. Les bourgeois des villes prises mouraient de misère dans les bois, quand ils n'avaient pas été massacrés durant le sac de leur ville; quelquefois ils se réunissaient en bandes d'affamés, et obtenaient par pitié ou par violence des vivres dans les villages qu'ils traversaient; quelquefois ils y trouvaient de l'ouvrage et essayaient ainsi de recommencer leur vie dans un nouveau pays. Quand Charles le Téméraire détruisit Liège, en 1468, un des nobles de la ville se réfugia avec sa femme et ses enfants dépouillés de tout dans les forêts de Picardie, et s'y fit charbonnier; son fils fut valet de charrue, son petit-fils fut le savant Pierre Ramus[2].

C'étaient les femmes qui éprouvaient le sort le plus cruel dans ces catastrophes auxquelles peu de villes échappèrent durant le seizième siècle; les mauvais trai-

[1] GOURVILLE, *Mémoires*, p. 571 : « J'écrivais à messieurs les ducs de Zell et de Hanovre que je les suppliois de vouloir bien se contenter de cinquante mille livres pour la rançon. Aussitôt après, ils m'envoyèrent un ordre pour le mettre en liberté, et M. le maréchal de Créqui, ayant payé cette somme, se trouva libre. »

[2] WADDINGTON, *Pierre Ramus*, p. 17.

tements auxquels elles furent soumises rappellent ceux que subissaient les dames romaines dans les villes conquises par les Barbares, pendant les deux siècles où ces misères furent si générales et si fréquentes, que saint Augustin crut devoir en professer la théorie pour rassurer les consciences [1] : les bourgeoises des villes eurent à se défendre contre les consentements involontaires aussi bien que les Romaines de saint Augustin, et se virent souvent emmenées comme servantes par les lansquenets, ainsi qu'autrefois les matrones de Rome, quand les brutales Germaines demandaient des patriciennes pour esclaves [2], et quand Placidie, la fille du grand Théodose, était poussée nue dans un troupeau de captives devant les chevaux des Barbares [3].

Après ces pillages d'Yvoy et de Chimay, l'hiver approchait, l'armée allait se séparer, lorsque la maréchale de la Marck, la fille aînée de Diane de Poitiers, se plaignit de n'avoir pas eu de part dans les prises de la campagne, et obtint du Roi, comme cadeau, un château à saccager. Elle choisit celui de Lumes, près de Sedan, dans le voisinage de ses terres; ce château de Lumes était sur le chemin des marchands qui allaient aux foires d'Anvers et de Francfort, ce qui permettait au seigneur de les dévaliser, ou de les rançonner à l'aller

[1] AUGUSTINUS, *De Civitate Dei,* lib. I, cap. XVI : « Sed quia non solum quod ad dolorem, verum etiam quod ad libidinem pertinet, in corpore alieno perpetrari potest; quicquid tale factum fuerit, etsi retentam constantissimo animo pudicitiam non excutit, pudorem tamen incutit, ne credatur factum cum mentis etiam voluntate, quod fieri fortasse sine carnis aliqua voluptate non potuit. »

[2] CLAUDIANUS, *De Bello Gotico*, 627 :

> Demens Ausonidum gemmata monilia matrum
> Romanasque alta famulas cervice petebat.

[3] GIBBON, t. IV, p. 94.

et au retour. « Paix ou guerre, amis ou ennemis, il faisoit ordinairement de grandes prises et butins. » La jeune maréchale, aussi cupide que sa mère, connaissait cet amas de richesses et désirait s'en emparer; elle pria Vieilleville d'aller le saisir pour elle.

C'était un coup de main difficile, non que le château pût faire une longue résistance, mais parce que les assaillants devaient être tentés de prendre le butin pour eux-mêmes, sans respecter la part de celle qui les envoyait à cette obscure expédition. Vieilleville écarta scrupuleusement tous les Allemands, sûr qu'aucun soldat de cette race ne saurait rentrer les mains vides; il prit seulement deux compagnies de cavalerie légère, et vingt-cinq gentilshommes. Le château ne contenait qu'une jeune fille, mademoiselle de Bourlemont, un vieux gouverneur et quelques laquais. Le gouverneur ouvrit la porte en demandant « que les richesses qui estoient là dedans seroient conservées à mademoiselle de Bourlemont ». Il espérait, en cédant les murs, sauver les biens. Mais les assaillants n'en voulaient qu'aux richesses; leur convoitise se devinait si bien, que Vieilleville n'osa pas faire entrer même ses vingt-cinq gentilshommes de confiance, « car il y avoit en ceste trouppe sept ou huit, que Gascons, que Lymosins, qui estoient d'assez maulvoise conscience ». Il pénétra avec un seul d'entre eux dans le château, fit faire un inventaire des richesses, et l'adressa à la maréchale de la Marck. Celle-ci envoya aussitôt soixante chariots pour rapporter à Sedan tout ce que contenait le château. Grâce à tant de défiance et de promptitude, elle ne perdit pas un coffre. Vieilleville l'avait suppliée de laisser par pitié quelques débris de cet immense butin à mademoiselle de Bourlemont, « ceste povre héritière qui est à vous, comme sont trois femmes qu'elle a ». Tout ce qu'il put obtenir de l'avare fille de Diane fut de faire placer la malheureuse enfant parmi les filles d'honneur de la Reine; quant aux trois femmes qu'elle avait, on ne sait pas ce qu'elles devinrent.

Cette influence de Diane, dont ses filles profitaient avec tant d'âpreté, était respectée et courtisée par le duc de Guise, même quand il était à l'armée. Le maréchal de Saint-André, qui continuait son rôle d'intermédiaire dans toutes les intrigues de cour, écrivait au duc de Guise : « Je n'ay failli de monstrer vostre lettre à madame de Valentinois, qui faict ordinairement ce qu'elle peut pour vous faire fournir ce qui vous est nécessaire. » Il semble, d'après ces mots [1], que le ravitaillement et l'entretien d'un corps d'armée étaient subordonnés au crédit dont pouvait jouir son chef près de la duchesse de Valentinois; il en avait été ainsi avec Louise de Savoie, sous François Ier. Du reste, Guise ne négligeait pas non plus la Reine; il protégeait Strozzi, cousin de Catherine de Médici, et recommandait au cardinal de Lorraine, volontiers insolent et hautain, de ne pas le brusquer [2]. De son côté, le cardinal lui écrivait les événements de la Cour, et soignait, durant son absence, les intérêts de la famille; les deux frères se suppléaient et se complétaient. Le Roi, qui avait quitté l'armée de bonne heure, appela près de lui à Fontainebleau le duc de Guise, en août 1551; le

[1] Guise, *Mémoires-journaux*, p. 78, lettre du 27 août 1552. On sait que les *Mémoires de Guise*, ainsi que les *Mémoires de Condé* et les *Mémoires de Nevers*, sont non pas un récit, mais un recueil de lettres, documents et pamphlets.

[2] Guise, *Mémoires-journaux*, p. 67 et 68.

cardinal écrivit aussitôt à son frère : « Il sera bien nécessaire que je puisse avoir parlé à vous avant que vous voyiez le Roy; je vous attendrai affin de vous rendre compte de toutes choses et que vous ayez moyen de mieux penser à vostre opinion. »

Pour des renseignements d'une autre nature, le duc de Guise avait recours à la complaisance d'Antoine de Bourbon, son ancien rival, qu'il voulait changer en un confident, afin de s'en faire un ami; ce prince consola Guise de son long séjour dans les armées, en lui écrivant[1] : « Monsieur mon compaignon, j'ai parlé à celle que vous m'avez prié. On m'a dict que je vous asseure ardiment qu'on lui a faict tort et que depuis qu'elle ne vous a veu, homme ne luy a esté de rien. Anthoine. »

Les événements militaires allaient subitement élever le duc de Guise au-dessus des intrigues de la Cour, au milieu desquelles s'était agrandie et fortifiée sa maison, et révéler la supériorité de ses facultés de général.

[1] Guise, *Mémoires-journaux*, p. 173, du 19 mai 1553.

CHAPITRE V

DU SIÈGE DE METZ A LA TRÊVE DE VAUCELLES.

1552-1556.

L'Allemagne s'est subitement pacifiée et soumise quand elle apprend les progrès du roi de France. Les idées de liberté religieuse ou politique sont oubliées à la nouvelle de l'entrée de Henri II dans Metz. Princes et villes s'unissent dans une même pensée; comme des musulmans pour la guerre sainte, accourent les Allemands, saisis d'une sorte de fureur; ils veulent recouvrer Metz, la ville impériale. Charles-Quint rassemble les forces de son immense empire. Au service de la colère germanique, il met toute l'Europe; il amasse ses régiments venus des marais de la Hollande et des garnisons de l'Afrique. Plus de cent vingt mille hommes sont réunis durant l'été de 1552; mais les distances à parcourir, la lenteur des Allemands, la difficulté de se faire promptement obéir dans une armée qui dépasse de plus du double les plus nombreuses que l'on ait encore vues, retardent les mouvements de cette formidable invasion, et nous laissent le temps de préparer la résistance.

Il ne semblait pas douteux que l'orage dût fondre

sur Metz. L'exaltation des Allemands n'aurait pas permis à l'Empereur de choisir un autre point d'attaque. Le duc de Guise, François le Balafré, fut chargé de défendre Metz.

Le duc quitta la Cour au commencement d'août, se dirigea sur Toul, « où pour lors la peste estoit fort eschauffée; mais nonobstant le danger, il entra dans la ville[1] ». Il comprit l'importance qu'aurait cette place pour inquiéter une armée assiégeante, et empêcher son ravitaillement. Il prit soin de la « garnir et mettre en état de défense ».

L'aspect de Metz aurait pu le décourager; les fossés étaient étroits, les tours trop éloignées pour défendre les murs qui les reliaient, l'enceinte sans bastions; de vastes faubourgs, reliés à la ville, permettaient d'approcher à couvert et d'abriter des batteries d'artillerie. Mais Guise devait se sentir enorgueilli d'être ainsi jeté seul, en avant de la France, pour défendre Metz contre les forces de l'Europe entière, sous les yeux de ses compatriotes les Lorrains. Il se consacra à sa tâche avec toute son activité et tout son génie. Bien qu'il fût accoutumé à prendre beaucoup de sommeil[2], il cessa de dormir; il se montra sur tous les points où il avait ordonné des travaux, qui ne devaient cesser ni le jour, ni la nuit. Depuis le 18 août 1552, jour de son arrivée, « tant d'yeux qui ont toujours eu le regard sur lui jusqu'à la fin du siége n'ont veu qu'il ait mis en espargne une seule heure[3] ». Il était secondé dans le soin de rétablir les fortifications par un ingénieur toujours prêt

[1] Bertrand DE SALIGNAC, *Siège de Metz*.
[2] *Vita Francisci Guisii, Papyrio Massone Foresio auctore.*
[3] SALIGNAC.

à se jeter dans les places menacées, et à utiliser pour la défense les murailles les plus ruinées. « Le sieur de Saint-Rémy, gentilhomme françois, natif de Provence, y estoit et en réputation d'estre le plus suffisant ingénieur en matière de fortifications et d'admirables inventions d'artifices de feu [1]. »

Les faubourgs furent démolis avec leurs églises et leurs monastères, les fossés élargis. Guise exigea un inventaire des munitions et des vivres, et envoya l'ordre aux maires des villages voisins de faire battre immédiatement leurs blés, et de déclarer les quantités qu'ils pourraient fournir à la ville. Il fit venir des grains de Lorraine et de l'abbaye de Goze, qui appartenait à son frère le cardinal, et plaça « gens à toutes les portes pour tenir registre de la quantité qui entreroit chascun jour, et en rendre compte aux seigneurs de Piépape et de Saint-Belin, ordonnés commissaires à toutes les munitions et provisions de vivres [2] ». On dressa sur les places des meules de foin et de paille. Ainsi, le jeune duc de Guise, favori du Roi, comblé de richesses et d'honneurs, passait sa vie à s'occuper des détails de son armée, et à prévenir les privations qu'elle pourrait supporter. Il ne dédaignait pas d'être mêlé à des questions de subsistances, ni de s'inquiéter de l'exécution des ordres donnés ; il savait se montrer dans les magasins, au milieu des terrassements, et n'oublier aucune des minuties de sa charge.

Du génie n'était pas nécessaire pour prévoir que les blés et les fourrages récoltés dans les villages voisins de Metz seraient indispensables pour la défense de la place,

[1] VIEILLEVILLE, *Mémoires*, édit. Didier, p. 157.
[2] SALIGNAC.

et serviraient, au contraire, aux ennemis, si l'on omettait de les faire rentrer. Guise y songea. Les moulins mêmes furent détruits, pour mieux affamer les Allemands, et, le 26 septembre, ordre fut donné que, dans les quatre jours, « on eust à mettre tous les vivres et le bestial des villages dans la ville, pour en fournir la munition ou les vendre au marché, sur peine que le délay passé, les gens de guerre pourroyent aller prendre là où ils en trouveroyent ». Cette seule mesure procura « des distributions aux soldats plus de six semaines durant le siége ». Le sel manquait. Guise l'apprit au dernier moment, et, de ses propres deniers, il en fit acheter, ainsi que des « chairs salées » et de l'huile, « de sorte que la ville fut mise en état pour ne souffrir faim d'un bon an », en quelques jours seulement. C'est ainsi qu'il comprenait les devoirs d'un chef d'armée, et qu'il surveillait les moindres détails avec tant d'ardeur, que « souvent il faisoit porter son disner aux remparts, de peur de mettre trop de temps à aller et venir en son logis ». Il se hâtait de parcourir les environs de la place et d'étudier les lieux où les ennemis pourraient établir leur camp. Lorsque, rentrant en ville, il voyait les réparations des remparts retardées par la fatigue des pionniers ou le mauvais vouloir des soldats astreints à ce travail de manœuvres, « lui-mesme entreprint l'œuvre avec les princes et seigneurs et gentilshommes qu'il avoit en sa compagnie, portant quelques heures du jour la hotte, et monstrant estre bien convenable à un chef de soustenir le travail et la sueur en sa personne ».

Ces officiers qui servaient sous les ordres du duc de Guise étaient en premier lieu quatre Bourbons : les princes de la Roche-sur-Yon, d'Enghien, de Condé, et le vidame de Chartres. Leur cornette blanche n'était pas celle des capitulations, et l'on pouvait prévoir, en la voyant flotter, que Metz ne serait pas rendue. L'un d'eux travailla de ses mains, le jour même de son arrivée, à la construction d'un rempart que Saint-Rémy avait jugé nécessaire. Avec eux étaient arrivés deux des fils du connétable Montmorency. Ils rejoignaient dans Metz la foule des volontaires accourus pour servir sous le jeune chef d'armée : Martigues, Biron, la Rochefoucauld, Nemours, et d'autres courtisans, « qui vindrent pour leur plaisir au siége ». Ces renforts spontanés augmentèrent la garnison et fournirent des chefs expérimentés et braves pour diriger les sorties. Guise se décida en dernier lieu à un sacrifice ; il fit évacuer le fort de Rodemack, trop éloigné de la ville, et ajouta à sa garnison l'enseigne de gens de pied qui l'occupait ; il évitait de perdre sans profit des soldats, en les disséminant en garnison dans des places qui ne pouvaient se défendre.

Il fut troublé et inquiété dans ces préparatifs précipités par les exigences et les incursions d'un étrange aventurier.

Au moment où l'armée des rebelles d'Allemagne était entrée en accommodement avec Charles-Quint, un petit chef s'en était détaché avec sa bande ; c'était Albert de Brandebourg. Il menait avec lui des hommes venus des bords de la Baltique et des vallées de la Sprée ; on les appelait Brandebourgeois, Poméraniens, Prussiens ; on leur déniait la nationalité allemande. Albert de Brandebourg, élevé à la Cour de François Ier, en avait emporté l'envie des richesses qu'on lui avait montrées, la haine des nations industrielles et laborieuses, avec des projets secrets de s'enrichir par la violence. Il avait dressé ceux qui le suivaient à une sorte de discipline qui leur concédait toute licence contre les habitants des pays traversés, pourvu qu'ils eussent une obéissance servile pour leurs chefs. Tandis que l'Allemagne était tout entière à ses idées de vengeance et à la passion de ressaisir Metz, Albert de Brandebourg ne songeait qu'à piller des villes, qu'à enrichir ses soldats faméliques, qu'à vendre au plus haut prix son alliance trompeuse.

Il commença par se dire l'allié du roi de France, et rançonna Nuremberg, sans alléguer de prétexte, et uniquement parce que Nuremberg était la ville la plus opulente de l'Allemagne et n'avait pas de défenseurs. Les richesses des électeurs ecclésiastiques l'attirèrent sur le Rhin, et il saccagea Spire et Trèves [1]. Des juifs emportaient sur des chariots, dans ses provinces incultes, le butin amassé par sa bande. Albert, pillant les églises et les villages, approcha lentement de Metz [2] : « estant ses hommes sur le plat païs de l'environ, abandonnés à maux intolérables, robbans, pillans et ne laissant que ce dont ils ne faisoient cas, ou que ne pouvoient porter ni traisner ». Dans cette marche vers la France, il avait une pensée double : ou « se réconcilier avantageusement par quelque notable service » avec l'Empereur, ou, « s'il estoit désespéré, se donner au Roy [3] ». Au milieu de ces brigandages, il affectait le langage d'une piété exaltée, et se considérait comme

[1] ROBERTSON, *History of Charles V*, liv. XI.
[2] RABUTIN, *Commentaires*, édit. Didier, p. 432.
[3] TAVANNES, *Mémoires*, édit. Didier, p. 173.

un instrument de la Providence. Quand Henri II le faisait interroger sur ses intentions, il rendait une réponse « austère avec un maintien d'homme despité et mal content ».

Arrivé devant Metz, il demanda des vivres au duc de Guise, preuve d'alliance qu'il comptait invoquer, si le roi de France arrivait le premier; moyen d'affamer la place, et de seconder ainsi Charles-Quint, si les Allemands étaient les plus forts. « Guise, en soupçon, lui en refuse. » D'un côté, Albert de Brandebourg n'eût pas été fâché d'obtenir le pardon de ses pillages des « évesques et villes impériales », par la protection de Henri II; d'un autre côté, il était effrayé par l'énormité des armements que Charles-Quint avait accumulés, et se sentait tenté de se joindre à lui. Lorsque cette bande d'environ sept ou huit mille Brandebourgeois fut arrivée sur notre territoire, on chargea le duc d'Aumale, frère du duc de Guise, de surveiller ses déprédations; on mit sous ses ordres environ douze cents chevau-légers. « Mais les soldats continuoient à faire de pis en pis [1]. » Les paysans lorrains assommaient ceux de ces Allemands du Nord qui s'écartaient du gros de la troupe. Près de Neufchâteau, le duc d'Aumale envoie un trompette en parlementaire, pour justifier les représailles des paysans et se plaindre des pillages de l'armée barbare. Albert, méprisant les lois de la guerre et les usages maintenus entre peuples civilisés, fait arrêter le trompette. Ce malheureux, étonné de ce traitement inattendu, rappelle au marquis de Brandebourg qu'il ne doit pas ignorer les principes

[1] RABUTIN.

adoptés par tous les gens de guerre ni la coutume de respecter les parlementaires, « pource qu'on le disoit avoir esté nourry en France, estimant par ce moïen qu'il auroit encore quelque bonne affection de faire plaisir à ceux de la nation de laquelle il avoit receu toute doulceur et humanité. Mais, au contraire, le trouva homme présomptueux qui, sans faire responsc à sa prière, disoit diverses injures des François, et leur souhaitant mille malheurs, protestoit, avec grands jurements, qu'avant qu'il fust longtemps, se baigneroit en leur sang. »

Peu de jours après, en effet, Albert trouve à sa portée la petite troupe de cavalerie du duc d'Aumale, la surprend par une attaque inattendue : « Les François furent pris par l'irrésolution, moitié retraicte, moitié combat... M. d'Aumale, ayant ordonné la retraicte, ne la sceut prendre pour luy, et ayant tout perdu, voyant la confusion et les pistoletades dans le dos des siens, charge dans le gros des reistres, où il est blessé et pris [1]. »

Fier de ce facile triomphe, Albert de Brandebourg se dirige sur Metz, trainant avec lui son captif; il se présente comme l'auxiliaire de Charles-Quint, au moment où commence l'investissement. Mais il avait déjà été plus nuisible à l'Empereur qu'à nous. La barbarie aveugle avec laquelle il avait dévasté le pays avait changé en déserts les environs de Metz. En approchant de cette place, les cent vingt mille hommes de Charles-Quint ne trouvèrent ni vivres, ni arbres, ni abris, dans une province que la grossièreté des hommes

[1] Tavannes.

de Brandebourg avait ravagée sans but et sans profit, aussi complètement qu'eussent su le faire avec méthode et dans leur intérêt les défenseurs de Metz [1]. Albert s'était affamé avec l'imprévoyance du sauvage.

Charles-Quint demeura longtemps campé à Sarrebruck et à Forbach [2], pour attendre sa grosse artillerie.

Guise n'avait garde de se laisser surprendre par cette armée, masquée derrière des forêts, « et luy-mesme, le plus souvent, estoit à visiter les corps de gardes et sentinelles ». Il établit un « guet » de gens à cheval à Saint-Julien, pour l'avertir de l'approche des ennemis. Au commencement d'octobre, l'armée impériale vint camper à Saint-Avold. Le 19 octobre, Metz fut investie.

Sous le canon de l'ennemi, Guise fit continuer les travaux des fortifications. De fréquentes sorties entretinrent l'ardeur et la santé de sa garnison et épuisèrent l'ennemi par des alertes et des pertes continuelles. « Chascun jour, se faisoit du dommage aux ennemis, prenant soldats, chevaulx, et gastant les vivres qu'on leur amenoit. » Dès les premiers jours, l'Empereur envoya un trompette à Guise, pour lui annoncer que Hesdin avait été enlevée au roi de France, et que le duc d'Aumale, son frère, était tombé aux mains du marquis de Brandebourg : « Je pense bien que ce n'estoit pour nous en cuider faire plaisir. » Mais Guise n'avait pas besoin de ces avis pour être au courant de ce qui se passait à l'extérieur ; il fut constamment en relation avec le Roi, lui fit part des épisodes du siège, de ses espérances, de ses échecs, des mouvements de l'armée assiégeante. Il était logé près de la porte

[1] Robertson

[2] Salignac.

Champenoise, où se faisait l'attaque principale, « afin d'estre à toute heure sur le lieu où l'affaire et le plus grand danger se préparoyent ». Il avait sous ses ordres, dans la ville, environ cinq mille hommes, quelques jours avant l'investissement[1]; mais l'artillerie lui manquait complètement; il écrivit au Roi, à travers l'armée ennemie[2], le 20 octobre : « Ayant déjà quatre pièces d'artillerie, tant crevées qu'esventées de sept que j'ay faict tirer, estant bien délibéré de n'en faire tirer qu'à demye-charge et m'en servir pour leur donner plus de crainte du bruit, que de l'effect, et m'ayder des fauconneaux et aultres petites pièces... n'ayant tenu à moy d'advertir de bonne heure de ce qui m'estoit de besoing, lorsqu'on avoit moyen de m'en secourir. » Il y avait un double canon sur la plate-forme Sainte-Marie, mais « l'une des clavettes de laditte pièce sort dehors; l'aultre grande couleuvrine s'est esclattée par le bout de devant, environ un pied et demy, que je fais scier et m'en pourroy encore servir. Vous pouvant asseurer, Sire, que la faulte ne vient pas de les trop charger, mais elles sont si mal fondues et de matière si aigre qu'elles ne peuvent endurer si peu de charge. »

Ainsi réduit à ne se servir de son artillerie que pour faire du bruit, il n'hésite pas à annoncer qu'il peut se défendre pendant dix mois[3]; il adresse tous les deux ou trois jours des dépêches à Fontainebleau ou à l'armée de secours; il indique les moyens de lui procurer des nouvelles et d'enlever des convois. Il écrit à son frère le cardinal de Lorraine, au connétable, au maréchal de

[1] GUISE, *Mémoires*, édit. Didier, p. 98.
[2] *Id.*, *ibid*, p. 118.
[3] Lettre du 8 novembre.

Saint-André; il intéresse tout le monde à l'honneur de sauver sa ville.

Le cardinal partage cette passion avec toute l'ardeur de son tempérament emporté. Secourir son frère, sauver Metz, courir à tout moment près du Roi pour lui suggérer une idée, lui proposer un coup de main sur les assiégeants, et, remarquable sollicitude qui montre le chef de parti encore caché sous le courtisan, lui recommander les gentilshommes que signale son frère pour leur belle conduite dans les sorties, lui nommer ceux qui sont blessés, lui demander pour ses partisans les charges de ceux qui viennent d'être tués, c'est son occupation de tous les instants. Au plus fort de leur zèle pour la France, et de leur dévouement à la défense de Metz, les deux frères ne perdent pas de vue la nécessité de se conserver des adhérents, de s'assurer une clientèle de gentilshommes liés à eux par la reconnaissance et l'intérêt.

Le 11 novembre, un boulet vint ricocher à côté du duc de Guise, qui « se trouva tout couvert d'esclats[1] ». Le 13, il y avait brèche à la porte Champenoise; il fallut descendre dans le fossé pour obtenir la terre nécessaire à combler la brèche; les officiers prenaient part à ce travail et portaient la hotte; un fils du maréchal de la Palice y fut tué.

Le manque d'artillerie contraignait de borner la défense à des sorties; à leur retour dans les murailles, ceux qui avaient fait une course au milieu des travaux de l'ennemi étaient accueillis par le duc « avec ce bon visage qu'il monstroit toujours à ceux qui reve-

[1] SALIGNAC. C'est la porte *Serpenoise*, que les Mémoires nomment porte Champenoise.

noient de la guerre, et donnoit louanges à chascun ».

Le 20 novembre, Charles-Quint s'était approché des remparts de Metz, croyant qu'ils allaient en peu de jours tomber entre ses mains ; mais ce fut le moment où ses ingénieurs jugèrent nécessaire de changer le point d'attaque. Tandis qu'ils ouvraient de nouvelles tranchées en face de la tour d'Enfer, « ne se passoit jour que quelques troupes de nos gens de cheval n'allassent donner l'alarme aux ennemis, et battre les chemins où se faisoit dégast de vivres, butin de prisonniers, de chevaulx et bagages. Mesmes les coffres et chariots de l'évesque d'Arras, garde des sceaux de l'Empereur, y avoient esté prins. Mais pource que d'abordée on tua les chevaulx qui les trainoyent, ne purent estre conduits en la ville. »

Les tranchées étaient bientôt avancées si près des murailles, qu'on pouvait se battre à coups de pierres ; les assiégés descendaient dans le fossé pour y relever la terre qui s'éboulait du rempart ; « M. de Guyse et les aultres princes et seigneurs, se trouvoient aussi dans le fossé, bien que les boulets et esclats tombassent souvent entre nous, où plusieurs furent blessés ». En peu de temps, les fossés ne furent plus tenables, et l'on manqua de terre pour réparer la brèche que le canon élargissait de plus en plus : « M. de Guyse alloit d'heure à aultre recognoistre le dommage que nos murailles et tours recevoient, et se mettre au lieu d'où il peust mesurer le tout de son œil, sans se fier au rapport que on luy en pouvoit faire. »

Le 28 novembre, la tour d'Enfer s'écroula avec fracas. Guise écrivit au Roi que la brèche avait trois cents pas de largeur, mais qu'il ne craignait pas les assail-

ants, car « Saint-Remy jure les bons Dieux qu'il leur fera une fricassée de bon goust. Je crois, Sire, qu'ils n'auront point de froid au sortir [1]. » Toute la garnison attendait l'assaut avec la même gaieté. Les enseignes et cornettes étaient plantées sur la brèche, pour défier l'ennemi, et chaque matin, à la garde montante, on voyait flotter de nouvelles couleurs. Pour remplir les sacs à terre, les hommes d'armes quittèrent leurs cuirasses et travaillèrent vêtus de leurs « sayes de livrée » ; des balles de laine étaient roulées par des femmes à côté des sacs à terre, dans l'espace resté vide au milieu du rempart éboulé. Guise observait un soir les préparatifs d'un assaut, en se plaçant entre deux sacs de laine, lorsque l'ingénieur Camillo Marini, « mettant la teste au lieu d'où M. de Guyse venoit retirer la sienne, soubdain reçeut un coup de harquebuze qui luy espandit la cervelle [2] ». Le 7 décembre seulement, l'assaut sembla imminent. Guise accourut sur la brèche avec tous les volontaires, qu'il encouragea « par beaucoup de ces bons mots qui incitent à l'honneur, à la vertu et à la victoire ». L'assaut ne fut pas tenté, mais les assiégés n'eurent pas le temps de s'en réjouir, car ils apprirent le lendemain que l'armée de Henri II était en marche pour assiéger Hesdin, au lieu de s'avancer au secours de Metz ; il est vrai qu'ils « ne faisoient semblant de désirer » être secourus, mais ils commencèrent à épargner les vivres ; Guise fit tuer et saler les chevaux de bât des gens de pied, afin de ménager les fourrages de sa cavalerie. La tour de Wassieux s'écroula près de la porte Champenoise et laissa une nouvelle brèche de cent pas ; cette

[1] Guise, *Mémoires-journaux*, p. 144.
[2] Salignac.

ouverture fut aveuglée comme la première pa.
à terre; les sorties ne cessèrent pas; on en faisa.
quefois deux ou trois le même jour « par di\
portes ». Les blessés étaient nombreux dans la pla
pour les secourir, Guise fit venir le chirurgien qui ı
avait retiré le fer de lance de la joue, quand il avait éte
blessé devant Boulogne, Ambroise Paré. Un officier italien de l'armée impériale consentit, moyennant quinze cents écus, à l'introduire de nuit dans Metz, avec « son apothicaire et ses drogues ».

Les privations et les souffrances qu'avait à supporter l'armée de l'Empereur y rendait possibles des trahisons de ce genre, surtout chez les Italiens, étonnés de se voir transportés au nord, en plein hiver, pour servir des rancunes germaniques. Des bandes entières de ces Italiens désertaient le camp des assiégeants et venaient prendre du service dans l'armée de Henri II, dont les détachements parcouraient la Lorraine et interceptaient tous les convois de vivres envoyés de Franché-Comté à l'Empereur. Un de ces convois, menacé par les coureurs de l'armée royale, s'était abrité derrière les murs de Rambervilliers; quelques déserteurs italiens se présentèrent la nuit devant les portes, criant qu'ils avaient été forcés par les misères et la faim de quitter le camp de l'Empereur, et suppliant qu'on leur ouvrît les portes, pour ne pas les laisser mourir de froid; « se complaignirent tant, qu'ils furent mis dedans pour trouver des vivres ». Mais à peine furent-ils sur le pont-levis, qu'ils se saisirent de la herse et des tours qui garnissaient la porte, appelèrent leurs camarades, et furent maîtres de Rambervilliers en un instant : « Je laisse à penser quel mesnage y fut faict... les vivres et

provisions y furent gastés... autant en feirent à Épinal, Chastel-sur-Moselle et Remiremont, où fut faict de grandes violences à l'abbesse et aux dames, et mesmement par ces Italiens. »

Les garnisons de Verdun et de Toul interceptaient les vivres et les renforts qui arrivaient des autres points pour l'armée assiégeante, enlevaient les soldats affamés qui s'écartaient du camp, tenaient comme enfermée dans la boue et la neige cette multitude confuse d'hommes venus de toutes les nations. Les chefs impériaux n'étaient pas d'accord. Le duc d'Alva ne voulait pas laisser sacrifier ses vieux soldats espagnols sous les yeux des Allemands, qui refusaient de s'avancer pour un assaut. Il se plaignait de l'incapacité du marquis de Brabançon, favori de la reine de Hongrie, désigné par elle pour exercer le commandement principal[1]. Charles-Quint, exaspéré de voir des murailles si faibles et des remparts éboulés résister à une armée si formidable, s'écriait : « Comment, playes de Dieu, n'entre-t-on point là dedans? Vertus de Dieu, à quoy tient-il? » Il devenait irascible, malade, découragé. On l'entendit[2] s'écrier : « Ha! je renye Dieu! Je vois bien que je n'ay plus d'hommes; il me faut dire adieu à l'Empire et me confiner dans quelque monastère, et, par la mort-Dieu, devant trois ans, je me rendrai cordelier. » Enfin, « battu en plusieurs sorties, incommodé de la prise de ses vivres, il précipite une furieuse batterie, sans voir le pied de la muraille, se met aux mines, où il n'est pas plus heureux[3] », et se retire,

[1] VIEILLEVILLE, *Mémoires*, liv. V.
[2] *Id. ibid.*, liv. V, p. 170.
[3] TAVANNES, *Mémoires*.

honteux, désespéré, le 26 décembre 1552, laissant les ordres à son armée pour lever le siège après son départ et exécuter, sous la protection de quelques canons placés au château de Ladonchamp, une retraite vers Thionville et Trèves. Il avait perdu trente mille hommes durant le siège.

Quand, le 2 janvier 1553, Guise aperçut l'ennemi en pleine retraite, il se précipita avec sa garnison sur le camp, pour s'emparer de l'artillerie et tailler en pièces ceux qui se seraient attardés. Mais un spectacle déchirant s'offrit aux yeux des Français : « Tant d'hommes morts, de quelque costé qu'on regardast, et une infinité de malades qu'on oyoit plaindre dans les loges. En chascun quartier, des cymetières grands et fraischement labourés, les tentes, les armes et aultres meubles abandonnés [1]. » Des malades étaient renversés dans la boue, d'autres étaient assis sur de grosses pierres, « ayant les jambes dans les fanges gelées jusqu'aux genoux, qu'ils ne pouvoient ravoir. Il en fut tiré plus de trois cents de cette horrible misère ; mais à la plupart il falloit couper les jambes [2]. »

Comme par enchantement, les Français oublièrent leurs propres souffrances, les dangers qu'ils venaient de courir, la fureur guerrière dont ils étaient animés [3], et ne songèrent plus qu'à porter secours aux malheureux Allemands, abandonnés à leurs pieds dans la neige, « leur administrant toutes nécessités et tels soulagemens que pauvres malades estrangers ont besoing [4] ».

[1] SALIGNAC, *Siège de Metz.*
[2] VIEILLEVILLE, *Mémoires.*
[3] ROBERTSON, *History of Charles V*, liv. XI.
[4] RABUTIN, *Commentaires*, édit. Didier, p. 446.

Guise les fit mener par bateaux à Thionville, près du duc d'Alva.

Des partis de cavalerie poursuivirent le gros de l'armée impériale, pour y mettre à rançon quelques « personnes de marque ». Le vidame de Chartres s'était placé en embuscade et choisissait ses prisonniers. « Ce passe-temps dura environ deux heures, et l'eust le vidame continué, sans un Espagnol mesme, prisonnier, lequel l'ayant veu rendre une belle jeune femme à un Allemand qui disoit l'avoir épousée, meu de ceste honnesteté, l'advertit se retirer de bonne heure, et que toute la cavalerie espagnole estoit logée aux environs[1]. »

Durant ce temps, Albert de Brandebourg était resté seul devant la place, comme pour défier les deux armées, après les avoir trahies successivement. Le duc de Guise, irrité de cette bravade, dit à ses gentilshommes : « Il faut faire décamper cet yvrongne ; il a traité plus rudement mon frère d'Aumale que s'il eust été Turc ou Barbare, jusqu'à lui faire porter sa chemise trente-six jours[2]. » Il est vrai que le Brandebourgeois ne devait pas comprendre cette délicatesse du Lorrain, son prisonnier, qui réclamait du linge et de la propreté ; il n'avait pas l'intention de le persécuter, et fut, au contraire, assez ému par la crainte de perdre la grosse rançon, quand il le vit malade de ses blessures et prêt à succomber entre ses mains ; il consentit à le faire soigner à Forbach, sous promesse d'une rançon de 70,000 écus d'or.

Pour mettre en déroute les Brandebourgeois, on

[1] SALIGNAC, *Siège de Metz*, édit. Petitot, p. 394.
[2] VIEILLEVILLE, *Mémoires*, édit. Didier, p. 181.

n'eut pas besoin de faire sortir les hommes d'armes français. Guise fit avancer quatre coulevrines. A la première volée, Albert commença la retraite; « il fut quelque peu suivy, et on avoit bon marché de ses gens, estant assez combattus de froid, faim et toute misère; mais les François, esmeus de grand pitié, n'en tenoient compte; ils leur livroient passage et les laissoient aller [1] ».

Guise venait de se montrer digne de l'opinion qu'avait eue de lui l'ambassadeur Barbaro, écrivant au Sénat de Venise [2] : « Il ne le cède à personne en jugement, en expérience militaire, en valeur. » Il eut soin d'intéresser à sa gloire ceux qui voulaient combattre les nouvelles doctrines religieuses, et il profita de l'autorité absolue dont il jouissait à Metz pour faire « assembler en un lieu les livres contenant doctrine réprouvée, et y mettre le feu [3] ».

Il laissait ses troupes de la garnison de Metz brillantes et fières de leur victoire. Vieilleville, nommé gouverneur de la place, voulut les passer en revue [4] ; il endossa son armure dorée, « fit lacer » son armet garni d'un riche panache de plumes jaunes et noires, revêtit pardessus sa cuirasse « sa casaque de toile d'or à broderie de feuilles moresques de velours noir », et se fit suivre de ses vingt-cinq gardes, « accoustrez à leur mode de ses couleurs jaulne et noire, desquelles il ne changea amais; car madame de Vieilleville les luy avoit données

[1] Rabutin, *Commentaires*, p. 446.

[2] Marc Antoine Barbaro, édition Tommaseo, dans la collection des *Documents inédits de l'histoire de France*, t. II, p. 13 : « Non c'è per aventura chi lo vinca di consiglio, di prattica di guerra, e di valore. »

[3] Salignac.

[4] Vieilleville, *Mémoires*, p. 190, 194 et 208.

estant encore fille ». Les costumes des soldats dont il fit la revue étaient aussi riches : « Ce n'estoient qu'espées dorées et argentées, aux fourreaux de velours et bouts d'argent, collets de maroquin de toutes couleurs, à passements d'or et d'argent, bonnets de velours à petites plumes des couleurs de leurs maistresses ; leurs soldats, quasi tous, morions et fournimens dorés et les corselets gravés, avec les bourguignotes de même, et les piques de Biscaye aux poignées de velours, houppes de franges de soye. »

Mais les habitants de Metz avaient eu davantage à souffrir des rigueurs du siège ; ils n'étaient pas à l'abri de la licence de leurs défenseurs. Plusieurs jeunes femmes avaient été « dérobbées » durant le siège, et étaient retenues par les capitaines et soldats, « cachées comme prisonnières en chambre ». Ceux-ci répondaient à « leurs pères et maris qu'elles estoient mortes ». Un seul bourgeois de Metz s'était vu soustraire de la sorte « sa femme et sa sœur, et celle de sa femme, trois fort belles personnes, et vingt-cinq ans seulement la plus aagée ». Pour faire cesser cette oppression des habitants, Vieilleville fit cerner la maison « du capitaine Roiddes, qui tenoit la femme d'un notaire nommé Lecoq, et fort belle, et luy dit qu'il vouloit avoir une poulle qu'il tenoit en mue, il y avoit huict mois. Le capitaine jure et renye Dieu qu'il n'avoit poulle en sa maison. » Mais durant ces pourparlers, « la femme se saulve de vitesse chez son mary, tesmoignant par ceste fuite son innocence et la force faicte à son honneur ». Tous les coupables, effrayés de l'arrestation du capitaine Roiddes, ouvrirent leurs portes à leurs captives. « Si bien que l'on ne voioit que femmes et filles par les rües, qui se retiroient à courses chez leurs pères et maris... et vingt-deux religieuses de bonne part et d'ancienne noblesse du pays de Lorraine et d'ailleurs, que les grands de l'armée avoient enlevées durant le siège des abbayes de Saint-Pierre, Saincte-Glossine, des Pucelles, sœurs Collettes, et de Saincte-Claire, puis données à leurs favoris, se saulvèrent quant et quant par cette émeute, et se vinrent rendre, contre toute espérance, en leurs monastères et couvents, et on les tenoit mortes ou menées en France, car elles estoient fort belles. » Tant de souffrance s'oubliait dans la grandeur des résultats obtenus : Metz acquise à la France, et devenue si Française que des trois seuls démembrements qu'ait jamais subis le pays, elle a pu survivre aux deux premiers; — l'armée qui menaçait la France d'invasion, ruinée, dispersée sans bataille, par la seule constance des défenseurs de Metz; — l'empereur d'Allemagne exhalant sa colère impuissante devant les remparts de Metz avec tant d'éclat que Ronsard pouvait lui rappeler son orgueilleuse devise, *Plus oultre,* dans ces vers triomphants :

> Or le destin avoit son oultre limité
> Contre les nouveaux murs d'une faible cité.

Dans ce désastre, Charles-Quint retrouva son ancienne énergie et son indomptable ténacité; par un contraste frappant avec la légèreté de son ennemi, il reconstituait patiemment ses régiments, appelait des renforts, contractait des emprunts, tendait à outrance les ressorts de son empire, pendant les mois mêmes où l'imprévoyant Henri II, enivré par ses succès, disséminait sa cavalerie dans les garnisons, licenciait les auxiliaires étrangers, et dissipait en fêtes coûteuses l'argent qui lui était nécessaire pour poursuivre son succès. Non-seulement il ne savait pas utiliser, pour défendre le royaume, les produits de l'impôt, quand ils étaient entrés dans ses coffres, mais il en tarissait la source par des donations continuelles à ses courtisans. Dans cette nouvelle série de faveurs, Diane reçut les terres provenant des saisies sur les réformés de France; le duc de Guise, celles que l'on put occuper par des confiscations hors de France, et le duc d'Aumale obtint que le Roi lui versât le prix de sa rançon [1]. Dans la part de Guise, se trouvaient un château près de Genève, une baronnie de vingt-quatre mille francs de rente, et diverses terres en Savoie et dans le marquisat de Saluces [2].

On refuserait confiance aux Mémoires des contemporains et aux historiens du temps, s'ils n'étaient tous unanimes à raconter les profusions et les divertissements de Henri II, plongé dans une incompréhensible sécurité, sans armée et sans finances, au moment où Charles-Quint était déjà rentré en France et avait mis le siége devant Thérouanne. « On ne faisoit mention que de festins et triomphes, de toutes sortes de jeux et passe-temps [3]. » Tous les jours, on recevait des nouvelles désespérées de la garnison de Thérouanne; la place, investie à l'improviste, ne pouvait tenir; Henri II semblait ne plus croire aux mauvaises nouvelles, ou

[1] Tavannes, *Mémoires*, p. 185.

[2] Gaignières, t. V, p. 406, fol. 31, 105, cité par Bouillé, t. I, p. 302.

[3] Rabutin *Commentaires*, p. 449.

ne plus vouloir les écouter, depuis ses succès récents. Thérouanne était défendue par le fils aîné du connétable; la malheureuse ville ne capitula pas, elle fut emportée d'assaut. Ce ne fut pas un sac comme on en avait déjà vu; les Allemands furent implacables dans leur ardeur de venger leur défaite devant Metz; nous avions eu pitié de leurs blessés et de leurs malades, ils tuèrent tous les blessés, tous les hommes de la garnison de Thérouanne, à l'exception du petit nombre de ceux qui pouvaient payer une grosse rançon; ils tuèrent tous les habitants de la ville, et les femmes et les enfants; ils brûlèrent toutes les maisons, et les couvents et les églises; quand l'incendie fut éteint, ils enlevèrent les pierres et firent si bien disparaître la trace de la vieille capitale franque, que cent ans plus tard on n'était pas bien sûr de l'emplacement qu'elle avait occupé. Jamais destruction plus féroce ne fut achevée avec une plus froide méthode.

Cette catastrophe ne put émouvoir Henri II, ni le distraire de ses fêtes. Comme un prince de l'Orient, il semblait enfermé dans sa gloire et oublieux du danger. Un nouveau coup le réveilla. Le duc de Castro, le mari de sa fille Diane, privé de secours dans les murs de Hesdin, à demi détruits par les deux sièges de l'année précédente, s'était montré digne de son pays d'adoption. Il s'était fait tuer sur la brèche. Pour la troisième fois en un an, Hesdin fut prise d'assaut; elle fut condamnée à être détruite comme Thérouanne; mais, soit que les Allemands n'aient plus été aussi adroits à faire disparaître du sol une ville chrétienne, soit qu'un assez grand nombre d'habitants aient pu se réfugier, durant les deux premiers sièges, dans les forêts ou dans les villes voisines, Hesdin fut reconstruite pendant les années suivantes, et a pu renaître de sa ruine.

Les larmes de sa fille Diane, veuve à vingt ans de son prince italien, firent sortir Henri II de sa torpeur; elle était, disait le connétable, le seul de ses enfants qui lui ressemblât. Vers la fin d'août, l'armée française fut rassemblée [1]. Ce fut assez pour paralyser les incendiaires que Charles-Quint menait avec lui. A partir de ce moment, commence une série de marches et de contre-marches, sans autre résultat que de mettre en évidence le degré d'impuissance où était tombé Charles-Quint depuis sa retraite de Metz, l'incapacité du connétable, la futilité incurable qui travaillait notre pauvre Roi, et les impatiences, le dépit, les révoltes secrètes dont était agitée l'âme du duc de Guise. Guise voyait celui qu'il avait vaincu livrer impunément, malgré son affaiblissement, nos paysans aux insultes de ses soldats. Il s'irritait que ses plans fussent combattus, et ses mouvements militaires paralysés par l'insouciance du Roi et la pesante présomption du connétable. Il eut bientôt le chagrin d'être dépouillé de tout commandement, un an après la délivrance de Metz. La moitié de l'armée fut placée sous les ordres du connétable, l'autre moitié partagée entre le prince de la Roche-sur-Yon et le duc de Nevers. Le Roi donnait pour la première fois un commandement à un prince de Bourbon, « commençant à craindre la faveur de M. de Guyse et finesse du cardinal, son frère [2] ». Guise prit ainsi l'habitude d'avoir son rôle à part dans l'armée, de suivre les campagnes comme une sorte de général de réserve, qui n'avait

[1] Rabutin, *Commentaires*, p. 449.
[2] Tavannes, *Mémoires*, p. 185.

aucune autorité, mais que chacun était prêt à suivre à l'heure du danger.

Son cœur un peu égoïste s'accommoda promptement de cette situation; il n'avait aucune part aux fautes; les souffrances du soldat ne pouvaient lui être imputées; sa popularité dans l'armée s'accroissait de chaque maladresse des autres chefs.

C'est sans doute à cette époque qu'il comprit les avantages d'une retraite après les actions d'éclat. Sa vie est formée désormais d'une série d'intermittences à travers lesquelles on le voit alternativement investi de tous les pouvoirs, ou isolé dans un commandement obscur. Il sait s'arrêter à temps pour ne pas porter ombrage à l'autorité du Roi, et ne pas forcer la chance. Dès qu'il a éveillé l'envie, il disparaît, assuré d'être appelé à la première crise. Tel il se montre après la défense de Metz, tel on le verra vers la fin de sa vie, à la bataille de Dreux : il ne s'éloigne pas du champ de bataille, mais il y reste à l'écart, épiant le moment où il pourra survenir et se trouver le maître.

Acceptant ainsi avec une savante résignation sa demi-disgrâce du moment, Guise songea surtout à ne pas s'écarter du Roi; il le suivit à l'armée, il lui offrit des fêtes au château de Marchais, il assista sans murmurer à ces étranges campagnes dont les seules victimes étaient les malheureux habitants des pays traversés par deux armées qui pensaient, non à combattre, mais à piller : l'Artois [1] et le Cambrésis furent ravagés par le conné-

[1] Les incendies des villages situés autour d'Arras furent attribués à une haine spéciale du connétable contre les bourgeois d'Arras : « Ceux de la ville d'Arras en Artois ont esté de grands causeurs de tout temps, et font des rencontres qu'on appelle *rébus d'Arras* ils

table, pour venger Thérouanne et Hesdin. Notre armée prit Marienbourg, Bouvines, Dinant, assiégea le château de Renti.

Là reparut Guise. Le Roi, retenu au siège avec le connétable, avait placé quelques troupes sous les ordres du duc de Guise, pour surveiller les mouvements de l'armée impériale[1]. Un bois séparait la droite de Charles-Quint et les Français. Le 12 août 1554, Guise fait passer le soir à la tête du bois quelques piquiers armés d'un corselet, et il embusque dans le bois, « sur le ventre, trois cents arquebusiers choisis[2] ». L'avant-garde des Impériaux fait une charge sur les corselets, et les poursuit sous les arbres, où elle reçoit à bout portant le feu des arquebusiers, et est repoussée en déroute. Charles-Quint veut à tout prix enlever le bois. Le 13, au matin, il le fait envahir par son armée entière. Guise avait prévenu le Roi qu'il allait avoir toutes les forces de l'ennemi sur les bras, « et luy sembloit que ce jour ne se passeroit sans bataille ». Au lieu de prendre une décision, le Roi avait assemblé un conseil, écouté les fanfaronnades du connétable, et n'avait pas envoyé d'ordre. « M. de Guyse, ne pouvant avoir promptement response du Roy », prend un parti décisif, c'est d'évacuer la forêt. Les hommes de guerre ont loué cette inspiration qui sauvait son infanterie

représentèrent un asne qui avoit un mors de bride tout à contre rebours et disoit : — Et qui a mis *mon mors ainsi?* — Voylà la plus sotte et fade plaisanterie dont on ouyt jamais parler, qui cousta bon pourtant quelque temps après par les beaux feux qui se firent alentour. » (BRANTÔME, *Hommes illustres*, t. I, p. 33.)

[1] TAVANNES, *Mémoires*, p. 189 : « Sa Majesté donne la charge de ce costé à M. de Guyse. »

[2] D'AUBIGNÉ, *Histoires*, p. 21.

avant qu'elle fût détruite, et permettait une brusque attaque sur l'ennemi au moment où il devait sortir du bois [1].

L'armée impériale débouchait dejà hors des arbres et se développait dans la plaine; les reitres, moins pesamment armés, sortaient les premiers. Derrière eux, Fernand de Gonzague reformait les rangs de ses hommes d'armes « qui, pour piaffe, avoient les bras nus jusqu'au coude [2] ». Guise reçoit enfin « response du Roy que, si l'occasion se présentoit de recevoir la bataille, il ne la refusast point [3] ». Sans perdre une minute, il précipite tous ses hommes d'armes contre cette troupe mise en désordre par le feu de l'infanterie et la traversée du bois. Coligny et Tavannes mènent la charge. En quelques instants, les reitres allemands sont culbutés sur les hommes d'armes espagnols, les empêchent de combattre, les entrainent dans leur fuite. L'armée impériale perd vingt-deux cornettes ou enseignes, et quatre canons. Charles-Quint se retranche dans son camp avec une partie de son infanterie et les fuyards qu'il peut recueillir.

« M. de Guyse fut le principal autheur de la victoire, aultant pour sa belle conduite et sagesse que pour sa vaillance [4]. » Il avait reçu « ung coup de lance au travers de la cuisse, qui lardoit sadite cuisse avec le cheval [5] ». C'était la première fois que nos hommes d'armes se trouvaient aux prises avec ces cavaliers allemands, armés de pistolets, que l'on nommait les

[1] Henri D'ORLÉANS, duc D'AUMALE, *Histoire des princes de Condé*.
[2] D'AUBIGNÉ, *Histoires*, p. 21.
[3] TAVANNES, *Mémoires*.
[4] BRANTÔME, *Hommes illustres*, p. 416.
[5] Claude HATON, *Mémoires*, t. I, p. 2.

reîtres. Lorsque les reitres obtinrent, dans la suite, des succès contre nous, on rappela l'exploit du duc de Guise, qui les avait défaits à la première rencontre, et qui acquit la réputation d'être seul capable de les vaincre.

Mais l'incapacité du connétable fit perdre le fruit de cette journée. Au lieu de se rapprocher de Guise durant la bataille, et de se joindre à lui pour achever la défaite de l'ennemi, le connétable resta immobile avec l'armée presque entière autour des fossés de Renti. La cavalerie du Balafré ne pouvait enlever le camp de l'Empereur. Ainsi arrêtée dans sa victoire, elle vit le Roi lever le siège de Renti, et laisser à Charles-Quint tous les avantages de la rencontre. « Le connétable fut taxé de n'avoir faict son devoir [1]. » Quelques seigneurs, irrités de cette retraite en plein triomphe, allaient jusqu'à parler de trahison ; ils rappelaient les étranges complaisances que le connétable avait eues de tout temps pour Charles-Quint, et son immobilité à quelques minutes d'un champ de bataille où sa présence aurait pu rendre l'action décisive. Son neveu Coligny prit bruyamment sa défense. Coligny avait été créé amiral de France à la mort d'Annebaut, en 1552. A Renti, il avait bravement dirigé la charge contre les Impériaux, et il voulait revendiquer pour lui seul l'honneur de cette journée, afin de détourner sur Guise les attaques qu'on ne ménageait pas au connétable. On était facilement tenté, à cette époque, d'attribuer encore le gain d'une bataille au bras qui avait frappé les coups, et non pas à la tête qui avait donné les ordres. Celui qui entraînait les

[1] Claude HATON, *Mémoires*, t. I, p. 3.

hommes d'armes, la lance couchée, au plus épais des ennemis, passait pour le meilleur chef de guerre. Guise avait été surtout occupé, dans cette journée, à retenir ses cavaliers, pour les lancer seulement à l'instant décisif. Il avait même dû frapper l'un d'eux, le sieur de Saint-Phal, d'un coup d'épée sur le casque, pour l'empêcher d'avancer; mouvement d'impatience dont il ne manqua pas de s'excuser le soir, avec la bonne grâce qu'il savait employer près de ceux dont il voulait faire ses partisans. Coligny, au contraire, avait été vu au premier rang, sa cornette près de lui, entraînant les compagnies d'ordonnance. Il essayait de profiter du préjugé des soldats, non par vanité, mais plutôt par générosité. S'il disputait à Guise sa gloire, c'était pour sauver celle du connétable. Cette querelle divisa pour jamais le duc de Guise et l'amiral de Coligny.

Malgré sa défaite, Charles-Quint avait délivré le château de Renti; mais déjà il s'était arrêté à une résolution inattendue. Dans les mois qui suivirent, il prit les mesures qu'elle rendait nécessaires, et il se prépara à donner au monde le spectacle prodigieux de son abdication. Dioclétien seul, dans l'histoire, offre un exemple semblable du mépris pour tout ce que recherchent les hommes. Dioclétien, né esclave, devenu le maître absolu de l'humanité entière, car on ne comptait pas encore les Barbares, avait réalisé la jouissance de ce que peuvent imaginer dans leurs rêves les âmes les plus effrénées, et subitement, sans maladie, sans danger, comme par un simple dédain pour ce qui nous agite et nous travaille, et afin de montrer, en quelque sorte, que la vie ne vaut pas qu'on la vive, il s'était dépouillé de tout ce qu'il avait acquis, et s'était retiré seul aux champs. Ainsi Charles-Quint, qui, lentement et péniblement, avait réduit à l'obéissance tous ses royaumes de l'Espagne, brigué, acheté, ceint la couronne d'empereur, bataillé avec les princes de l'Empire pour devenir leur maître, dépouillé de leurs priviléges les bourgeois flamands, ses premiers sujets, arraché au roi de France et saisi vigoureusement dans ses mains les duchés et les royaumes d'Italie, obtenu d'aventuriers de génie la conquête de pays immenses d'où arrivaient des galions remplis de lingots, Charles-Quint, qui semblait n'avoir qu'une pensée : se faire obéir, qu'une maxime : ne rien céder et toujours acquérir, garder la Navarre et prendre la Bourgogne, tout à coup abandonnait ce qu'il avait amassé par les efforts de sa vie entière, se détachait de sa Cour de princes souverains, de cardinaux, de grands capitaines, renonçait à ce qu'il avait gagné au prix d'un travail commencé avant le jour et poursuivi durant les nuits, de traversées à travers les galères barbaresques et les tempêtes, de courses à cheval dans toute l'Europe, de vicissitudes qui l'avaient un jour fait le maître du roi de France et du Pape, ses captifs tous deux, et une autre fois l'avaient jeté fugitif, loin de ses gardes, dans les neiges des Alpes [1]. Par une volte subite, il défaisait sa vie; il donnait à ces seigneurs, à ces hommes de guerre, à ces prélats, respectueux et

[1] « L'Empereur et le roy des Romains se sont enfuis d'Inspruck et sortant ensemble à la minuit hors de leur logis. L'Empereur ayant un baston à sa main, et le roy des Romains estant un peu devant l'Empereur, se retourna en arrière pour voir quand il viendroit, lequel il vit venir en si pauvre estat, qu'il commença à plorer bien fort et s'en sont enfuis sans ordre, n'ayant ni armée ni gardes. » (British Museum, coll. EGERTON, *Miscell. papers*, vol. VIII, fol. 139, publiée par H. DE LA FERRIÈRE, *Arch. miss. scient.*, 1869, p. 323.)

empressés sous ses regards, la leçon du dégoût pour ce qui était l'objet de leur cupidité, du néant qui suit la satisfaction des projets ambitieux, des vanités de la puissance. Plus hardi que le poète[1] qui demande, dans une heure de dépit, qu'on dise au seuil de la vie : N'entrez pas, j'ai perdu! Charles-Quint criait : N'entrez pas, j'ai gagné; j'ai gagné, et le prix ne vaut pas l'effort!

Son détachement provenait peut-être, non pas, comme chez l'empereur païen, d'un mépris hautain pour les passions humaines, mais plutôt de la foi chrétienne qui inspire le besoin, pour se préparer à une existence future, d'un intervalle entre les agitations de cette vie et l'heure menaçante de la mort. Il se sentait d'ailleurs dompté par la souffrance, et hors d'état de supporter les fatigues du corps et de l'esprit que l'immensité de son pouvoir rendait nécessaires. Il avait dû aller sept fois en Allemagne, trois fois en Italie, dix fois en Flandre, deux fois en Angleterre, en Afrique et en France. Bien qu'âgé seulement de cinquante-cinq ans, il subissait déjà toutes les décrépitudes de la vieillesse; ses articulations, ossifiées par la goutte, ne lui permettaient ni de plier les bras, ni de marcher sans béquilles; des éruptions chroniques rongeaient sa peau; sa mâchoire inférieure débordait tellement, qu'il ne pouvait serrer les dents quand il fermait la bouche[2],

[1] Alfred DE MUSSET, *les Vœux stériles :*

> N'existait-il donc pas à cette loterie
> Un joueur par le sort assez bien abattu
> Pour que, me rencontrant sur le seuil de la vie,
> Il me dît en sortant : N'entrez pas, j'ai perdu !

[2] Ce vice de conformation, dissimulé sur les portraits des artistes italiens, était reproduit par les graveurs allemands dans toute sa réa-

de sorte qu'il prononçait avec difficulté, et que pour mâcher les aliments, il devait les écraser sur les gencives, ce qui avait déterminé des ulcérations dans la bouche, la chute des dents et le délabrement de l'estomac.

Malgré ces infirmités, il conservait dans sa retraite quelques-unes des faiblesses que Dioclétien gardait aussi dans son jardin. Les pâtés de poisson, les vins de Bourgogne, les épices rares, avaient encore des séductions au milieu de ce désenchantement. L'âme humaine ne peut s'affranchir de ses petitesses, même hissée sur ces hauteurs. On croirait qu'exclue des grandes pensées et des fortes émotions, elle se ravale aux satisfactions mesquines et aux instincts étroits. C'était entre ses deux cents cuisiniers que le puissant Empereur voulait maintenir la paix, et non plus avec Venise, avec les Suisses, avec le Turc; son médecin, debout devant sa table, le gênait autant, quand il buvait cinq ou six bouteilles de vin, que naguère le Pape, quand il écrasait Naples et la Sicile. Ses moines de Yuste ne l'occupaient pas moins qu'autrefois ses Albanais et ses reitres. Il vécut ainsi plus de deux ans, sans ressort contre ses misères, usé par la vie étroite d'un vieux bourgeois de Flandre, et, jusqu'au dernier jour, assez dupe de son orgueil, dans cette retraite où l'avait mené la lassitude du monde, pour n'oser pas adresser une parole de tendresse au fils

lité. Il est ainsi décrit par les ambassadeurs vénitiens (ALBERI, ser. I, vol. II, p. 60, *Relaz. venet.* CONTARINI) : « Tutta la mascella inferiore e tanto langha che non pare naturale, ma pare posticcia, onde avviene che non può, chiudendo la bocca, congiungere le denti inferiori con li superiori, ma gli rimane spazio della grossezza d'un dente, onde nel parlare, massime nel finire della clausula, non s'entende molto bene. »

qu'il faisait élever comme page d'un de ses chambellans, don Juan, le futur héros de Lépante.

La reine d'Angleterre, épouse de son successeur, et la reine de Hongrie, proposèrent une trêve avec la France. Quand disparaissait l'homme qui, depuis quarante ans, était l'âme de toutes les guerres, il fallait que la chrétienté solennisât cet étrange événement par quelques années de repos. On signa dans l'abbaye de Vaucelles, en Hainaut, une trêve de cinq ans, à partir du 15 février 1556, entre la France et le reste de l'Europe.

CHAPITRE VI

EXPÉDITION DE NAPLES.

1557.

Au moment où Charles-Quint quittait ses grandeurs pour le monastère de Yuste, un moine, plus âgé que lui de vingt-quatre ans, lassé de la monotonie du cloître, des disputes théologiques, des chants psalmodiés au fond des stalles, sortait de l'obscurité du couvent pour monter sur le trône pontifical. Paul IV, Caraffa, âgé de près de quatre-vingts ans, voyait à peine devant lui quelques années, quelques mois peut-être, pour faire tenir tout ce que durant sa vie entière il avait comprimé d'activité, étouffé d'ambition, suspendu de haines. Il aspirait à la gloire et à la puissance, autant que Charles-Quint au calme et à l'ombre. L'Empereur avait hâte de clore son règne, le Pape d'illustrer le sien. Le prince méprisait les biens dont il avait épuisé la jouissance; le moine tressaillait de tous ses nerfs en sortant du milieu de ses frères. Peu de temps lui restait pour reprendre ses soixante-dix-neuf ans perdus, enfermer en quelques jours les émotions de toute une vie, créer la grandeur de ses neveux, affranchir les Napolitains ses compatriotes, humilier les Espagnols, bons, disait-il, à être les cuisiniers ou les valets d'écurie des Italiens[1]. Sobre, laborieux, savant, éloquent, parlant toutes les langues de la chrétienté, il avait, à cinquante ans, résigné ses bénéfices et son archevêché de Naples, pour former un ordre de prêtres prêcheurs, nommé les Théatins. On le croyait un sage, un saint. A peine pape, il est transformé; il veut vingt-cinq plats à ses repas, qui se prolongent durant trois heures; il boit encore plus qu'il ne mange, et préfère le vin de Naples, noir, épais et capiteux[2]. Son orgueil est devenu si pointilleux, que les ministres étrangers tremblent en l'approchant; on n'ose le contredire, tant il garde de ressentiment contre ceux qui discutent son opinion[3]. Il est si nerveux, son pas est si élastique, qu'il semble rebondir sur le sol quand il marche. Ce petit vieillard, toujours en colère, le cerveau constamment enflammé, semblait se dire, comme son prédécesseur Léon X : « Abandonnons-nous aux jouissances de la papauté, puisque Dieu nous l'a donnée[4]. »

De son neveu Carlo Caraffa, chef d'une bande dont les services étaient loués dans les petites guerres locales

[1] ALBERI, *Relazione di Bernardo Navagero* : « Dice di sentire infinito dispiacere che quelli che solevano essere cuochi o mozzi di stalla in Italia, ora comandino. »

[2] *Id., ibid.* : Vuol essere servito molto delicatamente; e nel principio del suo pontificato non bastavano venticinque piatti : beve molto più di quello che mangia; il vino è possente e gagliardo, nero e tanto spesso che si potria quasi tagliare, il quale si conduce di regno di Napoli. »

[3] *Id., ibid.*, et BASCHET, *la Diplomatie vénitienne*, p. 187.

[4] MARIN SANUTO, *Diarii* : « Godiamoci il papato, poichè Dio ci l'ha dato. »

où il avait pris l'habitude des pillages sans merci, il fit un cardinal. Pour se venger des Espagnols qui lui avaient confisqué, dans sa jeunesse, les revenus de son archevêché de Naples, il voulut outrager l'ambassadeur d'Espagne, et défendit qu'on le laissât sortir de la ville. Un matin, ce ministre partait pour la chasse; les gardes pontificaux refusèrent de lui ouvrir les portes de Rome; il fondit sur eux avec ses domestiques, les frappa, les dispersa, ouvrit la porte, baissa le pont-levis et continua paisiblement sa partie de chasse. Le Saint-Père, saisi d'un accès de fureur, déclara aussitôt la guerre au roi d'Espagne, et envoya son cardinal Caraffa pour obtenir le secours du Roi de France.

Il semble malaisé de croire, comme le racontent les historiens, que ce prélat, dans son entrée à Paris, faisait le geste de bénir les populations accourues en foule et prosternées sur son passage, et disait entre ses dents, au lieu des paroles consacrées : « Pauvres idiots, restez idiots tant que vous voudrez. » Si prêt à des trahisons que fût un Italien, il ne perdait jamais l'esprit de son rôle du moment. Le condottiere improvisé cardinal dut, au contraire, simuler l'homme d'Église, et jouer en comédien habile les fonctions pieuses dont le hasard l'avait revêtu.

Voulant s'insinuer dans la confiance de ceux qui dirigeaient la volonté du Roi, il s'adressa d'abord au connétable.

Montmorency se trouva profondément agité par cette communication. Toute sa politique reposait sur l'union intime du Saint-Siège, de la France et de la maison d'Autriche, pour combattre les Turcs et les réformateurs, et soudain le Pape entrait en guerre avec le Roi Catholique et réclamait l'alliance du Roi de France, au moment même où la trêve de Vaucelles venait de nous rapprocher de l'Espagne. A peine cette trêve avait permis de mettre à l'écart le duc de Guise, dont les talents militaires devenaient inutiles, que se présentait une nouvelle cause de guerre, comme pour le replacer au premier rang; situation bizarre et qui pouvait troubler les meilleurs esprits. N'était-il pas question déjà d'un traité avec Soliman et d'une croisière des flottes turques sur les côtes d'Italie, pour soutenir le Saint-Siège contre le Roi d'Espagne? Montmorency remarquait en même temps que l'alliance avec la Cour pontificale avait toujours eu pour durée la vie seule du vieillard avec lequel on l'avait contractée. Sacrifier des intérêts présents et sérieux sur les promesses d'une puissance dont la politique changeait tous les trois ou quatre ans, à chaque renouvellement du souverain, était un calcul dans lequel nous avions déjà été plusieurs fois les dupes [1].

Froidement reçu par le connétable, Caraffa « s'adresse à la seconde faveur, qui estoit Messieurs de Guise [2] », et il ranime subitement du premier regard, chez chacun d'eux, les projets de l'ambition la plus insatiable et les pensées de grandeur qui dépassaient les rêves les plus chimériques. C'est l'ancienne maison d'Anjou qui va renaître; le duc de Guise sera roi de Naples et chef de la dynastie angevine, du droit de sa naissance et aussi des droits de sa femme, la petite-fille de Louis XII; à son frère le duc d'Aumale, la

[1] ROBERTSON, *History of Charles the Fifth*, liv. XI.

[2] TAVANNES.

Lombardie; au cardinal de Lorraine, la succession de Paul IV. La tiare, convoitée autrefois par le premier cardinal de Lorraine, semblait se rapprocher enfin de la tête du second.

Une telle prétention chez un prélat si connu comme licencieux et incrédule n'étonnait pas à cette époque où le trône de Saint-Pierre n'était pas occupé, comme il vient de l'être depuis cent cinquante ans, par une succession de prêtres respectables et convaincus. Le cardinal de Lorraine se serait montré politique aussi retors et souverain aussi généreux pour les artistes que l'avaient été ses prédécesseurs. Peut-être l'Italie aurait traversé une période de grandeur et de force, si elle avait pu se confédérer sous les princes lorrains, toujours si unis entre eux. En réalité, aucun avantage pour elle ne résulta des intrigues des Caraffa. Ils promettaient des merveilles aux Guises, espéraient se servir d'eux comme d'instruments, et n'étaient nullement tentés de donner pied en Italie à ces descendants de la dynastie angevine.

Entre les impatiences des Guises et les répugnances du connétable, il est probable que l'indolence de Henri II l'aurait toujours empêché de se déterminer à cette fatale expédition de Naples; mais Montmorency changea tout à coup son opposition en acquiescement, et joignit ses instances à celles des Guises et de Diane, pour demander une guerre en Italie.

Si ce brusque changement de résolution fut inspiré par le besoin d'acquérir les bonnes grâces de Paul IV et d'extorquer à ce vieux pontife des dispenses religieuses en faveur du fils aîné du connétable, « d'aultant qu'il se vouloit défiancer à Rome d'avec une fille de Piennes[1] » ; si, pour obtenir de l'autorité pontificale une annulation de promesse de mariage, Montmorency détermina l'alliance avec le Saint-Père et le Sultan pour soutenir cette guerre funeste contre le Roi Catholique, on peut dire que cet amour passager dont mademoiselle de Piennes avait été l'objet est l'origine du danger le plus menaçant qu'ait couru le pays sous nos anciens rois.

Petite-fille par sa mère de Bonnivet, Jeanne d'Halluyn de Piennes devait épouser le baron de Montmorency, les paroles étaient engagées, les serments échangés, lorsque le Roi imagina de marier ce fils aîné du connétable à sa fille Diane, la veuve du duc de Castro ; « le connétable, ébloui, non de la bâtarde légitimée, mais de la faveur et de la fortune qui en seroient la longue dot, conclut à l'instant avec beaucoup de joie[2] », et voulut contraindre son fils de rompre avec mademoiselle de Piennes. « L'histoire des deux amants et de leur résistance est touchante : la pauvre fille fut « mise et resserrée dans un couvent[3] », le Pape annula tous les serments prononcés. Montmorency épousa Diane. Mademoiselle de Piennes se cacha durant vingt ans, puis, « belle encore et pleine d'esprit et d'intrigue », elle donna sa main à Florimont Robertet, secrétaire d'État[4].

Dès l'instant que le connétable renonçait à son opposition contre les demandes des Caraffa, le Roi,

[1] TAVANNES, *Mémoires*, édit. Petitot, p. 187.

[2] SAINT-SIMON, *Mémoires*, t. IX, chap. XII, p. 170.

[3] *Ibid.*

[4] Elle se fit appeler madame d'Alluye, du nom d'une terre de son mari, et eut assez de crédit pour faire créer, en 1587, au profit de son frère, la duché-pairie d'Halluyn.

pressé par la coalition de toutes les influences rivales, assailli par la jeune noblesse qu'enthousiasmaient les récits des campagnes de Louis XII, n'était pas de caractère à lutter contre tant d'instances; il se laissa précipiter vers la guerre, quelques mois après la signature d'une trêve de cinq ans.

Cette trêve avait paru nécessaire, parce que l'état du trésor ne permettait plus de conserver les mercenaires étrangers, et que le pays était épuisé; pour la lutte nationale sur nos frontières des Flandres, on ne pouvait plus entretenir l'armée; on sut lever des forces considérables pour une guerre sans foi au fond de l'Italie. « On imposoit de terribles taxes sur tout le royaume[1]. » La trêve de Vaucelles ne fut pas dénoncée; le Roi continuait à adresser de fausses déclarations d'amitié à Philippe II, pendant qu'il envoyait des troupes pour lui enlever le royaume de Naples; bien plus, il attirait sur l'Italie les flottes de Soliman, l'ennemi commun de la chrétienté dont il faisait l'allié du Pape.

La seule pensée d'un concert entre le Saint-Siège et la Porte Ottomane soulevait l'indignation à une époque où les esprits étaient encore émus du retentissement de la chute de Constantinople, où l'on se rappelait les chrétiens d'Orient et les jeunes Grecques qui fuyaient en Europe, pour éviter l'esclavage, où les bancs des galères turques étaient garnis de captifs enlevés dans les villages des côtes, et les harems peuplés de Vénitiennes, de Génoises, de Provençales, de Siciliennes. On se racontait ces expéditions rapides de

[1] VIEILLEVILLE, *Mémoires*, liv. VI.

Turcs qui descendaient de leurs galères, saisissaient les bestiaux et la population de deux ou trois villages sur les côtes de Calabre, d'Andalousie, de Languedoc, et disparaissaient aussitôt, riches pour toute leur vie. Un pareil fléau était attiré sur le royaume de Naples par un pape qui voulait servir, au déclin de sa vie, les rancunes de ses querelles de jeunesse.

Le parti angevin, pour lequel il avait été persécuté plusieurs années auparavant, était devenu tellement impuissant dans les provinces napolitaines, que Philippe II dut voir sans inquiétude le roi de France porter ses efforts au fond de l'Italie et dégarnir ses frontières. Sa situation, toutefois, était presque aussi fausse que celle des alliés de Soliman; il prenait plaisir à voir brûler vivants ceux qui discutaient l'autorité spirituelle du Pape, et en même temps il faisait envahir par ses soldats les États pontificaux. Aussi, pour satisfaire les scrupules de sa conscience, il eut soin de rédiger, dans un langage pompeux et rythmé comme une prière liturgique, des instructions pour conduire cette guerre avec tant de tempérament et de modération qu'elle assurât la paix à la chrétienté, la dignité du Siège apostolique et la sécurité de ses royaumes; son âme royale ne demandait pas de la gloire, elle n'attendait que tristesse et désespoir [1].

Elle devait cependant éprouver quelques consolations en voyant que la France portait follement vers la

[1] *State paper Office*, Ms. Mary, domestic, vol. IX, Philip II to the English council : « Ea temperantia ac modestia hoc bellum a duce geri atque administrari, ut nihil nisi orbis christiani tranquillitas, Sedis apostolicæ dignitas, et nostrorum regnorum securitas procuretur, neque ullum nos ex hoc bello gloriæ aucupemur, summum potius dolorem animique ægritudinem percipiamus. »

Calabre toutes ses forces disponibles. Nos places du Nord n'avaient plus de garnison; une invasion en Picardie ne pouvait rencontrer de résistance. Philippe II obtenait ainsi, dès le début de son règne, les plus merveilleuses chances qui pussent être réunies; il était attaqué, contre la foi jurée, par le seul adversaire assez puissant pour gêner ses desseins, dans le moment où cet adversaire était livré sans défense à ses coups.

On ne peut aisément s'expliquer comment deux soldats tels que le duc de Guise et le connétable ne comprirent pas qu'envoyer nos troupes à Naples, c'était ouvrir le pays à l'invasion. Ils n'ont évidemment pu être dupes, ni l'un ni l'autre, de la fiction qui supposait la trêve respectée en Flandre, mais nulle en Italie; ils n'ont pu s'imaginer que le fils de Charles-Quint, qui cernait complètement nos frontières et nos côtes par l'Espagne, la Franche-Comté, les Pays-Bas et l'Angleterrre, suivrait docilement nos gens de guerre accumulés sur un point écarté de ses États, sans profiter de l'occasion offerte par une agression si imprudente. Ils ont voulu probablement s'isoler à tout prix chacun loin d'un rival. Le connétable, toujours plein de confiance en lui-même, espérait sans doute garder assez de noblesse autour de lui, ou avoir le temps de recruter assez de mercenaires pour s'opposer à une invasion; les armées de Charles-Quint, toujours embarrassées d'Allemands, ne manœuvraient jusqu'alors qu'avec lenteur, et Montmorency pouvait supposer qu'il ne serait pas pris à l'improviste; qu'en frappant des coups rapides et hardis avec une poignée d'hommes, il saurait arrêter les ennemis, et acquérir assez de gloire pour faire oublier la défense de Metz. « Il y avoit une jalousie couverte du connestable envers ledit Guise, depuis la bataille de Renty[1]. » Peut-être, tandis qu'il couvrirait Paris, il aurait la satisfaction d'apprendre que l'autre se perdait dans le fond de l'Italie : les vice-rois de Naples avaient tous eu une fin tragique sous les règnes précédents; le connétable devait penser que Guise ne serait pas plus heureux, et « avoir en soy cette intention qu'il n'en reviendroit jamais, à l'exemple d'aultres gouverneurs qui jadis avoient esté envoyés audit pays[2] ».

François de Guise, de son côté, semblait tenté par l'esprit d'aventures et momentanément oublieux des exemples de son père; il allait courir les hasards en Italie, et laissait à d'autres chefs plus cauteleux ou plus sages le soin de défendre nos frontières et Paris. C'est le contraire de ce qu'avait fait le duc Claude. Peut-être le désir d'être seul chef d'armée, de n'avoir plus de discussion avec la jalouse autorité du connétable, de se sentir le maître, n'a pas été tout à fait étranger à une attitude si nouvelle dans sa famille. Mais il a dû céder surtout à des projets qu'il préparait en secret, et dont il n'a jamais fait l'aveu formel. On savait qu'il voulait se « faire coroner roy de Sicile ou de Naples, où il prétendoit droit[3] ». Depuis longtemps, il étudiait les événements d'Italie, se faisait rendre compte de tous les combats, et conservait des relations avec les généraux qui y commandaient. C'est chez lui qu'était accouru, à la fin de 1555, le défenseur de Sienne, Blaise de Montluc, incertain de l'accueil que lui ferait, après la capitulation de Sienne, le défenseur de Metz. Il avait

[1] Claude Haton, *Mémoires*, t. I, p. 29.
[2] *Id.*, *ibid.*
[3] *Id.*, *ibid.*

été reçu en frère d'armes par le duc, qui « ne se pouvoit, dit Montluc, saouler de m'embrasser et m'amena en la chambre du Roy, lequel estoit encore au lit, toutefois esveillé, et, à l'entrée de la chambre, il commença à crier tout haut, me tenant par la main : Sire, voicy vostre homme perdu [1]. » Dans la journée, Guise le ramena près du Roi, et lui fit raconter le siège de Sienne. Il apprit ainsi combien la guerre était devenue atroce en Italie; au moment de l'investissement de Sienne, Montluc avait fait sortir plus de quatre mille personnes, qu'il appelait des bouches inutiles : « De toutes les pitiés et désolations que j'ay veues, je n'en vis jamais une pareille, ny n'en verrai à l'advenir, à mon advis; ces pauvres gens s'en alloient à travers des ennemis, lesquels les rechassoient vers la cité, et tout le camp demeuroit nuit et jour en armes pour cest effect, car ils nous les rejettoient jusqu'au pied des murailles, afin que nous les remissions dedans pour plustot manger le peu de pain qui nous restoit. Mais cela n'y fit rien et si dura huict jours. Ils ne mangeoient que des herbes, et en mourut plus de la moitié : il y avoit un grand nombre de filles et belles femmes, celles-là avoient passage..... ce sont des loix de la guerre, il faut estre cruel bien souvent; Dieu doit estre bien miséricordieux en nostre endroict qui faisons tant de maux [2]. » Malgré ces mesures, les vivres furent épuisés après quelques mois; de la fin de février à la fin d'avril, les assiégés ne mangèrent plus qu'une fois par jour [3]; pendant le mois de mai la ville entière,

[1] MONTLUC, *Commentaires*, p. 155.
[2] *Id.*, *ibid.*, p. 139.
[3] *Id.*, *ibid.*

habitants et défenseurs, resta à peu près sans nourriture durant cinq jours : « Nous avions demeuré depuis le mercredy jusqu'au dimanche sans manger que six onces de biscuit le jour pour homme, et le jeudy, je fis tuer un cheval et le despartis par toutes les compagnies françaises et italiennes et fis prendre toute l'huile des lampes des églises, et la distribuay pareillement aux soldats; et avec des mauves et orties, faisoient cuire cette chair et huile, et ainsy se sustentèrent jusqu'au dimanche matin. » Mais le sentiment artistique de cet âge ne se laissait pas éteindre par ces souffrances; il semblait croître, au contraire, avec l'énergie morale, et ce même siège de Sienne ressemble par moments à un ballet : « Les dames de la ville de Sienne se repartirent en trois bandes : la première estoit conduite par la signora Forteguerra, qui estoit vestüe de violet, et toutes celles qui la suivoient aussy, ayant son accoustrement en façon d'une nymphe, court et monstrant le brodequin; la seconde estoit la signora Piccolomini, vestüe de satin incarnadin, et sa trouppe de même livrée; la troisième estoit la signora Livia Fausta, vestue toute de blanc, comme aussy estoit sa suite avec son enseigne blanche. Ces trois escadrons estoient composés de trois mille dames, gentilfemmes et bourgeoises; leurs armes estoient des pics, des pelles, des hottes et des fascines. »

Ces récits intéressaient et préoccupaient le duc de Guise, qui attachait un grand prix à s'assurer le dévouement d'un capitaine énergique et opiniâtre comme Montluc; il tint à lui annoncer lui-même la nouvelle que le « Roy s'estoit résoleu de me bailler » le collier de l'Ordre et offrait une autre récompense à son choix, en l'honneur de la belle défense de Sienne. Montluc avait besoin d'argent pour constituer la dot de ses filles, mais il savait que les caisses du Roi étaient vides et que tous les revenus étaient engagés pour les préparatifs de la campagne de Naples ; il consulta son frère l'évêque de Valence, qui lui conseilla de demander deux places de conseiller au parlement de Toulouse, « dont je retirerois plustot argent que d'aultre chose ». Vers la même époque, Pietro Strozzi, condottiere italien, allié à la famille Médici, était également appuyé par le duc de Guise, qui cherchait à se créer des partisans parmi les soldats accoutumés aux guerres d'Italie ; Strozzi obtint, sur sa recommandation, un bâton de maréchal de France et l'évêché de Bazas [1] ; il vendit l'exploitation des revenus de l'évêché, de même que Montluc avait vendu les charges de conseiller au Parlement, et tous deux repartirent pour Rome, afin d'y organiser la défense des États pontificaux, et de protéger le Pape contre l'ennemi trop puissant qu'il avait témérairement attiré sur lui.

Quand le maréchal de Strozzi arriva à Rome [2], il trouva les habitants frappés de terreur par l'approche de l'armée espagnole. Ils se souvenaient des horreurs qu'avaient commises, trente ans auparavant, les soldats de Charles-Quint, dans le sac de Rome ; ils s'attendaient à revoir de semblables catastrophes. Mais les Espagnols, en apprenant qu'il y avait « douze cents François coulés à Rome, sous les sieurs [3] » maréchal de Strozzi et Montluc, se contentèrent de prendre Ostie et les places des

[1] Ms. Fontanieu, V. 274, publié par Bouillé, t. I, p. 308.
[2] Rabutin, *Commentaires*, p. 532.
[3] Tavannes, *Mémoires*, p. 205.

environs, afin d'affamer la capitale. Les Français firent des sorties qu'ils poussèrent jusqu'en Toscane. Ils surprirent la ville de Piance, en pénétrant dans la place par le trou « par où sortoient les immondicités de la ville ; et comme l'on estoit passé par ce trou, il falloit passer le ventre à terre et dans l'ordure, et l'on n'avoit plus qu'à franchir une muraille [1] ».

Bientôt le duc de Guise put se mettre en marche [2]. Dans la brillante gendarmerie qui le suivait, on voyait son frère le duc d'Aumale, le duc de Nemours, Tavannes, Sipierre, des chefs déjà expérimentés, et des volontaires empressés de servir sous le jeune général [3]. Il traversa rapidement Turin ; le maréchal de Brissac, qui défendait la haute Italie depuis le commencement du règne, lui conseilla d'attaquer Milan [4], et d'attirer ainsi vers le nord l'armée espagnole. S'il avait suivi cet avis, le duc de Guise se serait épargné de pénibles déceptions; mais Rome et Naples l'attiraient : il hâta sa marche, obligea ses soldats à payer exactement les vivres qu'on lui apportait, et trouva ainsi le moyen à la fois de n'être pas retardé par la méfiance des villes fermées et de vivre dans l'abondance; son camp « sembloit une foire [5] ». Il entra enfin à Rome « le jour de quaresme-prenant ».

Les fêtes de Pâques, les jalousies des neveux du Saint-Père, les cérémonies pieuses l'enlacèrent et le tinrent captif dans la Ville éternelle, avec son armée inutile et sa chevalerie oisive. Il est probable que le cardinal

[1] MONTLUC, *Commentaires*, p. 175.
[2] Novembre 1556.
[3] LA CHASTRE, *Mémoires*, p. 589.
[4] TAVANNES, *Mémoires*, p. 205.
[5] GUISE, *Mémoires-journaux*.

Caraffa était, dès cette époque, acheté par le Roi d'Espagne, et qu'il commençait déjà à trahir le Pape, son oncle, et le duc de Guise[1]. Il retint le général français un mois entier à Rome, « l'entretenant de toutes délices, festins, courtisannes, vierges et femmes mariées, dont ce gouffre d'abomination a accoustumé de fournir[2] ». Empressé près des cardinaux, le fier duc de Guise, qui en France disputait le pas aux princes du sang, prenait ici la place la plus humble à table, après tous les gens d'Église. Mais avec toutes ses complaisances, il ne pouvait obtenir que le Pape lui procurât les quinze mille hommes qu'il lui avait promis : on lui en montrait seulement douze cents; et encore ces auxiliaires italiens ne tardèrent pas à se quereller avec les Français, et le duc de Guise put se procurer, au milieu de ses fêtes, le spectacle d'un combat judiciaire analogue à celui de Jarnac; les deux adversaires étaient un « capitaine italien et un capitaine gascon nommé le capitaine Prouillan. Le capitaine italien estoit de belle et haulte taille, maigre et sec, et noiraut. Pour lors, toute l'armée estoit campée et logée à Monte-Rotundo, où le camp estoit assigné; estant entrés dans le camp, solemnités toutes faites, la fortune voulut que l'Italien donnât un si grand et vilain coup d'espée sur le jarret de Prouillan, qu'il tomba par terre sans se pouvoir plus relever. L'Italien prit les armes de son ennemi, sortit hors du camp avec son parrain, confidans et amis, montés dans un coche, et les armes de son ennemy por-

[1] C'est l'opinion de tous les contemporains, LA CHASTRE, VIEILLEVILLE, TAVANNES. Voir aussi ROBERTSON, *History of Charles the Fifth*, liv. XI.

[2] VIEILLEVILLE, *Mémoires*, p. 253.

tées devant en signe de triomphe, s'en alla à Rome et y entra avec grande resjouissance et applaudissemens et grands cris : *Victoria, l'onor della patria serva*[1] ! »

En voyant pour la seconde fois abattre le champion qu'il favorisait, le duc de Guise perdit le goût des duels et les interdit sévèrement dans la suite. Mais cet épisode des querelles entre soldats acheva de lui prouver qu'il n'avait rien à attendre des Romains. Inquiet au milieu de ces Italiens, joué par les gens d'Église, sentant la trahison autour de lui, le général des armées pontificales dut regretter plusieurs fois les temps heureux du siège de Metz, alors que ses ordres étaient obéis sans discussion. Aujourd'hui, il se sentait poussé vers la fausseté. Pendant qu'il comptait garder pour lui la couronne de Naples, il signait un traité portant que le royaume serait remis au duc d'Orléans, second fils de Henri II, qui épouserait une parente du Saint-Père[2]. Enfin, lassé des ruses et des atermoiements du cardinal Caraffa, qui « a une teste pour ruyner tout le monde[3] », il s'arracha aux bras des belles Romaines et commença la campagne, dans l'espoir de se retrouver libre au milieu de son camp. Il connaissait déjà son adversaire, le général espagnol : c'était l'un des chefs de l'armée de Charles-Quint au siège de Metz, le duc d'Alva.

Alvarez y Toledo, duc d'Alva, que nous appelons le duc d'Albe, et qui est devenu si fameux, plus tard, par les massacres qu'il ordonna dans les Pays-Bas, avait déjà près de cinquante ans lorsqu'il fut chargé par Philippe II de défendre le royaume de Naples contre

[1] Brantôme, *les Duels*, p. 60.
[2] Guise, *Mémoires-journaux*, p. 334.
[3] *Id.*, *ibid.*, p. 366.

Guise. Il avait fait ses premières armes en combattant les Turcs. On racontait que, durant une trêve de dix-sept jours, il avait quitté la Hongrie au galop de son cheval, pénétré en Espagne, passé quelques minutes auprès de sa jeune femme, et rejoint le camp, en Hongrie, devant les Turcs, au moment de l'expiration de la trêve. En 1547, il détermina le succès de la bataille de Muhlberg, qui rendit Charles-Quint le maître des princes allemands. Point d'autre vertu que le sentiment du devoir; mais le devoir, pour lui, se limitait à la soumission aux autorités; peu de vices autres qu'une avarice portée à un degré rare, un orgueil qui le rendait impoli, même avec les grands d'Espagne [1], et une disposition à être envieux, qui fit de lui l'ennemi du brave comte d'Egmont, pour la gloire qu'il avait acquise en vainquant les Français, tandis que lui-même était absorbé par cette obscure campagne dans les montagnes napolitaines. Mais il n'était pas naturellement féroce. Les exécutions, les sacs de villes, les incendies, les massacres, étaient pour lui, le plus souvent, pure obéissance aux ordres du Roi, exécution du devoir militaire, et quelquefois simple habitude. Il y avait en lui du soldat et du courtisan, comme dans notre connétable; mais Montmorency avait trop de confiance dans son expérience, tandis qu'Alva voulait ne rien céder à l'imprévu et s'assurer tous les avantages que peuvent fournir la prévoyance et la fermeté. Esprit étroit, docile au chef, dur au subordonné, sans éclat, mais sans témérité. C'était un homme grand, sec, droit, étranglé

[1] On lui reprochait de tutoyer tous ceux à qui il adressait la parole, au lieu de parler à la troisième personne, comme il a toujours été d'usage en Espagne.

et sanglé dans son armure, avec une tête très-petite, des joues jaunes, des yeux noirs, froids, qui regardaient de haut en bas. Une longue barbe descendait sur sa poitrine[1].

« Je n'aurai garde de jouer le royaume de Naples contre le pourpoint brodé du duc de Guise. » C'est ainsi qu'avec un certain dédain de grand seigneur contre un cadet de Lorraine, le duc d'Alva semblait annoncer d'avance son plan de campagne. Bien que commandant une armée très supérieure en nombre, il se tint sur la défensive, ne se laissa jamais joindre que s'il se jugeait inattaquable, gagna du temps, chercha à lasser la fougue de son ennemi déjà exaspéré par la Cour de Rome, et dépaysé à travers tant de secrets obstacles.

Les soldats français n'étaient pas moins irrités que leur général de tant de retards. Impatients de pouvoir saisir l'ennemi, ils se ruèrent sur la ville de Campli[2], qui se présenta la première sur leur trajet, l'enlevèrent d'assaut et la détruisirent avec de si stupides cruautés que les habitants de Civitella, assiégés presque aussitôt, se résignèrent à subir les dernières extrémités, à mourir tous de faim, plutôt que de se soumettre au sort des habitants de Campli. Cette résistance arrêta notre marche. En même temps, nous ne vîmes plus arriver ni vivres, ni munitions; les Caraffa semblaient nous avoir oubliés. Guise perdit son sang-froid, « se plaint du Pape au marquis Antoine Caraffa, l'injurie et le frappe d'un plat d'argent[3] ». Ces sévices ne pou-

[1] Son portrait, peint par le Moro, est à Bruxelles. La tête de sa statue en bronze a figuré à l'Exposition au profit des Alsaciens-Lorrains, au palais Bourbon.

[2] TAVANNES.

[3] *Id.*

vaient concilier ni l'oncle ni les neveux, mais Civitella était sur le point de succomber, il ne restait plus une goutte d'eau dans les citernes, lorsque, tout à coup, une pluie inattendue, abondante, merveilleuse, vint les remplir. « Dieu, s'écria Guise, se fait Espagnol! » Après deux assauts et vingt-deux jours de canonnade, il quitta la place et offrit la bataille au duc d'Alva, qui « la reffusa, espérant, à l'accoustumée, la ruyne des Français par temporisement [1] ». La fièvre, et bientôt la désertion, diminuèrent nos rangs. Guise, malade lui-même [2], dégoûté de ses alliés et harcelé par des ennemis invisibles qui lassaient son activité et épuisaient son armée, écrivit au Roi : « J'ay esté adverty que plusieurs de nos soldats se retirent en France », et il recommanda « que l'on ne face faulte de les desvalizer entièrement [3] ». Bientôt, il fut forcé d'annoncer que « tous nos soldats tombent malades d'heure à autre », et de demander des chevaux et mulets pour les porter, eux et leurs armes.

Cette belle armée commençait à paraître si affaiblie que le prudent duc d'Alva crut pouvoir la négliger un moment et tenter un coup de main sur Rome même. Il rejoignit, sous les murs de la ville, une bande d'Italiens au point du jour, et fit approcher des échelles. Mais il aperçut dans la brune du matin quelques cavaliers qui s'échappaient par une porte, et se dirigeaient vers le camp français; il se hâta d'effectuer sa retraite pour n'être pas surpris par le duc de Guise, et accablé entre les Français et la ville. Il n'avait probablement

[1] TAVANNES.
[2] LA CHASTRE.
[3] GUISE, *Mémoires-journaux*.

pas l'intention d'enlever par une surprise de nuit et une brusque escalade, à quelques heures d'une armée française, la plus grande ville du monde; il voulait plutôt donner une apparence de satisfaction aux vœux des Italiens de son armée, qui étaient impatients de mettre à rançon des cardinaux, comme au temps de Charles-Quint, et jeter en même temps la terreur dans l'esprit des Romains, en leur montrant qu'ils n'étaient pas suffisamment protégés par la présence des Français. Cette fausse attaque eut, en effet, pour résultat d'assurer la prédominance du parti de la paix dans la Cour pontificale. Le Pape se vit supplié par ses neveux et ses favoris de sacrifier, dans une subite entente avec l'Espagne, les alliés qu'il avait attirés à la guerre. Son irritation fut habilement excitée contre le duc de Guise, qui, de son côté, ne lui dissimula pas son dépit. Avec une armée dont l'entretien coûtait à la France près de six millions de francs par mois [1], pour laquelle le pays avait été tellement épuisé que « le fond du trésor du Louvre estoit quasi du tout en tout tari à cause de la despense infinie qui se faisoit pour le voïage d'Italie [2] », le duc de Guise « recognoist trop tard son entreprise appuyée sur gens foibles, l'espoir du Turc frivole [3] », ne sait comment sortir de cette affaire, dans laquelle il n'a rien fait pour sa gloire, ainsi que le lui dit durement le Saint-Père, et qui peut se terminer par une ruine complète. Il se résigne à adopter la tactique de son ennemi, et ne songe plus qu'à épargner

[1] Cent soixante mille écus de l'époque. Voir LA POPELINIÈRE, *Histoire de France, enrichie des plus notables occurrences, etc.*

[2] VIEILLEVILLE, liv. VII.

[3] TAVANNES.

ses hommes et ménager ses troupes, lorsque lui arrive de France la nouvelle de défaites tellement désastreuses que ses échecs d'Italie disparaissent au milieu du danger public, et qu'à l'heure même où il croit sa réputation compromise pour n'avoir pas risqué son armée dans une pointe hardie sur la ville de Naples, il acquiert, au contraire, l'honneur d'avoir su conserver à peu près intactes les dernières forces qui restassent à la France.

Dès le mois de juin, Philippe II avait envahi notre frontière du Nord; son armée s'était avancée rapidement et presque sans trouver de résistance. Les places étaient dégarnies, les soldats partis pour l'Italie. Au commencement d'août, les Espagnols approchaient du cœur de la France; la ville de Saint-Quentin restait la seule place forte qui les séparât de Paris. Au lieu de dédaigner l'enceinte ruinée et sans bastions de Saint-Quentin, et de continuer la marche sur Paris, dont les murs n'étaient pas en meilleur état, et les bourgeois beaucoup moins belliqueux, Philippe II voulut que ses généraux s'assurassent d'abord de Saint-Quentin; il comptait en faire un point de ravitaillement pour ses armées, pendant qu'elles continueraient la conquête du pays. L'amiral de Coligny, gouverneur de Picardie, crut son honneur intéressé à défendre Saint-Quentin; il s'y introduisit à travers les lignes ennemies, mais il n'avait ni poudre ni soldats. Son oncle, le connétable, avança avec la faible armée qu'il avait réunie à la hâte, pendant les premières semaines de l'invasion et prétendit jeter des secours dans Saint-Quentin, sous les yeux d'une armée cinq fois supérieure en nombre, en plein jour et sans livrer bataille. Il se vantait de montrer aux Espagnols « un tour de vieux routier [1] »; il garda sa confiante assurance jusqu'à la dernière minute. Tandis qu'il se rapprochait de la place, on venait lui dire qu'il était cerné par les Espagnols, qu'il n'avait pas un instant à perdre pour les accabler sur les points où ils n'étaient encore qu'en petit nombre, et ordonner la retraite en leur passant sur le corps. « Luy, ayant pris sa résolution du logis, ne donne lieu à celle que l'événement et occurence luy devoit faire prendre, et croit ce qu'il avoit en sa teste, de se retirer sans combattre, repousse le nouvel advis, se persuade que l'armée ennemie ne pouvoit si tost passer, rabroüe, injurie tous ceux qui parlent à luy [2]. » Soudain, attaqué sur tous les points, au milieu des marais, il est blessé d'un coup de pistolet « dont il cuida mourir [3] », et fait prisonnier; presque tous ceux qui l'accompagnaient sont tués ou pris. C'est là qu'un Bourbon, Jean, comte d'Enghien, jeune, marié depuis trois mois à une princesse dont il avait été longtemps épris [4], fut entouré d'Allemands et sommé de se rendre. — « Jà Dieu ne plaise, s'écria-t-il, qu'on die jamais de moy que je me suis rendu à telle canaille! » Et il se fit tuer [5].

Philippe II, qui n'avait pas assisté à la bataille, accourut le lendemain, et put se croire le maître de la France. « Combien de journées d'ici à Paris? deman-

[1] MERGEY, *Mémoires;* D'AUBIGNÉ, *Histoires*, p. 27. Il ne faut pas oublier que le connétable Anne de Montmorency est l'aïeul, à la fois, du grand Condé et du grand Turenne. (Voir les états généalogiques à la fin du volume.)

[2] TAVANNES, *Mémoires*, p. 209.

[3] Ambroise PARÉ, *Voyages*.

[4] Père ANSELME, *Histoire généalogique*, etc. Voir les tableaux à la fin du volume.

[5] L'ESTOILE, *Journal de Henri III*, t. I, p. 13.

dait-il à ses prisonnirers. — Trois journées, c'est-à-dire trois batailles, car le Roi a encore trois armées! » répondit la Roche du Maine, un des vieux chevaliers des guerres de François Ier. Réponse ingénieuse, mais dont l'ennemi ne dut pas être dupe : il n'y avait plus une seule armée, la France était vide, elle n'était plus couverte que par Coligny.

Mais alors s'accomplit un prodige. Sans le moindre espoir de sauver Saint-Quentin [1], sans aucune chance de secours extérieur, au milieu de remparts éboulés, Coligny, secondé par Saint-Rémy, le savant Provençal du siège de Metz, inspira une sorte d'héroïsme à tous ceux qui étaient enfermés avec lui dans la ville. Il leur montra que chaque minute de résistance était un retard dans la ruine de la France, un délai pour armer le pays et laisser revenir l'armée de Naples. Capituler, c'était laisser surprendre Paris sans garnison et sans artillerie. Gentilshommes, arquebusiers, bourgeois, tous se trouvèrent exaltés par l'exemple de Coligny et de son frère d'Andelot ; ils se décidèrent à se faire tuer pour prolonger une résistance qui ne pouvait être de longue durée.

Ils se maintinrent ainsi du 10 au 29 août. Le 29 août, l'assaut fut donné par l'armée ennemie tout entière à travers onze brèches à la fois, « et faut noter que pour toutes lesdictes brèches je n'avois point huit cents hommes pour les défendre, tant bons que mauvais [2] ». Ces huit cents hommes se firent bravement accabler par les quarante mille hommes de l'armée de Philippe II. Et alors commença la vengeance contre

[1] LA CHASTRE, *Mémoires*, p. 592.
[2] COLIGNY, *Discours*, etc., édit. Didier, p. 581.

l'insolente ville qui, sans être suffisamment fortifiée, avait osé retarder les triomphes de l'Espagne.

Comme le taureau des jeux de son pays oublie un moment les picadors pour s'acharner sur la carcasse du cheval qu'il vient d'éventrer, ainsi Philippe II s'attarde sur les débris de la ville prise. Son esprit obstiné oublie que la victoire véritable n'est qu'à Paris; il s'enferme dans son idée arrêtée à l'avance, et n'a sous les yeux que Saint-Quentin. Exaspéré de la résistance invraisemblable qui l'a retenu, il s'arrête davantage pour satisfaire sa colère. Le premier jour, tous les hommes sont tués, à l'exception de quelques blessés, étendus par terre sous leur armure, et qui pourront payer une rançon. De la sorte sont emmenés Coligny, d'Andelot, Jarnac. Ensuite le pillage dure deux jours. De simples soldats y gagnent jusqu'à douze mille ducats. Pour qu'aucune richesse ne leur soit dissimulée, ils déshabillent les femmes. Parmi ces vainqueurs, les Allemands sont les plus cupides, les Espagnols les plus cruels. Quand les femmes, dépouillées de leurs vêtements, cherchent à se voiler de leurs bras, ils leur coupent les bras, croyant ne pas les voir assez nues tant qu'elles peuvent cacher un peu de leur corps; ils leur taillent les joues et les seins avec leurs couteaux. Les pauvres créatures s'enfuient à travers les maisons incendiées [1]; personne ne songe à éteindre le feu. C'est une immense fête de soldats. Après trois jours, de toute la population de Saint-Quentin, il ne reste que

[1] *Documentos inéditos para la historia de España,* t. IX, p. 497-524. Il faut citer les mots mêmes de la relation, tant ces faits sont étranges : « Las daban cuchillados, por cara y cabeza y á muchas cortaron los brazos. »

trois mille cinq cents femmes enfermées nues et sans nourriture avec quelques petits enfants dans la cathédrale; on les pousse dehors, troupeau affamé et saignant, on les chasse; elles meurent sur les chemins, chargées de coups, couvertes de plaies, quelques-unes avec des enfants dans les bras, quelques autres chancelantes, les bras tranchés. Les plus vigoureuses sont reprises et envoyées en Espagne, où on les vend comme esclaves aux fermières de la Vieille-Castille [1]. C'était l'ordre de Philippe II.

Le temps même consacré à détruire ces victimes était encore gagné pour la défense de Paris. La reine Catherine, avec sa voix harmonieuse, son regard brillant et triste, se montrait à l'Hôtel de ville, parlait aux bourgeois, promettait de défendre la capitale, pendant que son mari préparait une armée de secours [2]. La vraie armée était celle que le Balafré ramenait d'Italie. Son nom s'était trouvé sur toutes les lèvres, et les cavaliers qui avaient pu échapper au commencement de la bataille de Saint-Quentin criaient que « s'il eust été là, « ce malheur ne fust advenu [3] ».

Heureusement, son armée n'avait pas été détruite comme toutes celles que nous avions envoyées jusqu'alors à Naples. Guise avait évité un désastre; il était le seul de nos généraux qui n'eût pas été vaincu. « Ce n'est pas tout que de conduire et avoir des armées,

[1] *Documentos inéditos para la historia de España*, t. IX, p. 516 : « Cierto a los piadosos hacia demasiada lastima vellas ir, ver 3,500 mugeres. Muchas dellas llevaban cortados los brazos, y muchas con cuchilladas... las que daban a mamar llevaban sus criaturas en sus brazos. » Voir aussi un récit du siège, inédit et anonyme, publié dans les *Archives du nord de la France et du midi de la Belgique*.

[2] La Chastre, p. 481.

[3] Tavannes.

mais il les faut conserver, et, qui le peut, rendre et retourner au logis saines et entières [1]. » Le Balafré simula une expédition sur Pise, s'embarqua à Ostie, tandis que Tavannes et Montluc ramenaient l'armée par les Alpes. Le Pape conclut la paix avec le duc d'Alva, qui fit son entrée dans Rome.

[1] Brantôme, *Hommes illustres.*

CHAPITRE VII

DU SIÈGE DE CALAIS A LA PAIX DE CATEAU-CAMBRÉSIS.

1557-1558.

Le 20 octobre, le duc de Guise était déjà à Saint-Germain, près de Henri II. L'armée de Philippe II, encombrée par son butin, retardée par la prise de Noyon et de Ham, s'arrêta. Il semblait que le nom seul du défenseur de Metz était une sauvegarde pour le pays. Les acclamations populaires accueillaient partout le vengeur si impatiemment attendu; la noblesse de campagne prenait les armes et accourait à sa suite. Il avait déjà une sorte d'armée improvisée en quelques heures, accourue au galop, quand le Roi le nomma lieutenant général du royaume, expédia à tous les gouverneurs l'ordre d'obéir au duc de Guise comme à lui-même, et fit enregistrer par tous les Parlements les lettres qui créaient ce pouvoir extraordinaire.

Quelque étendus que fussent les droits ainsi conférés à un sujet, l'enthousiasme universel accroissait encore cette puissance. On a volontiers, en France, la tentation d'incarner la fortune du pays dans un seul homme, et de se livrer avec abandon à l'idole du moment, sentiment si fréquent dans notre histoire, qu'à peine on peut citer un mouvement qui ne se traduise pas par un nom. La nation ne sait se sauver que si elle s'improvise un sauveur.

Le duc de Guise eut le génie de se laisser emporter dans cet entraînement universel; il comprit qu'une telle passion serait promptement calmée, s'il ne lui procurait de rapides satisfactions, et s'il ne se montrait digne de cet engouement par un coup d'éclat. Entreprendre sur la frontière du Nord une campagne d'hiver au milieu du dédale des places fortes et à travers les quartiers de l'armée victorieuse, c'était guerroyer sans gloire ou même risquer des échecs. En quelques heures il sut choisir sa proie, mûrir son plan, et donner les premiers ordres pour assurer le succès. Par delà les cantonnements ennemis, il guettait Calais.

Calais, enlevée à la France en 1347 [1], restait depuis plus de deux cents ans la capitale d'une petite province anglaise, qui comprenait Guines, Hames et quelques forts. Mutilation pour notre territoire, menace constante d'un débarquement, cette possession anglaise était pour nous une humiliation et un danger. Rien ne pouvait émouvoir plus vivement les esprits que la prise d'une ville paisiblement abandonnée jusqu'alors à ses conquérants. Quelques semaines après les défaites les plus désastreuses, à l'heure où l'on se rassurait à peine, nulle entreprise ne pouvait mieux relever les courages qu'une conquête rarement rêvée, jamais tentée aux heures de prospérité. Nulle ne devait être plus douloureuse pour le Roi d'Espagne. Sa femme, la reine Marie d'Angleterre, s'était, avec une soumission toute mala-

[1] Par Édouard III, sous le règne de Philippe de Valois.

dive à sa volonté, résignée à entraîner son peuple, malgré ses ministres, dans la guerre contre la France. En nous emparant d'une possession anglaise, nous atteignions Philippe II dans sa femme, nous détruisions son autorité en Angleterre, nous le réduisions à avoir apporté, dans ce mariage ambitieux, pour dot à l'Angleterre, la perte de Calais.

Comme aux beaux temps du siège de Metz, Guise retrouva pour cette expédition sa liberté d'allures et son talent d'organisateur. Les préparatifs durèrent deux mois [1]. L'audace des projets empêcha de les deviner. Toutefois, le secret ne put être si bien gardé, que lord Wentworth, gouverneur de Calais, ne se crût obligé de demander des renforts. Comme les approches de la place étaient protégées l'hiver par des inondations, et comme les marais débordés ne laissaient ouverte qu'une avenue défendue par deux forts [2], la garnison était chaque année diminuée à l'époque de la nouvelle saison, de manière à ne présenter que durant l'été un effectif suffisant pour la défense. Le gouvernement anglais estimait que la ville était suffisamment protégée par la nature durant la période des pluies. L'inquiétude de lord Wentworth fut partagée par lord Grey, gouverneur de Guines, qui voulut, à défaut de renforts, dégager au moins les abords de sa place. Le 1er décembre, il attaqua un fort qu'occupaient quarante Français à Bushingue, près de Guines. Les quarante Français refusèrent de se rendre, et furent tous tués sur la brèche.

Mais aucun secours n'arrive d'Angleterre, ni pour

[1] De la fin d'octobre à la fin de décembre 1557.

[2] Robertson, *History of Charles the Fifth*, liv. XII.

Calais, ni pour Guines. Les deux gouverneurs de ces villes annoncent, le 27 décembre, que le duc de Guise est à Compiègne; le 29, lord Wentworth écrit que c'est sur Calais que l'attaque va être dirigée. Le 31, la reine Marie lui répond de n'avoir pas d'inquiétude; elle avait préparé des renforts pour Calais, mais elle vient de les licencier [1]. Le lendemain même, le 1er janvier 1558, Guise attaque le fort avancé de Newnham-Bridge [2], et s'y rencontre avec sa flotte, qui lui apporte de Boulogne et d'Ambleteuse les munitions et la grosse artillerie [3]. Tous les corps arrivent à l'instant fixé. Le second fort, qui défend la seule avenue par laquelle on peut approcher de Calais, le fort de Rysbank, est investi le même jour [4]. Lord Wentworth, qui, de ses remparts, voit débarquer l'artillerie, commence une lettre désespérée à sa Reine; il n'a pas le temps de la terminer. On vient l'avertir que l'artillerie est en batterie contre le Rysbank; il expédie par mer cette lettre interrompue, que les Anglais conservent encore; il court au Rysbank. Le fort est déjà pris; il se retire dans la citadelle de Calais, à l'entrée de la rade, espère se défendre quelques jours. D'un moment à l'autre peut arriver une flotte anglaise; mais entre le Rysbank et la citadelle, dans la mer même, à marée basse, est assise une batterie de douze canons qui battent la citadelle, « et quand la mer estoit en pleine marée, il falloit quitter et abandonner l'artillerie et les gabions qui estoient si bien liés, attachés et retenus d'ancres et de pieux, que

[1] *The queen to Wentworth*, Calais, Ms., bundle 10, publié par Froude.

[2] Nos historiens le nomment le fort Nieullay.

[3] Froude.

[4] Rabutin, *Commentaires*, p. 579.

la mer ne les esbranloit nullement, et lorsque la mer estoit retirée, l'on retournoit à la batterye[1] », sur la plage mouillée, le long des dunes; les arquebusiers de d'Andelot improvisent de petits épaulements avec du sable et du fumier[2], et dirigent leurs coups sur les remparts pour protéger les canonniers; la poudre et les boulets sont traînés sur des claies enduites de poix[3]; le feu est nourri ainsi à chaque marée basse, du 2 au 4 janvier[4]; les gens de pied se glissent à travers les bancs de sable, se logent dans le port; le duc de Guise, qui les suit, s'avance dans la mer jusqu'à la ceinture, remarque une brèche étroite, mais praticable, donne aussitôt l'ordre pour l'assaut, et emporte la citadelle du premier coup, le 4 janvier. Toute l'artillerie des remparts de Calais se tourne contre la citadelle pour en déloger les assaillants; « mais le François fut opiniâtre à soutenir et diligent à se loger[5] ». D'ailleurs, Wentworth n'a plus que cinq cents hommes; c'est trop peu pour reprendre la citadelle, d'autant mieux que ses colonnes d'assaut sont, à marée basse, attaquées en flanc par les Gascons du capitaine Sarlabous, éparpillés dans les dunes ou logés dans le chenal du port, et que nous sommes protégés à notre tour par la marée haute, qui isole le château au milieu de la mer. Après un assaut repoussé, Wentworth se retire dans la ville, voit qu'il y sera forcé sans résistance possible à la première marée, et se rend prisonnier de guerre, le 6 janvier.

[1] GUISE, *Mémoires-journaux*, p. 328.
[2] D'AUBIGNÉ, *Histoires*, p. 27.
[3] RABUTIN, *Commentaires*, p. 579.
[4] LA CHASTRE.
[5] D'AUBIGNÉ.

Six jours de combat sans interruption nous donnaient Calais [1].

La ville fut pillée avec méthode; on évita de détruire les biens considérables qu'elle renfermait, et le partage se fit avec régularité; les vaisseaux mêmes du port furent saisis, et firent partie du butin. Un million d'écus d'or fut distribué entre les vainqueurs. L'un des principaux chefs, Tavannes, raconte avec dépit qu'il eut dans son lot des « livres grecs, hébrieux et latins, qu'il donna à son frère, amateur des lettres ». Les pauvres habitants furent expulsés de la ville. On reprocha au duc de Guise, bien qu'on fût accoutumé à voir les vaincus traités avec barbarie, d'avoir exercé une trop « grande rigueur à ceux de Calais; car il les contraignit de demeurer sur le bord de la mer deux jours entiers et en hyver, avec leurs malades et enfants, attendre des vaisseaux pour passer en Angleterre [2] ». Ces pauvres familles de bourgeois n'étaient pas coupables des crimes commis à Saint-Quentin.

Il est vrai que le duc de Guise a déjà d'autres pensées ; sans s'arrêter aux richesses de la ville, sans songer aux bourgeois, il veut répéter ses coups foudroyants, et attaquer la garnison de Guines, avant qu'elle ait eu le temps même de connaître l'assaut des forts de Calais.

Lord Grey, gouverneur de Guines, feignit d'évacuer la ville et de se retirer dans la citadelle. C'était un vieux soldat du temps de Henri VIII, disgracié par la Reine actuelle pour avoir été autrefois un des plus rudes

[1] *Discours de la prinse de Calais*. Tours, chez Jehan Rousset, imprimeur et libraire, humble et obéissant serviteur du Roy, nostre sire, et du sang royal, et de messieurs de Guyse, 1558.

[2] VIEILLEVILLE, *Mémoires*, p. 263.

agents de la persécution contre les catholiques, et avoir dans l'Oxfordshire pendu les prêtres aux tours de leurs églises, mais rendu populaire dans l'armée anglaise par son courage opiniâtre : frappé, dans une bataille contre les Écossais, d'un coup de lance qui lui avait brisé la mâchoire et l'os de la joue, il avait continué à combattre, malgré le sang qui l'étouffait [1]. Pendant que nous donnions l'assaut à la citadelle de Calais, dès le 4 janvier, il envoya une demande de secours à la Reine ; on lit encore sur l'enveloppe ces mots tracés de sa main : « Hâte, hâte, hâte, courrier, sur ta vie, sur ta vie [2] ! » Le courrier put arriver : il vit les renforts déjà préparés pour Calais, depuis le 2 janvier ; mais les vents contraires les retinrent sur les côtes d'Angleterre ; la flotte put mettre à la voile le 6, le jour même de la prise de Calais : c'était assez tôt pour sauver Guines, reconquérir peut-être Calais au milieu du désordre de l'occupation ; mais une tempête dispersa les vaisseaux, qui ne se rallièrent qu'après quelques jours ; la reine Marie, découragée par ce désastre, renonça le 13 janvier à défendre ses États du continent ; elle se ravisa au bout de quatre jours et rappela les milices sous les armes ; deux jours après, elle avait encore changé d'avis, et elle licenciait ses troupes.

Pendant ce temps, le duc de Guise ne perd pas une heure, ne donne pas un contre-ordre [3]. Il pénètre dans la ville de Guines le 8 janvier, en est repoussé par une vigoureuse sortie des soldats de lord Grey, qui s'étaient retirés dans la citadelle ; il commence aussitôt l'attaque

[1] James Anthony FROUDE, *History of England*, t. 1, p. 308.
[2] « Haste, haste, haste, poste-haste, for thy life, for thy life ! »
[3] FROUDE, t. 1, p. 308-318.

de la citadelle en faisant ouvrir contre ses remparts le feu de trente-cinq pièces d'artillerie; au bout de deux jours de canonnade, il lance à l'assaut douze compagnies de Gascons et de Suisses. Les douze cents Anglais de lord Grey soutiennent bravement cette attaque, la repoussent; Guise accourt au milieu de ses soldats, « leur remet de telle sorte le cœur au ventre, que, retournant visage », ils reviennent à la brèche, franchissent les fortifications, et ne sont arrêtés que par le donjon [1], où s'enferme lord Grey avec le petit nombre des Anglais qui ne se sont pas fait tuer. A l'étroit dans ce dernier réduit, privé de vivres et de munitions, le brave Anglais refuse de se rendre, à moins qu'on ne l'autorise à sortir enseignes déployées; mais ses soldats épuisés n'ont pas, comme leur général, l'orgueil du drapeau; ils se mutinent, tendent des échelles aux Gascons, les introduisent et se font faire prisonniers avec lord Grey [2].

Tavannes eut pour sa part de prise la rançon de lord Grey, fixée à dix mille écus, et fut de la sorte si bien consolé de l'insuffisance de son lot de Calais, qu'il écrivit joyeusement à sa femme : « Regnard endormy n'a la gorge emplumée. »

La prise de Hames, quelques jours après, compléta l'expulsion des Anglais de France. La reine Marie en mourut de chagrin. Sa sœur Élisabeth eut pour pensée constante une revanche. Ce deuil n'est pas oublié; les historiens anglais cachent encore leur tristesse, à ce récit, sous des réflexions d'économie industrielle : « Au

[1] RABUTIN dit, p. 579, qu'il se retrancha dans un « petit boulevard » ; D'AUBIGNÉ dit, p. 27, « dans le réduit ».

[2] FROUDE.

point de vue matériel, la perte de Calais était un bénéfice : comme bien d'autres *colonies,* Calais coûtait chaque année plus qu'elle ne valait [1]. » Les peuples nobles n'oublient jamais les plaies faites à leur patrie ; jamais ils ne se consolent de leurs revers.

Ainsi, pendant ces mois d'hiver, que les soldats employaient d'habitude à rapporter chez eux leur butin, et les chefs à se délasser dans les fêtes de la Cour, le duc de Guise, en vingt jours, prenait des villes qu'on n'osait pas même attaquer depuis deux cents ans, et, comme par magie, effaçait le souvenir des récentes catastrophes. Le coup était décisif : il répondait à l'attente populaire. Guise sut en profiter pour asseoir au-dessus de toute disgrâce son autorité en France, et faire réussir un projet aussi glorieux pour sa maison et moins chimérique que celui de Naples.

Depuis longtemps son frère, le cardinal de Lorraine, infatigable dans ses rêves d'ambition, avait entrepris une série de manœuvres pour déterminer le mariage avec une de ses nièces, du dauphin de France, François. Il avait obtenu l'appui de la duchesse de Valentinois qui voulait éviter d'être soumise pendant un nouveau règne aux avanies subies, durant le sien, par la duchesse d'Étampes, et qui comptait que son gendre, le duc d'Aumale, ne la laisserait pas dépouiller de ses biens, s'il était oncle de la future Reine. Cette jeune nièce était la fille de Marie de Guise. Marie de Guise, veuve du duc de Longueville, avait épousé en secondes

[1] Voir FROUDE, t. I, p. 318 : « Measured by substantial value, the loss of Calais was a gain. » Même l'Américain PRESCOTT (*History of Philip the second*, t. I, p. 154) dit : « It was not great loss to the nation. Like more than one of the colonial possessions of England at the present day, Calais cost every year more than it was worth. »

noces le roi d'Écosse, Jacques V, et était restée veuve de nouveau au bout de peu d'années, avec une fille; elle envoya près de ses frères en France cette enfant, et essaya de défendre pour elle sa couronne d'Écosse à travers les orages d'une régence que troublaient des rébellions acharnées. Avant de pouvoir conclure le mariage de leur nièce Marie Stuart et du dauphin François, les Guises s'étaient heurtés durant plusieurs années contre la résistance de la reine Catherine et du connétable. Mais toutes les oppositions durent s'effacer dans la gloire de Calais, quand les deux frères vinrent réclamer leur salaire. Poursuivant le but immuable qui les tenait tous invariablement unis, à travers les chimères, les déceptions ou les triomphes, ils travaillaient en commun à la fortune de chacun d'eux, afin de le mettre mieux en mesure de contribuer à la grandeur de sa famille. Le mariage fut donc décidé, « coup advantageux pour ceulx de Lorraine[1] ».

Le connétable, toujours captif dans les Pays-Bas, n'était plus en mesure d'y faire obstacle; il eut même le chagrin de savoir qu'aux cérémonies qui furent célébrées le 24 avril 1558, le duc de Guise, se prévalant de son absence, usurpa les fonctions de grand maitre de la maison du Roi. Du droit que lui donnaient ces fonctions, le duc de Guise fit prendre le pas à son neveu le duc de Lorraine et à son frère le duc d'Aumale sur tous les princes de la maison de Bourbon, sauf l'aîné, Antoine de Vendôme, qui portait le titre de roi de Navarre, depuis la mort de son beau-père[2]; en sorte

[1] Tavannes, p. 216.

[2] Rabutin, *Commentaires*. Son beau-père, Henri d'Albret, roi de Navarre, était mort en 1555.

que dans cette fête qui donnait à l'héritier du trône de France une couronne étrangère, tous les honneurs paraissaient appartenir aux princes étrangers. A cette époque, ces distinctions de rang avaient une telle importance, que ne pas jouir de son rang, c'était un déshonneur. Mais il y avait des vues plus pratiques dans cette obstination si habilement prolongée, qui ne laissait négliger par les Guises aucune occasion de se tenir plus près du trône que les Bourbons; peu à peu ils propageaient l'opinion qu'ils étaient les véritables soutiens de la couronne, les plus élevés en rang dans le royaume, et que si la famille des Valois venait à s'éteindre, ils pourraient être préférés aux descendants de saint Louis pour la remplacer.

Le prince de Condé, le seul des Bourbons qui depuis la mort de ses frères, le duc et le comte d'Enghien, eût de l'énergie et de l'intelligence, comprenait clairement ce danger et nourrissait depuis longtemps contre le duc de Guise une haine sourde qu'alimentaient sans cesse les humiliations du grand seigneur déchu à la condition de pauvre gentilhomme, devant le parvenu étranger qui se faisait conférer toutes les dignités et tous les gouvernements. Ses deux frères, le roi de Navarre et le cardinal de Bourbon, n'avaient ni tête, ni caractère; Condé était seul pour soutenir l'honneur de sa maison, et n'avait trouvé d'appui qu'auprès du connétable dont il avait épousé une nièce. Avec les fils et les neveux du connétable, il avait formé une sorte de coalition pour entretenir une sourde opposition contre les empiétements des Guises.

Le vainqueur de Calais n'était pas sans appréhender que cette cabale ne devînt dangereuse, surtout si le connétable, revenu de sa captivité, se plaçait à sa tête. Un hasard singulier lui mit tout à coup entre les mains une arme qui lui permettait de désunir ces adversaires, et de se défaire de ceux dont l'influence sur les gens de guerre pouvait le plus l'embarrasser dans une armée.

Il se tenait à Péronne au milieu de ses corps d'armée et paraissait menacer Saint-Quentin. A Saint-Quentin se trouvait la veuve de son oncle, la duchesse Christine de Lorraine, parente de Philippe II. Elle avait suivi le parti de l'Espagne, tandis que son fils, le petit duc de Lorraine, était élevé à la Cour de Henri II; elle s'efforçait par cette conduite double de préserver l'indépendance de ses États. Jusqu'alors, elle avait obtenu que les droits de souveraineté ne fussent pas mis en question, mais elle n'avait pu préserver les villages de Lorraine, pillés à l'envi par les coureurs des deux armées. La paix seule pouvait sauver ce malheureux pays; pour la préparer, Christine entreprit de ménager une entrevue secrète au château de Marcoing entre l'évêque d'Arras, ministre de Phillippe II, et les Guises.

Le Franc-Comtois, Antoine Perrenot, évêque d'Arras, fameux bientôt sous le nom de cardinal Granvelle, était le politique le plus fin de l'époque. Il avait la réputation d'écrire de sa main cinquante lettres par jour, et de fatiguer en même temps six secrétaires à qui il dictait des lettres dans six langues différentes [1]. Sans ajouter foi à ces exagérations, on peut les citer comme exemple de l'impression produite sur les contemporains par sa lucidité et sa puissance de travail.

[1] Lothrop Motley. *Rise of the dutch republic,* édit. Routledge, p. 128.

Avec un si dangereux adversaire, le duc de Guise ne se risqua pas à soutenir seul la discussion; il appela près de lui son frère le cardinal de Lorraine.

L'évêque d'Arras comprit la facilité de séduire par des plans un peu vastes l'imagination des deux Lorrains : il leur peignit les progrès de l'hérésie, les dangers qui menaçaient aussi bien les couronnes et les charges de Cour que les bénéfices ecclésiastiques, la nécessité de mettre un terme à la guerre, et d'unir les deux monarques dans une entente pour préserver leurs sujets des maux que préparaient les réformateurs [1]. Il y avait de la grandeur dans cette pensée de détourner contre un adversaire commun, et d'unir en une force irrésistible, les efforts qui épuisaient inutilement les deux nations l'une contre l'autre. Les Lorrains se sentirent entraînés. Dès cet instant, ils entrèrent dans une voie nouvelle. Ils avaient confondu jusqu'alors leur fortune avec celle de la France. C'est en défendant le pays contre ses ennemis extérieurs qu'ils avaient constitué la grandeur de leur maison, et accumulé les dignités et les revenus. Ils virent que leur horizon pouvait s'agrandir. En se déclarant en France les champions de la cause catholique, ils cessaient d'être des parvenus étrangers, pour devenir les défenseurs de la foi ; leur rôle semblait plus grand, puisqu'ils protégeaient non plus les intérêts égoïstes de leur famille, mais les droits de tous les catholiques ; leurs partisans ne seraient plus de simples gentilshommes attachés à la chance d'un général, mais tous ceux dont les croyances étaient inquiétées, dont les biens étaient menacés, paysans ou prélats, bour-

[1] LOTHROP MOTLEY, p. 99; Henri MARTIN, t. VIII, p. 466.

geois des villes ou princes souverains. Ils ne seraient plus à la merci des intrigues de Cour, ils n'auraient plus à se défendre contre les Bourbons ou les Montmorencys, ni à rechercher la protection d'une favorite; leur cause deviendrait celle de la foi; ils seraient regardés comme les chefs de l'orthodoxie en Europe, et toute résistance à leur pouvoir paraîtrait une lutte contre la religion. L'évêque d'Arras faisait naitre et croitre lentement ces pensées; puis, quand il vit les deux Lorrains émus, ébranlés, ils les quitta en frappant un dernier coup. Il leur laissa entre les mains une lettre qui prouvait que les neveux du connétable étaient acquis à la cause de la Réforme.

S'il était nécessaire de différer de quelques mois l'exécution de si vastes projets, si la guerre devait être prolongée, comme l'exigeait la situation créée aux deux adversaires par des événements alternatifs tels que la bataille de Saint-Quentin et la prise de Calais, et comme ne pouvait que le souhaiter le duc de Guise, vainqueur, entouré de troupes fraiches et enthousiasmées, libre de choisir son plan de campagne, impatient d'accroitre son prestige de général avant d'entrer dans un nouveau rôle, rien n'empêchait de faire un usage immédiat du document laissé par l'évêque d'Arras, et de jeter la méfiance et la disgrâce dans le parti des Montmorencys.

Des trois Châtillons qui étaient neveux du connétable, l'aîné, l'amiral de Coligny, blessé à l'assaut de Saint-Quentin, était prisonnier dans les Pays-Bas, avec son oncle le connétable. Le second était cardinal et évêque de Beauvais. Le troisième, d'Andelot, colonel général de l'infanterie, avait été blessé avec Coligny et pris à l'assaut de Saint-Quentin, s'était échappé au bout de quelques jours, et venait de commander les gens de pied à l'assaut de Calais. Une lettre qu'il écrivit à son frère dans les Pays-Bas fut saisie par les Espagnols; ils la lurent. La lettre parlait des vœux que faisaient les trois frères pour le succès du calvinisme en France. C'est cette lettre que l'évêque d'Arras venait de livrer au duc de Guise.

Le cardinal de Lorraine se hâta de la porter à Henri II. Le duc de Guise voyait, comme avantage immédiat de cette dénonciation, de n'avoir plus d'Andelot pour commander les gens de pied sous ses ordres, dans la campagne qui allait s'ouvrir. Éloigner de l'armée, au moment du combat, un chef aimé des soldats et investi, par sa charge de colonel général, du pouvoir de donner les grades et les récompenses, c'était garder pour soi les partisans qu'il aurait pu se créer, et écarter toute compétition dans l'amour que le soldat a toujours pour son chef après une guerre heureuse. Puisqu'à cette époque l'influence était attachée non plus aux terres, ni aux châteaux forts, ainsi que dans les temps féodaux, mais à la fidélité des soldats, le duc de Guise liait à sa fortune tous les capitaines qui auraient été soumis à l'influence de d'Andelot. Mais il y avait un intérêt plus grand encore à faire connaître que les Châtillons s'étaient détachés du catholicisme : ou Condé et les fils du connétable se sépareraient d'eux, ce qui amoindrirait la puissance du parti contraire à celui des Guises; ou bien ils les suivraient dans leur nouvelle foi, ce qui les brouillerait mortellement avec le connétable, dont les convictions ne pouvaient être douteuses, ce qui les ferait exclure de la Cour et des honneurs, ce qui laisserait le connétable isolé et impuissant en face des Guises. Henri II était à son souper quand le cardinal lui remit la lettre interceptée ; il fit immédiatement appeler d'Andelot, le somma de prononcer devant lui, publiquement, une déclaration qu'il était catholique, fut pris de colère en le voyant refuser d'obéir, lui jeta à la tête un des flambeaux placés sur la table, et donna ordre de l'enfermer à la Bastille. L'infanterie de l'armée fut confiée, en son absence, à Blaise de Montluc, le défenseur de Sienne.

Le Balafré ne s'était pas attardé à Paris ; dès qu'il avait vu l'attention des ennemis concentrée sur Saint-Quentin, qu'ils croyaient menacée par lui, il avait rapidement porté son armée près de Châlons-sur-Marne. Puis, par une marche secrète, il s'était avancé sur Metz, comme pour ravitailler cette place ; « faisoit faire à son camp six lieues par chascun jour, sans arrester dans un logis plus d'une nuict ; pour lequel camp nourrir de toutes nécessités, faisoit faire estappes de munitions, de pain, de vin, de chairs, de foins, d'aveine largement, de trois lieues en trois lieues, affin que nul n'eust disette par les chemins[1] ». Il se présenta tout à coup devant Thionville, le 28 mai, quand on le croyait encore au camp de Châlons, et commença le siège de cette ville[2].

Tant de secret, de promptitude et de prévoyance assurait le succès de nos armes à une époque où la

[1] Claude HATON, *Mémoires*, t. I, p. 67.

[2] Voir, sur le siège de Thionville, *Archives curieuses de l'histoire de France*, 1re série, t. III, p. 261, *Siège et prinse de Thionville mise en l'obéisance du Roy par M. le duc de Guyse, contenant un long discours des batteries, tranchées, saillies, escarmouches et assaults faits par chascun jour tant d'une part que de l'autre durant ledit siège.* Voir aussi : *Bref discours de la prinse de Thionville mise en l'obéisance du Roy par le sieur de Guyse*, Robert ESTIENNE, Paris, 1558.

France avait des généraux qui savaient prendre une décision à l'avance, donner des ordres sans les changer, s'occuper de la nourriture du soldat, marcher sûrement vers le but choisi par eux. Il est vrai que le duc de Guise, au jugement de Montluc, « estoit un des plus diligens lieutenans de Roy que j'eusse encore servys des dix-huict sous qui j'avois faict service au Roy[1] » ; qu'il savait également monter à cheval pour surveiller les mouvements de ses troupes et travailler dans sa tente pour préparer ses ordres. Il les écrivait de sa main « et ne s'en vouloit fier à secrétaire qu'il eust. Un jour, je venois des tranchées pour lui demander quatre enseignes d'Allemands pour entrer en garde avec nous. Il s'estoit logé en une petite maisonnette basse, là où il n'y avoit qu'une petite chambre qui avoit la fenestre tout à costé de la porte. Et là, je trouvai M. de Bourdillon qui depuis a esté mareschal de France, auquel je demandai où estoit Monsieur. Il me dit qu'il escrivoit; alors je dis : — Au diable les escritures, il semble qu'il veuille espargner ses secrétaires, c'est dommage qu'il n'est greffier du parlement de Paris, car il gaigneroit plus que du Tillet et tous les aultres. » Le Gascon impatient, qui comprenait mieux les coups de main que les manœuvres militaires, fut un peu confus de voir paraître, au milieu de ses murmures, le duc qui les avait entendus, et qui lui dit : « — Eh bien, serois-je bon greffier? — Jamais je n'eus tant de honte. Mais il n'en faisoit que rire. Il n'y avoit homme qui ne le jugeast un des plus vigilans et diligens lieutenants de Roy qui ait esté de nostre temps. Au reste, si plein de jugement à

[1] MONTLUC, *Commentaires*, p. 189 et suiv.

sçavoir prendre son parti qu'après son opinion, il ne falloit pas penser à en trouver une meilleure. C'estoit un prince si sage, si familier et courtois qu'il n'y avoit homme en son armée qui ne se fust volontiers mis à tout hazard pour son commandement, tant il sçavoit gaigner le cœur. » Un des secrétaires du duc écrivait au cardinal de Lorraine : « Luy-mesme est ordinairement aux tranchées depuis les quatre heures du matin, jusques aux dix heures du soir [1]. »

Trente-cinq pièces de canon furent mises en batterie au bout de quelques jours [2] ; mais la muraille, soutenue par des terrasses sur lesquelles deux ou trois charrettes pouvaient aller de front, ne se laissait pas entamer, tandis que l'artillerie de la ville « nous foudroyoit dans les tranchées, et il n'y avoit ordre d'y travailler que la nuit [3] ». Il fallut faire retirer les troupes, et Guise se trouva seul un moment près de ses canons, avec cinq ou six gentilshommes ; si les ennemis avaient traversé la Moselle, ils enlevaient l'artillerie, ou la roulaient dans la rivière. On fut forcé de changer le point d'attaque ; plusieurs jours étaient perdus ; les assiégés étaient rendus confiants par ce premier succès ; Guise, pour soutenir le moral de ses troupes, se montrait sur tous les points « le morion en teste et la targe au bras [4] ». Il avait hâte d'en finir, il donna ordre à Montluc de pousser une reconnaissance jusqu'au pied de la tour sur laquelle se dirigeaient les tranchées. Quand le Gascon revint le lendemain lui déclarer que la tour était

[1] Guise, *Mémoires-journaux*, p. 425.
[2] Rabutin, *Commentaires*, p. 590.
[3] Montluc.
[4] Rabutin, p. 590.

entourée d'une palissade et qu'on ne pouvait en approcher sans enfoncer dans l'eau jusqu'à l'aisselle, il s'irrita et répondit qu'il n'y avait pas de palissade ; il prescrivit une nouvelle reconnaissance pour la nuit suivante. Le maréchal Strozzi, inquiet de cette impatience inusitée chez le duc, qui parlait toujours avec courtoisie à ses officiers, et du dépit que Montluc paraissait en ressentir, dit : « Je cognois que Montluc est fasché de la response que luy a faite M. de Guyse, et vous verrez s'il ne va ceste nuit recognoistre d'une terrible sorte. » En effet, Montluc prit, « comme il fut nuict, quatre cents picquiers, tous corselets, et quatre cents arquebusiers, et j'allay mettre les quatre cents corselets tous ventre à terre, à cent pas des portes de la ville, et je m'en allay avec les quatre cents arquebusiers droit à la palissade ». Il la franchit, attaqua le poste de vingt-cinq hommes qui la défendait, le mit en déroute, et arriva en même temps que les fuyards par le ravelin à la poterne ; mais cette poterne « estoit fort « petite, et n'y pouvoit passer qu'un homme ». Il s'obstina, voulut enlever la ville, attira toute la garnison sur sa petite troupe, et fut forcé de se retirer au bout d'une heure. Le duc était désolé qu'on eût fait tuer tant de monde dans une entreprise téméraire et inutile ; mais Strozzi lui rappela son irritation inopportune de la veille, en lui disant : « Voulez-vous mieux recognoistre une brèche qu'en donnant l'assaut? C'est un trait de Gascogne que vous ne sçavez pas. » On dut s'en tenir à l'attaque régulière et attendre que la tranchée fût poussée jusqu'au pied de la tour. Le temps s'écoulait. Une armée de secours pouvait arriver ; Guise voyait s'évanouir les avantages que lui avait procurés la rapidité de ses mouvements. A quoi bon choisir si loin Thionville, si l'on s'attardait tout l'été devant une de ses tours, au lieu de frapper des coups prompts et décisifs comme à Calais et à Guines? Il fait approcher quatre coulevrines jusqu'au pied de la tour, pour hâter le moment de l'assaut; il étudie la brèche, debout sur la crête de la tranchée, et la main sur l'épaule de Strozzi, lorsqu'il le sent s'affaisser. Strozzi vient d'être tué d'un coup de mousquet [1]; le duc se penche sur le Florentin renversé, le conjure de songer à son salut et de penser où va son âme : « Mort-Dieu, Monsieur, répond Strozzi, je seray où sont tous les aultres qui sont morts depuis six mille ans. Je renye Dieu, ma feste est finye [2]. » Et il expire.

Le lendemain, à la pointe du jour, on essaye d'élargir à coups de canon un trou que les mineurs avaient pratiqué à la base de la tour, mais tous ceux qui en approchent avec des gabions sont atteints par la mousqueterie des remparts : « Vous n'eussiez vu que soldats blessés, lesquels on amenoit panser [3]. » Six arquebusiers ont pu cependant se glisser à travers les débris. Les assiégés, en les voyant, abandonnent les casemates; Montluc s'en aperçoit, il s'avance près du trou, saisit un soldat et lui dit : « Saute dedans, soldat! » Celui-ci refuse. Alors, dit Montluc, « mon fils et ses capitaines estoient derrière moy; je commence à renier contre eulx pourquoy ils ne m'aidoient à forcer ce galant. Tout à coup nous le jetasmes la teste première dedans, et le fismes hardy en despit de luy. Nous jetasmes deux

[1] La Chastre, p. 594.
[2] Vieilleville, *Mémoires*, p. 263.
[3] Montluc.

aultres arquebusiers dedans, partie de leur gré, partie par force. » Excités par ce jeu, le fils de Montluc et les capitaines gascons ne peuvent résister à la tentation de ce trou à travers lequel on tombe un à un dans une ville ennemie; ils s'y précipitent à leur tour; trois ou quatre arquebusiers sont emportés par le même enivrement, et sautent derrière eux. « Courage, leur crie Montluc, compagnons, monstrez que vous estes vrais Gascons! » Aussitôt il les voit qui se glissent dans les casemates et font signe aux autres arquebusiers de les suivre. Guise, qui se tient près des canons dont le feu n'a pas cessé, aperçoit ce mouvement de l'infanterie qui court dans les tranchées et s'élance vers la tour. « Il fait un grand cry : O mon Dieu! la tour est prinse! Ne voyez-vous pas que tout le monde y court? » Il monte à cheval, rencontre un gentilhomme que lui envoyait Montluc pour lui annoncer que la tour est prise : « Hé, mon amy, j'ay tout veu, j'ay tout veu! » arrive au galop, met pied à terre, se mêle aux arquebusiers, saute avec eux dans le trou, pénètre dans les casemates, se montre à une embrasure et crie de ne plus laisser entrer personne, parce que l'on se touche là dedans, de faire rompre les murailles par les pionniers. Les soldats prennent des pics et travaillent eux-mêmes. En ce moment, les assiégés demandent à capituler.

« Les soldats méritoient qu'on leur donnast le sac, car c'est leur oster le cœur si on ne leur donne quelque curée; et peu de chose qu'ils gaignent de l'ennemi les contente plus que quatre payes. Mais M. de Guyse disoit toujours qu'il vouloit garder la ville [1]. » Il conser-

[1] Montluc.

vait assez d'autorité sur ses hommes pour les faire sortir des murailles où ils venaient de s'introduire si bravement; il fit garder les rues par des gentilshommes et interdit le pillage. Les habitants n'y gagnèrent point : comme ceux de Calais, ils furent condamnés à sortir de leur ville : « Ce deslogement estoit fort pitoyable de veoir un nombre infini de vieillards, de femmes, de filles, d'enfants et de soldats blessés et estropiés, se retirer de telle façon et abandonner leurs terres, maisons et propres héritages, et il n'y avoit personne qui n'en fust saisy de quelque compassion [1]. »

Le succès avait longtemps été douteux : les plus hardis de l'armée croyaient qu'on serait obligé d'abandonner le siège; la ténacité du duc de Guise et la témérité des capitaines gascons avaient forcé la fortune.

Ces capitaines, qui créaient l'infanterie française et qui sautaient ainsi, seuls, dans une ville de guerre, avaient les travers, les vices et l'intrépidité de leurs soldats. Cambrés dans leurs pourpoints de buffle et traînant leurs longues rapières, facilement portés à la brutalité par leurs passions naïves et violentes, ils devaient traverser bien des vicissitudes dans leur existence émouvante. Guise comprit, dès ce jour, la supériorité de l'infanterie française sur les mercenaires allemands, et réussit à s'assurer le dévouement des principaux chefs : le comte de Charry et le baron de Sarlabous furent choisis par lui au milieu de ces hardis aventuriers et conduits à la Cour. Ils se vouèrent avec amour à leur duc, et recrutèrent pour lui des compagnies de Gascons, qui lui assurèrent une infanterie solide et

[1] VIEILLEVILLE, *Mémoires*, p. 263.

fidèle. Après la mort du duc, Sarlabous devint gouverneur du Havre, et Charry, mestre de camp des gens de pied français, qui furent réunis en régiment pour former la garde du Roi avec les Suisses et les Écossais.

Le pays se livra tout entier au bonheur d'apprendre la nouvelle de ce succès, chèrement acheté et longuement attendu. Sans doute Thionville n'était pas une place aussi importante que Metz et Calais, mais on vit dans cet événement une continuation des heureuses campagnes qui nous avaient placés et maintenus à Metz et la certitude de pouvoir s'avancer dans le Luxembourg; la fortune demeurait fidèle à notre jeune général, et le suivait sur tous les points où il portait ses armes. On connaissait alors les chefs chanceux, les feux allumés pour fêter les assauts, les enseignes conquises sur l'ennemi.

Trois jours après la prise de Thionville, l'armée se mit en marche sur Arlon. Guise, qui depuis le commencement du siège n'avait pas dormi en tout « ce qu'il avoit accoustumé de dormir en une nuict », se sentit écrasé par la fatigue; il s'enferma dans sa tente, devant Arlon, en défendant qu'on le vint éveiller [1].

Pendant qu'il succombait ainsi à la fatigue, quelques-uns de nos soldats descendirent dans les fossés d'Arlon, entrèrent en conversation avec les Flamands qui garnissaient ce côté du rempart, leur racontèrent que les Allemands, qui formaient le reste de la garnison, capitulaient pour eux seuls et se disposaient à les abandonner. Les Flamands s'inquiétèrent; quelques capi-

[1] MONTLUC.

taines gascons vinrent plus près d'eux, leur firent porter de la bière, se hissèrent en même temps pour boire avec eux; ils montaient un à un, on se poussa, on se tira, on fut dans la place. Lorsque le duc, à son réveil, demanda pourquoi l'on n'avait pas encore commencé le feu des batteries, il apprit que la ville était prise. Il accourut à la hâte, trop tard malheureusement pour empêcher le pillage; la garnison avait pu se retirer sans être inquiétée[1], mais les habitants ne furent pas compris dans ces complaisances de la camaraderie militaire. Toutefois, le butin ne fut pas aussi considérable qu'on l'espérait. Quelques soldats mirent le feu à des maisons; l'incendie s'étendit rapidement, « qui fut cause que les soldats ne gaignèrent pas tant comme ils eussent faict[2] ».

Ces écarts dans la discipline pouvaient s'expliquer dans les moments de fièvre qui suivaient l'escalade. Le Gascon voulait sa fête complète, comme elle lui était due : après les ivresses de l'assaut, les folies du pillage. Mais les Allemands de l'armée du duc de Guise, commandés par le comte de Lunebourg, conservaient une rancune sournoise pour avoir été privés du sac de Thionville; après Arlon, où ils avaient été devancés par les Gascons, et où ils n'étaient entrés qu'au moment de l'incendie, leur fureur ne put plus se contenir; ils se jetèrent sur les tentes du duc de Guise et du maréchal de Bourdillon, pillèrent la vaisselle d'argent, brûlèrent les chariots. Le baron de Lunebourg osa menacer le duc de son pistolet; « mais M. de Guise, prompt, mit la main à l'espée aussy tost et luy en fit tomber son

[1] RABUTIN, p. 590.
[2] MONTLUC.

pistollet et la luy porta à la gorge [1] ». Il rassembla une centaine de cavaliers, fit prendre les armes à ses arquebusiers français, et réduisit en quelques heures la rébellion des Allemands : « Ceste nation là où elle se sent la plus forte est la plus présomptueuse et hautaine qui peult estre entre toutes les aultres, et se peut moins converser et hanter sans querelles [2]. »

Quelques jours après arriva Henri II pour passer en revue les vainqueurs de Thionville, et pour ramener l'armée vers la Picardie. Il s'arrêta au château de Marchais, chez le cardinal de Lorraine, et accepta durant plusieurs jours la fastueuse hospitalité de ses tout-puissants sujets : il chassait, jouait à la paume, au mail [3], se mêlait aux soldats. Au milieu d'une grande revue, Montluc vit passer à cheval deux enfants, le jeune Henri de Guise, fils aîné du duc, que l'on nommait le prince de Joinville, et le fils du duc d'Aumale, « tous deux beaux à merveilles. Je leur dis : — Çà, mes petits princes, çà, mettez pied à terre ; je veux estre le premier qui vous mettra les armes sur le col. — Ils avoient de petits rubans de taffetas, lesquels je leur ostay de dessus, leur mettant la pique sur le col, et leur dis : — J'espère que Dieu vous fera la grâce de ressembler à vos pères. — Je les fis marcher coste à coste et les piques sur le col à la teste du bataillon. Tous nos capitaines estoient si aises de veoir ces enfants marcher comme ils fai-

[1] Brantôme, *Hommes illustres*, t. I, p. 625.
[2] Rabutin, *Commentaires*, p. 597.
[3] Voir *Portef. Fontanieu*, v. 274, publié par Bouillé. Jeu analogue au *crocket* ; on se servait d'un maillet qui avait la forme d'une pelle, et le terrain du parc consacré à ce jeu se nommait *palle-maille*. Ce mot est évidemment l'origine de celui de la rue de Londres, Pall-Mall.

soient, qu'il n'y avoit nul qui n'en eust bon présage. »

L'infanterie devait se sentir flattée, en effet, de voir dans les mains des jeunes princes ses armes dédaignées jusqu'alors par la noblesse; elle acclamait presque l'espoir d'une dynastie nouvelle, sous les yeux mêmes du Roi. Du reste, la présence de Henri II n'empêchait nullement le duc de donner des ordres ni de diriger ses troupes avec la même autorité et la même liberté que les jours précédents. Ainsi, un matin, on apprend que la ville de Corbie est menacée, que les Espagnols sont en marche pour l'investir; elle n'a qu'une garnison insuffisante : à la hâte, des renforts doivent y être jetés. De Marchais à Corbie, la distance est longue. Le Roi assemble le conseil et discute l'opportunité de l'envoi d'un corps de troupes vers Corbie. D'Estrées et Montluc, qui viennent de faire tenir prêtes à se mettre en marche sept enseignes de gens de pied, insistent pour avoir des ordres. « M. d'Estrées commença à renyer, car il s'en sçait aussy bien ayder que moi », dit Montluc. Le conseil ne se déterminait pas. Guise, devant le Roi, donne l'ordre de marche aux sept enseignes, les fait accompagner de vingt-cinq mulets chargés de pain, d'une charrette de poudre et de quatre charrettes de vin des « marchands volontaires, pour faire manger et boire les soldats, en cheminant, sans entrer en ville ni village ». Jour et nuit, sans s'arrêter, les braves Gascons des sept enseignes se dirigent sur Corbie; à l'aube du jour, après leur seconde nuit de marche, ils ne sont plus qu'à un quart de lieue de la place, quand ils aperçoivent les éclaireurs de la cavalerie espagnole; ils se mettent à courir, en abandonnant les charrettes, sauf celle qui contenait la poudre, sont rejoints par les cavaliers à deux cents pas de la ville, et font tête sur le bord du fossé. Les Espagnols se replièrent et renoncèrent à ce siège. Si le duc de Guise n'avait pas tranché les tergiversations de Henri II et de son conseil, Corbie était perdue et le renfort probablement surpris en route.

Mais on reçut, à cette époque, la nouvelle d'une défaite. Une seconde armée française, commandée par le maréchal de Termes, et composée surtout de mercenaires allemands, opérait sur les côtes de Flandre; elle avait pris et pillé Dunkerque. Les cavaliers allemands, armés de pistolets, ne laissaient rien dans le pays de ce qu'ils pouvaient emporter sur leurs chariots; le peu de valeur et la rapacité de cette sorte de gens étaient appréciés en ces termes par le duc de Guise [1] : « Vous cognoissez le mesnaige dont nos pistolliers ont accoustumé ès lieux où ils se trouvent, pour n'y laisser rien du tout. » Le maréchal de Termes ramenait lentement, le long des dunes, cette armée encombrée par le butin, lorsqu'il fut surpris, près de Gravelines, par les Espagnols que commandait le comte d'Egmont. Ceux qui avaient été les plus âpres au pillage refusèrent de se battre en ce moment; « les Allemands ne firent aucune résistance, ains, se rompant d'eux-mesmes, baulsèrent leurs picques et jetèrent là leurs armes [2] ». L'armée du duc de Guise restait seule pour couvrir la frontière. Elle comptait cinquante mille hommes.

Cette défaite de Gravelines compensait la prise de Thionville, et « comme la fortune avoit semblé se partager entre les deux rois, ils se trouvèrent insensible-

[1] Ms. Béthune, v. 8655, f° 59, publié par Bouillé, t. I, p. 491.
[2] Rabutin, p. 599.

ment disposés à la paix [1] ». Henri II commençait à se lasser de la prépondérance que prenaient les Guises dans son royaume; il ne voyait que la paix comme moyen d'abaisser l'autorité d'un sujet que ses talents militaires avaient élevé si haut. Peu à peu la réaction de l'ingratitude diminuait la popularité du duc. Les maréchaux de Brissac et de Vieilleville représentaient à ce moment le parti des mécontents, parmi les gens de guerre; ils étaient jaloux de l'éclat d'une gloire qui faisait oublier leurs services, et des récompenses réservées aux seuls soldats qui avaient combattu sous les yeux du duc de Guise. La duchesse de Valentinois se voyait reléguée au second plan, traitée avec hauteur par le cardinal de Lorraine, autrefois si empressé parmi ses courtisans; elle était blessée de l'orgueil de ce prélat et ne le nommait plus que « maistre Charles ». Elle parla au Roi du connétable, le fit souvenir de son ancienne tendresse pour ce général vieilli, malheureux, captif; se mit en relation elle-même avec Montmorency dans les Pays-Bas, et lui fit proposer d'unir leurs intérêts, et de consacrer cette alliance par un mariage entre sa petite-fille Henriette de la Marck et Montmorency-Damville, second fils du vieux favori.

Quand il reçut ces offres, le connétable commençait à s'inquiéter de la puissance qu'avaient prise les Guises durant son absence, à s'irriter de la disgrâce qu'ils avaient tramée contre son neveu d'Andelot, à se lasser de la longueur de sa captivité. Une paix seule pouvait lui rendre la liberté et son influence à côté du Roi. Il s'aboucha avec les ministres de Philippe II, eut con-

[1] Madame DE LAFAYETTE, *la Princesse de Clèves*, édit. 1764, p. 16.

naissance des projets que l'évêque d'Arras avait soumis au duc de Guise et au cardinal de Lorraine, crut faire un coup de maître en s'emparant lui-même de ce plan, et en fondant sur l'union des couronnes de France et d'Espagne le système d'une protection assurée dans toute l'Europe aux intérêts catholiques. Cette pensée, du reste, avait été l'inspiration de sa vie entière. Il ne voulut pas se laisser ravir par les Lorrains son idée de grouper en un faisceau toutes les forces religieuses et militaires contre les ennemis de l'ordre social.

Quand les Espagnols virent que le connétable était acquis aux idées de pacification, ils lui rendirent d'abord la liberté sur parole, puis ils abaissèrent de moitié la somme exigée pour sa rançon [1], tant ils avaient hâte de placer près de Henri II un compétiteur sérieux contre l'influence du duc de Guise et du parti qui voulait continuer les hostilités.

Ils étaient forcés de les suspendre; ils se sentaient aux abois. Nous, avec un peu de persévérance, un peu de fixité dans la politique, nous allions accabler pour toujours les vieux adversaires de François Ier. Le trésor de Philippe II était épuisé. Les royaumes de Naples et de Sicile et le duché de Milan produisaient pour l'Espagne environ un million d'écus d'or de revenu; mais la défense de possessions aussi douteuses, l'obligation d'entretenir la fidélité des petits princes, des villes libres, des neveux de papes, exigeaient des dépenses beaucoup plus considérables. Les impôts sur la péninsule espagnole rendaient également un million d'écus d'or; mais les recouvrements étaient lents et coûteux,

[1] TOMMASEO, *Amb. vénit. Documents inéd.*, t. I, p. 408.

la persécution contre les Juifs et les Maures tarissait les sources de la richesse, l'insurrection des Maures d'Andalousie forçait le Roi de garder à sa solde des troupes nombreuses dans le sud de ses États, et de condamner ses plus riches provinces à une dépopulation radicale. Philippe II n'avait donc réellement, pour subvenir aux dépenses de sa Cour et à celles de ses armées en France, que les revenus des Pays-Bas. Ces provinces, peu étendues, mais habitées par une race laborieuse et industrielle, payaient autant d'impôts que l'Espagne et l'Italie réunies, et supportaient la plus grosse part des dépenses extraordinaires. En cinq ans elles avaient payé plus de huit millions d'écus d'or, en sus des impôts [1]. C'est comme si, de nos jours, les recettes des budgets de la Belgique et de la Hollande devaient faire face non seulement aux dépenses de ces deux États, mais encore à celles de l'Italie et de l'Espagne, et aux frais d'une guerre contre la France. Il en résultait chez les agents du fisc une sorte d'âpreté qui les maintenait comme en guerre contre les Flamands. Les saisies, les confiscations se multipliaient, moyens ruineux d'alimenter le Trésor; car, au plus fort de la persécution, quelques années plus tard, quand le duc d'Alva cherchait à ruiner systématiquement le pays, il écrivait au Roi que, même dans ces conditions, les confiscations ne suffisaient pas à couvrir les frais. Le travail d'une nation fait seul la

[1] SURIANO, *Amb. vénit.* : « Di tutti questi suoi regni ha S. M. cinque millioni d'oro d'intrata in tempo di pace, cioè uno della Spagna, uno delle Indie, uno da Milano et da Sicilia, un' altro di Fiandra, e dalli paesi bassi un altro. » De même BADOVARO écrit au Sénat de Venise : « In poco più da cinque anni vengono ad haver contribuito i Fiammenghi di straordinario quasi otto millioni d'oro. » Voir encore LOTHROP MOTLEY, *Rise o fthe dutch republic*, p. 58.

force de son budget; mais cette loi économique était encore obscure, et les hommes d'État de l'Espagne croyaient avoir une autre ressource dans les mines du nouveau monde. Ils ignoraient que l'or est sans valeur tant qu'il est dans le sol; que pour l'extraire, le défendre, le transporter, il faut des dépenses considérables. Les métaux précieux qui arrivaient sur les galions étaient le gage des marchandises envoyées en Amérique par les négociants de Séville et de Cadix. Il est vrai que le Roi ne se faisait aucun scrupule d'en opérer la saisie, et de rembourser les marchands en papier à longue échéance sur son trésor; mais c'était encore une sorte de confiscation qui amenait lentement la ruine des négociants espagnols et, par suite, celle des colonies et de l'industrie des mines.

Aussi, le duc de Savoie, qui commandait l'armée de Philippe II en France, écrivait au cardinal de Granvelle : « Je n'ai pas un réal pour payer les Allemands; il me faudrait plus d'un million. Si nous n'avons pas la paix, le Roi sera dans la plus terrible crise que prince ait jamais traversée[1]. » Philippe II se rendait si bien compte de cette détresse, qu'il disait à l'envoyé de Venise : « Monsieur l'ambassadeur, je veux la paix à tout prix, et si le roi de France ne l'avait pas demandée, je l'aurais demandée moi-même[2]. » Et, quelques mois plus tard, il écrivait au cardinal de Granvelle :

[1] « No ay un real y devéseles a la gente alemana, de mas de lo que seles a pagado aora de la vieja deuda, mas d'un mylion d'escudos... por esso mirad como hazeys que sino se haze la paz yo veo el rey puesto en el mayor trance que rey s'a visto jamas. »

[2] SURIANO : « Mi disse S. M. nell' esercito con queste parole è simili : — O Imbasciatore, io voglio pace in ogni modo, e s'il re di Francia no l'havesse domandata, la domandarei io. »

« Je vous dis qu'il était de toute impossibilité de continuer la guerre [1]. »

Nous étions donc en mesure de dicter une paix glorieuse; mais la légèreté de Henri II, la précipitation aveugle du connétable, la jalousie subite de la duchesse de Valentinois contre les Guises, nous dépouillèrent de nos avantages.

Pour conclure la paix, la France consentit à abandonner toutes les forteresses, toutes les villes qu'elle occupait, sauf Calais et Guines, et couvrit cet abandon sous la forme de dot aux princesses qu'elle donnait en mariage. Toutes nos possessions de Savoie et de Piémont, à l'exception du marquisat de Saluces, étaient rendues pour former un État souverain en faveur du duc de Savoie, qui épousait la sœur de Henri II; on offrait à Philippe II toutes nos places du Nord et celles du Milanais s'il consentait à épouser Élisabeth, fille aînée du roi de France, et Granvelle écrivait en réponse que son maitre « s'estoit résolu, pour montrer sa bonne et syncère affection, d'y condescendre franchement [2] ». Enfin, Claude, seconde fille du Roi, épousait le jeune duc de Lorraine, et lui apportait en dot Stenay avec trois cent mille écus d'or. Nous sortions de cent cinquante places fortes. Les garnisons revenaient d'Italie, de Savoie, du Luxembourg, de Lorraine, de Navarre, de Flandre... « O misérable France! déclamait devant le Roi l'envoyé du maréchal de Brissac [3], à quelle perte, à quelle ruine t'es-tu laissé ainsi réduire, toi qui triom-

[1] Philippe II à Granvelle, 12 février 1559 : « Io os digo que yo estoy de todo punto impossibilitado à sostener la guerra. »

[2] Granvelle, t. V, p. 580. Philippe II était veuf depuis quelques semaines (15 novembre 1558) de Marie, reine d'Angleterre.

[3] Boyvin du Villars, *Mémoires*, p. 318.

phais sur toutes les nations de l'Europe! » Et il rappelait au Roi tant de sang répandu, tant de gloire perdue, quand le duc de Guise, exaspéré du silence et de l'obstination du Roi, rompit ce discours savamment préparé, et s'écria brutalement : « Sire, quand vous ne feriez que perdre durant trente ans, si ne sçauriez-vous perdre ce que vous voulez donner en un seul coup ; mettez-moi dans la pire ville de celles que vous voulez rendre, je la conserveray plus glorieusement sur la bresche! » La consternation fut générale parmi les soldats, même ceux qui, comme Brissac ou Vieilleville, avaient été opposés au duc de Guise. Tavannes rappelle avec colère « le sang, la vie de tant de François négligée, cent cinquante forteresses rendues pour tirer de prison un vieillard connestable et se descharger de deux filles de France, qui fut une pauvre couverture de lascheté ». Plus de coups de lance, plus d'exploits chevaleresques au delà des Alpes, plus de butin. Il fallait rentrer dans son village, renoncer aux fortunes subites, à la faveur des chefs militaires, se réduire désormais à une vie ennuyée et misérable.

Le Roi ne voyait pas la charge qu'allaient faire peser sur l'administration les agitations de cette noblesse belliqueuse, pauvre, déçue dans ses rêves. Il était dominé par l'idée fixe de tourner tous ses efforts contre l'hérésie, et tellement séduit de ce nouveau projet, qu'il ne sut pas le cacher au prince d'Orange, envoyé à sa Cour comme otage de la sincérité des Espagnols dans l'exécution des clauses de cette paix de Cateau-Cambrésis : le prince d'Orange, qui n'était peut-être pas encore converti aux doctrines de la Réforme, mais qui savait que, sous le prétexte de maintenir le catholicisme, le roi d'Espagne préparait l'abolition des libertés municipales dans les Pays-Bas, put dès ce moment apprécier l'étendue des dangers qui menaçaient les communes flamandes, en recueillant les imprudentes confidences de Henri II[1]. L'ambassadeur d'Angleterre n'ignorait pas non plus ce que signifiaient les concessions subies par la France : il sentit qu'elles étaient une menace pour le nouveau régime religieux qu'Élisabeth, la fille d'Anne de Boleyn et de Henri VIII, restaurait en Angleterre : « Il y a un pacte, écrivait-il[2], entre le feu pape, le roi de France et le roi d'Espagne, qui doivent coaliser leurs forces pour supprimer la religion réformée. Ils veulent forcer le reste de la chrétienté de se soumettre à l'autorité du Pape et à la foi catholique. »

Le duc de Guise n'avait nullement le désir d'entrer en lutte contre ces projets : il feignit de ne pas s'apercevoir que la paix avait été conclue en haine de sa puissance, et affecta de prendre part aux réjouissances célébrées par la Cour : il « tenoit maison ouverte, et faisoit convives et distributions profuses à qui en vouloit ».

[1] Lothrop Motley, p. 122.

[2] Forbes, *State papers*, t. I, p. 296 : « There was an appoinctement made between the late pope, the french king and the king of Spaine, for the joigning of their forces together for the suppression of religione... th' end whereof was to constraine the rest of christiendome, being protestants, to receive the pope's authority and his religione. »

CHAPITRE VIII

FIN DU RÈGNE DE HENRI II.

1559.

Pendant les conférences qui réglaient les conditions de la paix, les fêtes avaient recommencé comme aux premiers jours du règne. « Il y avoit tant d'intérêts et tant de cabales différentes, et les dames y avoient tant de part, que l'amour étoit toujours mêlé aux affaires et les affaires à l'amour. Personne n'étoit tranquille ni indifférent; on songeoit à s'élever, à plaire, à servir ou à nuire; on ne connaissoit ni l'ennui, ni l'oisiveté, et on étoit toujours occupé des plaisirs ou des intrigues [1]. » Les seigneurs faits prisonniers à Saint-Quentin payaient peu à peu leur rançon, et revenaient au Louvre avides de plaisirs et impatients d'oublier dans les fêtes de la Cour les ennuis de leur captivité aux Pays-Bas. L'un d'eux, M. de Vouillon, put, à la suite d'une aventure singulière, éviter de se soumettre à cette nécessité humiliante et ruineuse du rachat. Il avait été taxé à deux mille écus de rançon, et autorisé à se rendre à Paris, sur parole, pour se procurer l'argent. Il n'avait pu emprunter les deux mille écus,

[1] La Fayette, *la Princesse de Clèves.*

et était retourné à Bruxelles près du duc de Savoie, dont il était le prisonnier. Quand il arriva, le duc était à table. Irrité de ne pas voir apporter l'argent sur lequel il comptait, le duc de Savoie lui dit de sortir et « qu'après disner, il en ordonneroit; le sieur de Vouillon se demesle de la presse [1] », trouve devant la porte les chevaux de poste qui l'avaient amené, les reprend, part au galop et revient à Paris, prétendant qu'il s'était acquitté de sa parole puisqu'il était retourné se constituer prisonnier à Bruxelles. « L'affaire fut mise en délibération devant les capitaines, tant françois qu'espagnols, à ce appelés, par lesquels cette subtilité fut approuvée, pource qu'il fut dit que le sieur de Vouillon s'estant acquitté de sa foy et représenté en estat de subir la prison ou garde, il n'avoit fait que ce que chacun peut faire de rechercher sa liberté. »

Au milieu des bals et des carrousels, les rivalités ne s'assoupissaient pas. La duchesse de Valentinois, que sa fille, la duchesse d'Aumale, avait réconciliée avec le duc de Guise, aurait voulu réunir sous sa main les rivaux, et avait réussi à obtenir de Montmorency-Damville qu'il épousât sa petite-fille, Gabrielle de la Marck, bien qu'il eût la réputation d'être amoureux de la jeune dauphine, Marie Stuart. C'était un soldat robuste et rude, qui ne savait ni lire, ni signer, et qui ne se laissa point rattacher aux Guises par ce lien. Son père s'efforçait de justifier les conditions acceptées pour la paix, par la faute commise deux ans auparavant au moment de l'imprévoyante rupture de la trêve de Vaucelles et de la malheureuse combinaison de l'expédition

[1] La Chastre, p. 595.

sur Naples : si la France était dépouillée de toutes ses conquêtes, la cause en était due à l'inquiète avidité des Guises, qui nous avaient poussés, en dépit des traités, dans des entreprises inspirées par leur seule ambition. Il avait réussi à faire réintégrer son neveu d'Andelot dans sa charge de colonel général de l'infanterie, mais il n'avait pu faire conférer au prince de Condé celle de colonel général de la cavalerie légère, que le duc de Guise obtint pour le duc de Nemours. Nemours était le plus beau, le plus élégant des seigneurs de la Cour; on le disait aimé de la duchesse de Guise; il l'épousa plus tard. Condé resta avec son titre de colonel général de l'infanterie d'Italie, titre sans valeur désormais, puisque toutes les troupes avaient repassé les Alpes. Après l'avoir écarté des faveurs, le duc de Guise essaya de ruiner également le crédit de son frère aîné, le roi de Navarre. Il voulut lui persuader de céder au roi de France ses droits sur le Béarn, qui, du reste, étaient contestés par les légistes de la couronne, et de les échanger contre un grand gouvernement [1]; mais Jeanne d'Albert refusa de se laisser dépouiller de ses droits, et conserva sa petite souveraineté, oubliée entre la France et l'Espagne, comme l'asile prévu et préparé par elle pour son fils Henri de Navarre.

Derrière les fêtes galantes et les coups de lance des tournois, derrière les rivalités entre les familles et les compétitions pour les grandes charges et les gouvernements, depuis trente ans un ébranlement dans toutes les idées animait comme secrètement la masse de l'Europe. La Réforme, inquiétude vague sous le règne

[1] MARTHA FREER, *Life of Jeanne d'Albret*, t. I, p. 110.

de François Iᵉʳ, devenait une révolution. A ce moment, la situation se transforme; l'histoire pénètre dans une ère nouvelle. Avec une rapidité singulière, la doctrine de Calvin se répand en France; le nombre, l'unité de foi, la discipline sévère des réformés français commencent à leur donner de l'importance dans l'État.

Calvin, né à Noyon, avait la même pureté dans les mœurs, le même flegme dans le fanatisme que Robespierre, né à Arras. Pauvre, sans besoins, Calvin vit, à Genève, dans la famille d'un menuisier. Sa succession est évaluée, y compris ses livres, à cinquante écus. Au lieu du tribunal révolutionnaire, il a le consistoire de Genève, aussi docile, aussi implacable. S'il veut l'autorité sans les honneurs, il est jaloux de tous ceux qui exercent un pouvoir ou possèdent une force; il a la haine des rivaux et n'a pas de répugnance à verser le sang. Comme Robespierre, il veut fonder un monde, il veut pétrir l'esprit humain et le façonner à son gré en le dépouillant des facultés qui ne lui semblent pas utiles. Tous deux ont compté sans l'hypocrisie. A Genève, Calvin crée artificiellement une société qui ne comprend pas les arts, le goût, la joie, et qui cache sous les dehors d'une dévotion exaltée l'envie, l'ennui.

Il est difficile d'apprécier les personnages qui ont exercé une influence dominante sur les destinées de l'humanité; ils sont en quelque sorte ceints d'une auréole et transfigurés par l'admiration de leurs fidèles ou par les malédictions de leurs ennemis. On heurte des convictions respectables aussi bien en rendant hommage à leurs talents qu'en condamnant leurs crimes. Mais Calvin était tellement absorbé par sa passion de réformes qu'il ne donnait prise à aucun vice et n'avait de mérite pour aucune vertu; les mérites, comme les crimes, n'étaient qu'une conséquence de l'idée fixe qui le maintenait dans une surexcitation continuelle. Soumis à cette manie et réglé par une logique inflexible, il se trouvait comme placé en dehors de l'humanité. Enfermé dans son système et regardant ses adversaires comme les ennemis de Dieu, il a vécu dans l'extase jusqu'à en avoir le tempérament vicié et le sang décomposé.

Ses disciples se recrutaient principalement dans les rangs du bas clergé, parmi les desservants de village ou les moines mendiants, gens accoutumés à vivre avec le peuple, à se faire entendre des pauvres, à se voir dépouillés et maltraités par les dignitaires ecclésiastiques. Quand les immenses domaines de l'Église étaient partagés entre des hommes comme les cardinaux de Lorraine ou de Bourbon, quand les revenus des évêchés et des abbayes étaient donnés à des gens de guerre, que pouvaient devenir les humbles prêtres ou les pauvres religieux? Sans discipline et sans instruction, ils donnaient parfois l'exemple du désordre, et dans quelques endroits « ils estoient les premiers aux danses, jeux de quilles, d'escrime, ès tavernes où ils ribloient et par les rues toute nuict aultant que les plus meschants du pays [1] ». L'enquête des commissaires de Henri VIII sur le clergé anglais avait révélé des misères pires encore; aussi le cardinal de Lorraine put-il dire avec raison dans sa grande harangue au concile de Trente : « Qui accuserons-nous, mes frères évêques? qui dirons-nous avoir esté auteurs d'un si grand mal? Il ne nous le faut

[1] CLAUDE HATON, *Mémoires*, t. I, p. 18.

et ne le pouvons dire et confesser sans nostre propre honte et vergogne, et avec grande repentence de notre vie passée. A cause de nous la tempeste et orage est venue, mes frères, et pour ce, jetez-nous en la mer. Que le jugement commence à la maison de Dieu, et que ceux qui portent les vases du Seigneur soient jugés et réformés [1]. » Que le mal fût aussi grand à Rome, les gens de guerre ne cessaient de le raconter quand ils en revenaient. Les soldats du duc de Guise se montraient aux paysans de la Champagne, à leur retour de l'expédition de Naples, « beaucoup pires en leurs conscience et mœurs qu'ils n'estoient avant que partir. Ils rapportèrent qu'audit Rome on y mangeoit chair en caresme, ils avoient vu [2]... »

Dans ce clergé, plusieurs de ceux qui avaient de la répugnance pour la dissolution préféraient l'apostasie à la complicité dans le désordre; leur foi semblait ne pouvoir être sauvegardée que par la révolte. Spifame, évêque de Nevers, se convertit au protestantisme à Genève en 1558; Melfi [3], évêque de Troyes et parent de la reine Catherine, devint ministre réformé à Brie-Comte-Robert en 1562; Saint-Roman, archevêque d'Aix, se fit capitaine d'une bande de huguenots; le cardinal Odet de Châtillon, évêque de Beauvais [4],

[1] Publié par Bouillé, t. II, p. 251.

[2] Claude Haton, t. I, p. 42.

[3] Antonio Caraccioli, prince de Melfi.

[4] La maréchale de Coligny, Louise de Montmorency, avait exhorté à son lit de mort (22 juin 1545) ses trois fils à s'attacher aux idées nouvelles. (*Éléonore de Roye*, par le comte Jules Delaborde.) Du reste, le cardinal de Châtillon ne se cachait pas de son mariage; il parlait de la santé de sa femme dans sa correspondance diplomatique avec les ministres étrangers (lettre à Burghley du 10 novembre 1570, publiée par H. de la Ferrière, *Archives des missions scientifiques*, p. 608) :

gagné aux idées nouvelles avec ses deux frères, Coligny et d'Andelot, épousa Élisabeth d'Hauteville, la fit appeler la comtesse de Beauvais, et l'établit avec lui dans son palais épiscopal. Les principaux théologiens protestants, Théodore de Bèze, Malot, Marlorat, étaient d'anciens prêtres. Plus bas, les moines apportèrent aux idées de Calvin l'appui de leur autorité sur le peuple; ils prêchèrent la réforme jusque dans la chaire catholique. A Provins, les frères jacobins étaient acquis à l'hérésie [1]; à Bergerac, « frère Guillaume Marentin, de l'ordre de Saint-François, en preschant le caresme », avait répandu quelques idées hardies, disant qu'il faisait pénétrer dans une nouvelle ruelle, « et qu'il en y viendroit qui passeroient par les rues; et despuis estoient venus troys prescheurs qui avoient nyé le purgatoire [2] ». A Issoire, un religieux jacobin vint enseigner les nouvelles doctrines et séduisit les moines du monastère au point de les décider à jeter des pierres contre leur évêque du haut du clocher quand il se présenta devant le portail de leur église [3]. Les moines, également dans les Pays-Bas, se convertirent les premiers au protestantisme [4]. Ils mettaient au service de la nouvelle cause la science acquise dans leur premier métier, des instincts et des travers de la popu-

« Après que j'auray remis ma femme en meilleur estat qu'elle n'est et donné ordre avec l'aide de Dieu, de la préserver du dangier de la maladie dont elle est menacée, si elle n'a du repos. »

[1] Claude Haton, *Mémoires*.

[2] Extrait des Archives de Bergerac, layette E, n° 53, publié au *Bulletin de la Société archéologique du Périgord*, t. II, p. 241.

[3] Imberdis, *Histoire des guerres religieuses en Auvergne*, d'après le *manuscrit d'Issoire*, t. I, p. 24 et 40.

[4] Prescott, *History of the reyn of Philip the second*, t. II, p. 16. On voit de même dans notre révolution les moines, comme le capucin Chabot ou l'oratorien Fouché, accueillir les idées nouvelles.

lace. Chassés de leurs cloîtres, soit par l'horreur des abus, soit par la haine des supérieurs, soit par l'attrait d'une existence sans règle, ils portaient dans leur parti un esprit tracassier et intolérant. Ils savaient que pour être écouté du peuple il faut d'abord éveiller les sentiments démocratiques de l'envie; une idée généreuse n'est saisie que par les esprits cultivés ou les cœurs délicats, le vulgaire est toujours flatté quand on lui peint les jouissances dont il est sevré. Pour l'exciter contre l'injustice, il ne faut pas lui parler d'équité, il faut lui montrer ses privations. Aussi les nouvelles doctrines attiraient à la fois les esprits les plus nobles et les âmes les plus basses; on y était porté par les sentiments les plus élevés : horreur des abus, charité pour les faibles, pitié pour les opprimés, et par les idées les plus méprisables : jalousie des heureux, révolte contre les lois, convoitise des dignités.

Le bas clergé et les artisans n'étaient pas seuls à subir ces influences contraires; la noblesse, après le clergé, accueillit les idées de la réforme beaucoup par le désir de s'approprier les biens que possédait le clergé. L'exemple donné en Angleterre par Henri VIII devait exciter biens des désirs; on avait vu des fortunes subitement créées, et d'immenses patrimoines conférés à des courtisans par la seule volonté du prince; en divers pays, les gentilshommes « ne tenoient autres propos à table que de réformer l'estat ecclésiastique, signamment les riches abbayes, sçavoir nous convient, leur ostant les grands biens qui estoient cause, si qu'ils disoient, de leur mauvaise vie, et les ériger en commanderies que l'on poldroit conférer à une infinité de pauvres gentilshommes qui seroient tenus de faire service; au lieu d'ung tas de fainéans, vivans à l'épicurienne, l'on auroit toujours une belle cavalerie à la main [1] ».

Les bourgeois et les paysans ne se laissaient pas aussi facilement ébranler dans leur foi; ils nourrissaient contre les protestants de vagues préjugés, et se transmettaient avec crédulité d'absurdes récits sur les mystères de leurs assemblées secrètes; une sorte de répugnance populaire inspirait comme de l'horreur contre les réformés; on les accusait de tous les malheurs, ainsi que dans la Rome païenne les premiers chrétiens [2] : si une épidémie éclatait, si la famine, si une inondation ruinaient une contrée, les populations réclamaient des victimes expiatoires. De là cette allégresse publique, cette joie furieuse à la vue des premières exécutions.

Henri II n'avait pu croire d'abord à l'étendue du danger. En 1549, deux ans après son avènement, il avait voulu satisfaire sa curiosité dans un entretien avec un réformé; il s'était fait amener « un petit cousturier » qui, voyant la duchesse de Valentinois à côté du Roi, « luy reprocha sa vie [3] ». Le Roi, irrité de tant d'audace, voulut assister à son supplice. Le petit tailleur fut déchiré, tenaillé, et ne cessa de tenir ses yeux attachés sur lui avec une fixité si étrange que le Roi « jura de n'en plus voir mourir aucun ». Il avait fait don à la duchesse de Valentinois de tous les biens qui

[1] PONTUS PAYEN, cité par LOTHROP MOTLEY, p. 131.

[2] TERTULLIANUS, *Apol.*, c. XL : « Existimant omnis publicæ cladis, omnis popularis incommodi christianos esse causam. Si Tiberis ascendit in mœnia, si Nilus non ascendit in arva, si cœlum stetit, si terra movet, si fames, si lues, statim : Christianos ad leonem! »

[3] D'AUBIGNÉ, *Histoires*, p. 75.

pourraient être confisqués sur les hérétiques, et la persécution ne tarda pas à être activée par l'avidité de la favorite[1]. « Les magnificences de son entrée à Paris furent parées de la mort de Léonard Galimard et de Florent Venot. » Ce dernier avait été conservé « six semaines dans un engin de bois pointu par le bas; on pensoit qu'il ne pourroit vivre en cette posture[2] ».

Les exemples que donnait Henri VIII en Angleterre durent exaspérer les princes catholiques et les exciter à répondre par des supplices à ses persécutions. Quand on croit posséder la force et la vérité, on ne peut supporter l'insolent spectacle des outrages contre cette force et cette vérité. Henri VIII ne se laissait retenir ni par pitié, ni par respect : sur le refus de signer l'acte qui l'instituait chef religieux, il faisait décapiter le cardinal Fisher, bien qu'il eût quatre-vingt-deux ans, et le chancelier More, quoiqu'il fût estimé de l'Europe entière pour ses sentiments d'honneur et son noble caractère. Il fit pendre un à un tous les religieux d'un couvent, sans qu'un seul des survivants, tant qu'il en resta, pût être amené à fléchir dans sa foi. Bientôt il emprunta à l'Église catholique la vieille tradition du bûcher, et fit brûler vifs les catholiques et les dissidents. Puis il ne se contenta pas de les brûler, il semble avoir imaginé, ou du moins fait appliquer le premier, le supplice de l'estrapade[3]. Cette estrapade était un

[1] D'Aubigné, *Histoires* : « Diane qui poursuivoit contre eux à cause des confiscations. » Voir aussi les curieuses lettres de Diane, conservées au *British Museum* (collection Egerton), publiées par le comte de Laferrière, *Arch. miss. scient.*, 1869. Elle écrit à son intendant Jean Hautemont : « Mandez-moy quel bien il peut avoir, et ne faites semblant à personne au monde du don que le Roi m'a faict. »

[2] D'Aubigné, *Histoires*.

[3] *Strapazzo*, en italien, signifie *excès*.

berceau de fer auquel était liée la victime; il se balançait au-dessus d'un brasier de manière à la rafraîchir chaque fois que ce pendule vivant s'éloignait du foyer, et à la consumer lentement quand il s'en rapprochait. En mai 1538, le catholique Forest[1] fut mené devant l'estrapade et endoctriné par le théologien de Henri VIII, en présence du premier ministre Thomas Cromwell, des ducs de Norfolk et de Suffolk, de lord Southampton et du lord maire. — Je veux mourir, dit-il, et il subit le supplice. On trouvait des jurés pour condamner les dissidents et des magistrats pour agir sur les jurés par leur « diligence »[2]. Le lord chancelier d'Angleterre, Wriothesley, aidé de son avocat général[3], attacha lui-même à la roue une jeune presbytérienne, Anne Ascue, et tourna l'écrou de ses propres mains, jusqu'à ce qu'elle perdit connaissance.

Henri II, pour venger de tels supplices, rivalisa bientôt de cruauté avec le roi d'Angleterre. Afin d'augmenter le plaisir des spectateurs et de donner une satisfaction aux passions populaires, il toléra de nouveaux perfectionnements dans la science des tortures. Quand on exécuta Nicolas Mail, du Mans, « le corps lui fut graissé et puis la poudre de souffre mise par dessus, tellement que la paille flamboyante saisit la peau du povre cors et ardoit dessus sans que la flamme encore penestrast au dedans. » Aux femmes, on enlevait les vêtements, pour montrer leur chair nue sous la flamme. L'exécuteur, qui venait d'arracher la langue à deux ministres protestants, se tourne vers la troisième vic-

[1] FROUDE, *History of England*, t. III, p. 181.
[2] *Id.*, *ibid.*, p. 129.
[3] *Id.*, *ibid.*, t. IV, p. 307; c'était Rich, solicitor general.

time; c'était une veuve noble, âgée de vingt-deux ans, Philippa de Lunzune; il lui dit : « A ton tour, truande, tu n'as pas peur? — Je n'ai pas peur pour mon corps », dit-elle. Elle tend la bouche; il arrache la langue, il suspend ensuite la jeune femme nue sur le bûcher [1]. Ce sont déjà les familiarités du bourreau, l'égalité devant le supplice, les cris grossiers de la populace quand les charrettes s'avançaient bien pleines, ce mépris des faibles que l'on a revus deux cent vingt ans plus tard, durant les massacres de notre Révolution. Les hommes ont toujours une certaine admiration pour la brutalité triomphante, et l'on ne sait pas si la même férocité de plaisir ne poursuivrait pas encore les malheureux qui passeraient aujourd'hui sur les charrettes. Quelquefois, cependant, le peuple s'attendrissait : à Valenciennes [2], une fille noble, Michelle de Caignonelle, entendit, comme on la conduisait au bûcher, quelques pauvres, qui se souvenaient de ses bienfaits, lui crier avec désespoir : « Vous ne nous donnerez plus l'aumône! — Si feray encore une fois, dit-elle en jetant ses pantoufles à une pauvre femme qui avoit les pieds nus. » Puis elle fut brûlée « à petit feu ».

Le cardinal de Lorraine fit comprendre au Roi que ces supplices isolés n'atteignaient le plus souvent que des hérétiques obscurs, tandis qu'un système de persécution sûrement combiné pouvait seul arrêter les progrès de la réforme. Sa mère, Antoinette de Bourbon, avait déjà donné l'exemple de la conduite à tenir avec les protestants : elle n'épargnait personne, dans aucun cas. Un de ses vassaux de Joinville était venu

[1] WHITE, p. 44.

[2] D'AUBIGNÉ, *Histoires*, p. 76.

lui dénoncer son fils comme affilié à l'hérésie : elle fit livrer le coupable aux flammes [1] ; on ne sait pas si le père délateur assista au supplice. Le cardinal décida le Roi à tenir un lit de justice pour forcer le parlement de Paris, qui refusait de favoriser les tribunaux ecclésiastiques, à se prononcer résolument sur l'extermination des protestants. Le maréchal de Vieilleville s'efforça en vain d'empêcher cette détermination par un mot de jouteur de tournois : « Si vous allez, dit-il au Roi, faire l'office d'un théologien et inquisiteur de la foy, il faudra que le cardinal de Lorraine nous vienne apprendre à coucher nostre bois sans bransler ni choc-quer des genouillères la barrière [2]. » Henri II ne tint pas compte de cette opposition ; il s'engageait dans son grand dessein ; rien ne pouvait l'arrêter après les sacrifices qu'il avait subis afin que la paix pût lui permettre de s'occuper des affaires religieuses ; mais dans le Parlement, sur les fleurs de lis, quelques magistrats parlèrent de leur conscience. Le Roi s'irrita ; il en fit arrêter huit. Le plus considérable était Anne du Bourg, neveu d'un chancelier de François Ier. Son procès dura plusieurs mois. Sous le règne suivant, il parut ébranlé dans sa foi, on espérait le sauver ; mais, comme il rentrait dans sa prison, il vit à une des fenêtres la dame de Lacaille, « Parisienne prisonnière, et depuis bruslée », qui lui reprocha ses hésitations [3]. Rappelé à la

[1] Henri MARTIN, *Histoire de France*, t. VIII, p. 493.

[2] VIEILLEVILLE, *Mémoires*, p. 279.

[3] D'AUBIGNÉ, *Histoires*. Le procès d'Anne du Bourg se trouve dans un registre du parlement de Paris, qui est à la Bibliothèque de Versailles. Ce volume faisait partie d'une collection de procès-verbaux qui a été brûlée dans l'incendie du Palais de justice et est le seul qui subsiste.

fermeté par cette voix de femme, il refusa de signer la rétractation et fut brûlé dans les trois jours.

Peu de temps après ce lit de justice, un événement imprévu donna subitement une influence prédominante à la maison de Guise.

Pour célébrer le mariage, avec Philippe II, de sa fille Élisabeth, âgée de quatorze ans [1], Henri II voulut rompre des lances dans un tournoi contre plusieurs chevaliers. Il portait les couleurs de Diane, le blanc et le noir. Un éclat de la lance de Montgomery lui entra dans la tête. Il mourut au bout de dix jours, probablement sans avoir repris connaissance.

Malgré ses guerres malheureuses, sa paix plus malheureuse encore, ses prodigalités mal placées, il fut regretté des Français, comme s'ils avaient prévu qu'après sa mort allait commencer une longue période de guerres civiles et de calamités publiques. L'ambassadeur d'Angleterre écrit : « Les lamentations étaient extraordinaires, et tous pleuraient, hommes et femmes [2]. »

[1] Elle était née le 2 avril 1545 ; SISMONDI donne bien quatorze ans à cette princesse ; PRESCOTT (t. I, p. 269) admet cet âge d'après Sismondi, mais pense qu'il était incertain ; DE THOU suppose qu'elle avait onze ans ; CABRERA (*Felipe Segundo*) lui donne dix-huit ans. On ne peut accorder aucune foi aux propos divers que l'on a fait tenir par Henri II durant son agonie.

[2] Nicholas THROCKMORTON, cité par PRESCOTT, t. I, p. 177 : « Their was marvailous great lamentation made for him, and weaping of all sorts, both men and women. »

CHAPITRE IX

PRÉPONDÉRANCE DES GUISES SOUS LE RÈGNE DE FRANÇOIS II.

1559-1560.

Entre le coup d'épée de Jarnac et le coup de lance de Montgomery s'était écoulé le règne de Henri II, sans autre grandeur que la gloire acquise par nos armées sous le commandement du duc de Guise. Aussi le Balafré sembla dès le premier jour le véritable héritier du trône. Certain de la docilité du jeune roi François II, son neveu, peu inquiet de l'influence que pourrait avoir la reine douairière Catherine de Médici, puisque les lois de l'étiquette l'obligeaient à rester enfermée durant quarante jours dans sa chambre de veuve, les fenêtres closes et les murailles tendues de noir, il ne s'occupa pendant les premiers instants qu'à écarter les Montmorencys et les Bourbons.

Il avait, avant que Henri II eût rendu le dernier soupir, introduit dans Paris quelques centaines de ses gentilshommes. Il en glissa quelques-uns dans la garde-robe de François II, au palais des Tournelles [1], faisant croire de la sorte au jeune Roi qu'il était exposé à des

[1] Pierre DE LA PLACE, *Commentaire de l'estat de la religion et république.*

dangers, et protégé par ses soins : le lendemain, il s'entoura d'une nombreuse cavalerie et mena le nouveau Roi au Louvre, « laissant le corps du mort à ceux qui en avaient possédé l'esprit [1] », et occupant le connétable dans les longues cérémonies des obsèques du Roi.

Montmorency avait compris aussi bien que lui les nécessités de la lutte pour le pouvoir, mais il ne s'était plus senti assez fort pour agir sans alliés, et il avait écrit au roi de Navarre, aussitôt après l'accident du tournoi, en le suppliant d'accourir près de lui et de réclamer ses droits de premier prince du sang, au moment où commençait le règne d'un enfant de dix-sept ans; il avait remis cette lettre à son valet de chambre qui avait couru au galop de Paris à Pau, et avait pu arriver près du roi de Navarre avant que Henri II eût expiré. Mais le connétable, inquiet de ne pas recevoir de réponse, abandonné des cent gentilshommes qui l'accompagnaient toujours, comprit qu'il ne pourrait lutter seul, « sent son mal, vieil courtisan réduit en semblable fortune qu'il avoit esté du temps du roy François Ier, se contente de tout, se monstre sans ambition [2] ». Il résigna prudemment sa charge de grand maître de la maison du Roi : la survivance en était promise à son fils aîné, mais le duc de Guise ne laissa pas échapper un titre qui lui donnait les pouvoirs d'un maire du palais [3]; il se fit nommer grand maître et dédommagea le fils de Montmorency par un bâton de maréchal de France. Le vieux connétable « eut sa plainte pour remède, et pour retraite Chan-

[1] TAVANNES, p. 227.
[2] *Id.*
[3] CASTELNAU, p. 407.

tilli [1] ». Son neveu Coligny, qui avait les gouvernements de Picardie et de Normandie, mis en demeure d'opter, se démit du gouvernement de la Picardie au profit du prince de Condé : mais le duc de Guise accepta cette démission et en fit profiter non pas le prince de Condé, mais le maréchal de Brissac, de manière à s'attacher, par cette donation de la Picardie, un militaire dont l'influence était utile.

Les princes de Bourbon ne pouvaient présenter une sérieuse résistance à l'autorité des Guises : le cardinal de Bourbon, avec une tête sans jugement et une vanité qui le rendait dupe de toutes les intrigues, ne jouissait que d'une médiocre considération. Le prince de Condé semblait absorbé dans les galanteries : léger, aimable, riant toujours, il paraissait oublier les droits que lui donnaient sa naissance et ses talents : le duc de Montpensier et le prince de la Roche-sur-Yon n'avaient jamais reçu aucune part d'autorité et se laissaient dominer si complètement par le désir d'amasser de grands biens [2], qu'il n'était pas malaisé de les satisfaire avec de simples dons en argent. Restait le chef de la famille, Antoine, duc de Vendôme et roi de Navarre. Lorsqu'il reçut à Pau le valet de chambre du connétable et apprit la mort imminente du Roi, il crut à un piège : il avait été longtemps travaillé par les agents du roi d'Espagne qui l'amusaient du chimérique espoir de le faire réintégrer dans son royaume de Navarre perdu depuis quarante ans; désillusionné par le dernier traité de paix qui n'avait même pas fait mention de ses droits, il en avait conçu un dépit maladroit et une aveugle rancune contre

[1] D'Aubigné, p. 86.
[2] Castelnau, p. 407.

le connétable, dont il s'était cru oublié durant les négociations. Ce leurre grossier ne cessa de l'abuser durant le reste de sa vie et devint le mobile dominant de ses actions, comme s'il eût été sensé d'admettre que Philippe II, dont toutes les pensées n'allaient qu'à l'extension de sa monarchie, se serait résigné sans lutte à détacher de la péninsule espagnole une des provinces les plus faciles à défendre contre une conquête.

Seul à Pau, et encore outré de cette première déception, il refusa de se concerter avec le connétable, sentit peut-être un secret plaisir à abandonner le vieux courtisan et à le punir ainsi, par une défection inattendue, de n'avoir pas soutenu ses droits dans les négociations de la paix. Sa femme, Jeanne d'Albret, le supplia vainement de partir en toute hâte, lui montra que ses ressources réelles, ses droits solides, l'avenir de sa maison étaient en France, et que sa qualité de premier prince du sang le constituait comme le rival nécessaire du duc de Guise : il voulut attendre les événements, prétendit que la nouvelle de la mort de Henri II avait été imaginée pour rendre suspect son empressement à accourir, et perdit en hésitations tout le temps qui était nécessaire au duc de Guise et au cardinal de Lorraine pour saisir l'autorité. On dit qu'ils avaient gagné à leurs intérêts les deux conseillers du roi de Navarre, son chambellan d'Escars, et d'Angui, évêque de Mende [1] : il est certain que ces deux hommes retardèrent le plus longtemps possible le départ de ce faible prince et qu'ils lui ont suggéré dans la suite toutes les démarches qui ont peu

[1] Martha Freer, *Life of Jeanne d'Albret*, t. I, p. 157.

à peu amoindri son rôle et l'ont rendu le jouet de l'ambition des Guises. Antoine avait déjà ces travers de l'amitié, cette soumission à des confidents, ce besoin d'être guidé par les avis de subalternes, qui ont fait la faiblesse de ses deux petits-fils Louis XIII et Gaston d'Orléans. Emporté par l'élan du moment, prompt à abandonner ses desseins ou même ses favoris, Antoine de Bourbon était comme Gaston à la fois obstiné et versatile, brave avec témérité devant le feu de l'ennemi et abattu jusqu'à l'humiliation dans la disgrâce, facile à satisfaire par les honneurs sans solidité, et constamment déçu par les rêves d'une ambition sans patriotisme; séduisant, mais frivole, il ne pouvait être ni un rival, ni un allié pour le duc de Guise.

Quand il se décida à se rapprocher de la Cour, tout était terminé : Guise commandait au Louvre et disposait en maître de tous les pouvoirs. Il avait « changé les garnisons, rétabli le chancelier Olivier[1] », gagné tous les généraux : le maréchal de Brissac, le plus populaire dans l'armée, quoique déjà vieilli; le maréchal de Saint-André, utile par son esprit d'intrigue; le maréchal de Vieilleville, vigilant, mais sujet à des colères brutales qu'on attribuait à des habitudes d'ivresse; Tavannes, le meilleur chef de cavalerie; Montluc, adoré des Gascons, tous s'étaient ralliés autour de leur chef. Au Parlement, qu'il recevait en son Louvre, le jeune Roi avait désigné le duc de Guise et le cardinal de Lorraine, ses oncles, comme chargés du gouvernement, avec pleins pouvoirs sur les affaires des armées et des finances[2]. Enfin, un arrêt du conseil dépouillait au pro-

[1] TAVANNES.
[2] CASTELNAU.

fit des ducs de Guise la monarchie française des droits de souveraineté sur le duché de Bar [1]. En quelques jours, les six enfants d'Antoinette de Bourbon se trouvaient les maîtres de la France.

Toutes les compétitions semblaient éteintes : aucune rivalité ne paraissait à craindre. Une sorte de popularité semblait saluer cet avènement des Guises. M. de Guise le Grand, qui voyait réaliser sa devise audacieuse : « Chacun son tour [2] », avait une tenue de souverain avec une grâce hautaine, et cette bonne humeur du général qui sait ne pas déplaire à ses compagnons de guerre par le ton d'autorité, l'aisance des manières et une attitude un peu théâtrale. La richesse de ses vêtements, la vivacité de ses chevaux, l'éclat bruyant de ses escortes de gentilshommes armés, frappaient les esprits et le présentaient aux imaginations sous les traits d'un héros et d'un vainqueur. On se fait malaisément une idée aujourd'hui de l'influence qu'ont pu exercer à diverses époques sur leurs contemporains des hommes doués de beauté, de charme, de courtoisie. Les habits aux couleurs éclatantes, les airs bravaches, la vigueur, étaient des qualités nécessaires chez tous ceux qui exerçaient un commandement. Il faut sortir de notre âge et se reporter à cette époque pour bien comprendre l'autorité qu'ont pu obtenir et conserver successivement les trois ducs de Guise, tous hardis, élégants, robustes, entourés de frères ou de fils qui avaient grand air comme eux et savaient comme eux faire flotter la plume au vent, relever le manteau du fourreau de l'épée, et porter fièrement

1 D'Aubigné.
2 Montluc, p. 163.

le pourpoint de satin ou le corselet d'acier incrusté d'or.

Dans cet apogée de sa puissance, au moment où tous ceux qu'il redoutait étaient exilés ou annihilés, quand il se voyait le maître, sans adversaire possible, le duc de Guise découvrit tout à coup, en face de lui, au-dessus de lui, un ennemi bien autrement redoutable que ceux dont il venait de se défaire, armé d'une expérience silencieusement amassée et plus savante que celle du connétable, pourvu de ressources d'esprit plus fécondes que celles de toute la famille des Caraffa qui avait fait évanouir le rêve de Naples, maître de droits plus puissants que ceux des Bourbons, doué d'un génie politique qui écrasait le talent subtil du cardinal de Lorraine. Quand les Guises, devenus les oncles du Roi, se crurent les maîtres du royaume, ils trouvèrent devant eux la Reine mère, Catherine de Médici.

Durant plus de vingt-cinq ans d'avanies subies avec soumission entre la maîtresse de son beau-père et celle de son mari, craintive, humiliée, elle avait refoulé tous ses sentiments de femme et de reine; elle avait concentré dans son âme toutes ses passions pour se saisir des deux forces qui pouvaient lui rendre la dignité et la jouissance de ses droits; elle n'avait recherché que l'amour de ses enfants et la science mystérieuse des causes qui, dans sa Cour, en France, dans l'Europe, procuraient le pouvoir. Douce observatrice, elle faisait causer les courtisans, les gens de guerre, les ambassadeurs, se laissait montrer les dépêches, aimait les récits des galanteries secrètes, des trahisons de cour, des hardiesses religieuses. Elle étudiait l'art de jouer avec les faiblesses humaines, le pouvoir qu'on obtenait sur les hommes après que l'on avait acquis la soumission des femmes. Elle n'apportait pas de préjugés dans cette éducation secrète; sans dégoût, elle s'instruisait dans une doctrine qui devait être sans scrupule. Elle voulait savoir ce qu'on peut acquérir en sachant mettre en jeu les vices des autres ou leur générosité, leurs instincts ou leurs répugnances. Pour jouir de cette science, elle avait besoin d'être affranchie de la dépendance dans laquelle elle était retenue, et elle comprit que ses enfants pouvaient seuls la replacer dans la liberté de ses mouvements.

Aussi, elle conserva ses fils sous ses yeux, les habitua à ses soins, s'absorba dans leur vie, les maintint dans une tendresse un peu exaltée. Son heureuse fécondité l'entourait de protecteurs ainsi créés par elle; elle n'avait qu'eux, mais déjà ses deux filles aînées lui procuraient l'influence sur ses deux gendres, le roi d'Espagne et le duc de Lorraine. Ce dernier même lui était depuis longtemps soumis comme l'un de ses propres fils; elle l'avait fait élever près d'elle, avec les enfants des principaux personnages du royaume; elle tenait de la sorte sous sa loi, à Saint-Germain, une cour de jeunes seigneurs et de petites demoiselles empressés autour de ses enfants. On leur faisait lire les romans de chevalerie, et ils jouaient entre eux au fond de la forêt, qui devenait pour eux la futaie légendaire de Brocéliande, de jolies scènes de *Giron de Courtois* ou d'*Amadis des Gaules,* chevaliers errants, dames captives, princesses entourées d'adorateurs [1]. C'est dans ces jeux que le dauphin François avait appris à aimer Marie

[1] TORSAY, *la Vie, la mort et tombeau de Philippe de Strozzi.* Paris, 1608.

Stuart. Après qu'il l'eut épousée, les autres enfants continuèrent leur éducation au château d'Amboise, et le sceptre de beauté passa des mains de la petite Marie Stuart dans celles de Marguerite de Valois; à six ans elle avouait déjà ses préférences entre les nombreux soupirants qui l'entouraient dans ce monde enchanté [1]; sous cette douce autorité, grandissaient les trois Henri, qui commençaient dans des querelles d'enfants leurs longues rivalités : Henri de Guise, l'aîné, pétulant, aimant à mal faire; Henri de Valois, le fils de Henri II, gracieux et romanesque, âgé de dix ans à la mort de son père [2]; Henri de Navarre, fils de Jeanne d'Albret, né trois ans après le fils du duc de Guise et deux ans après Henri de Valois, robuste et pétillant d'esprit. Tous apprenaient, en entrant dans la vie, que le premier devoir était d'obéir à Catherine, de l'aimer, de la regarder comme une puissance infaillible et bienfaisante.

Catherine, de son côté, s'accoutumait, dans le maniement de ces jeunes âmes, à essayer son talent de domination et à exercer son infatigable activité d'esprit.

Elle était douée d'une singulière puissance de travail, et de cette vivacité d'intelligence que les femmes ont plus fréquemment que les hommes. Les rigueurs de son long apprentissage lui avaient fait acquérir l'art si nécessaire, mais si rare en politique, de changer brusquement son jeu, de dérouter ses adversaires par un revirement inattendu, de trouver des ressources subites, même au milieu des désastres, avec une fécondité d'esprit que rien ne pouvait étonner. Mais elle avait perdu, dans ses habitudes de dissimulation, le sens de

[1] MARGUERITE DE VALOIS, *Mémoires*, p. 2, édit. Petitot.

[2] On l'avait nommé Alexandre à sa naissance.

la bonne foi. « Elle trompoit plusieurs, et estoit trompée de beaucoup [1] », sans avoir la moindre honte à être surprise dans ses fraudes, souriante même quand on lui rappelait ses mensonges. « Elle me le renie comme beau meurtre, disait Jeanne d'Albret, et me rit au nez. » Elle ne savait pas faire cas de l'élévation des sentiments et n'avait aucun scrupule à employer pour le succès de ses desseins les moyens les plus déshonnêtes; elle ne voyait aucune honte à faire entrer dans ses calculs la beauté des femmes; ce n'était pas dépravation chez elle, c'était absence de la notion de la pudeur. Jamais femme n'eut moins qu'elle le respect de la femme. Après toutes les avanies qu'elle avait dévorées, il n'était plus d'humiliation qu'elle ne se crût en droit d'exiger des femmes placées sous sa main. Aussi dure pour celles qui étaient soumises à son pouvoir qu'elle savait être caressante près de ceux qu'elle voulait dominer, elle négligeait l'honneur de celles qu'elle employait comme instruments, de même qu'elle ne cherchait pas l'estime de ses adversaires.

Elle ne dédaignait pas d'employer elle-même toutes les ressources que donne la science des séductions, mais sans autre intention que d'accroitre son autorité. Elle connaissait le charme de ses yeux et de sa voix; elle aimait les riches costumes et toutes les parures qui pouvaient saisir l'attention [2]; « le beau tour de ses jambes luy faisoit prendre plaisir à porter des bas de soie bien tirés, suivant la galanterie du temps, et ce fut

[1] TAVANNES, p. 389.

[2] Geronimo LIPPOMANO, publié par TOMMASEO, *Amb. vén.*, t. II, p. 634 : « Si diletta e compiace molto di quelle cose che communemente piacciono alle donne, cioè di vestir superbamente, di parer belle, e di quelle altre circonstanze che van in conseguenza. »

pour les montrer qu'elle inventa la mode de mettre une des jambes sur le pommeau de la selle en allant sur les haquenées[1] ». Les courtisans avaient remarqué qu'elle « aimoit une de ses dames par-dessus toutes les siennes et la favorisoit par-dessus les autres, seulement parce qu'elle luy tiroit ses bas si bien tendus et en accomodoit la grève et mettoit si proprement la jarretière...[2] »

Ces soins recherchés permettent-ils de croire qu'elle a eu d'autre passion que celle du pouvoir? Les contemporains lui ont supposé plusieurs galanteries : le cardinal de Châtillon, ce frère de Coligny, qui renonça à son chapeau pour entrer dans le protestantisme, aurait été l'un des premiers à la consoler des infidélités du Roi[3]. On a parlé surtout d'un cadet de Bourbon, le vidame de Chartres, qui portait « le vert pour l'amour d'une plus que très-grande dame, laquelle l'a toujours porté jusques au jour de sa viduité, et on donnait à ce seigneur réputation de la servir, mais, sur la fin, il s'en trouva mal[4] ». Le vidame de Chartres fut, en effet, après la mort de Henri II, enfermé à la Bastille, puis transféré aux Tournelles, et mourut à trente-huit ans, au moment où il était mis en liberté, épuisé par les mauvais traitements subis en prison; la Reine mère « fut fort blasmée de cette prison, qui pourtant autrefois ne luy eust usé de ce tour. Quand une dame qui a aymé vient à haïr, elle trouve toutes les inventions du monde pour bien haïr[5]. » S'était-il montré ingrat, ou

[1] VARILLAS, *Histoire de Charles IX*, t. I, p. 2.
[2] BRANTÔME, *Dames galantes*, discours III.
[3] VARILLAS.
[4] BRANTÔME, *Colonels de l'infanterie*, édit. Panthéon, t. I, p. 661.
[5] BRANTÔME.

bien fut-il écarté pour faire place au brillant duc de Nemours, qui aurait ainsi été aimé à la fois par Catherine de Médici et par la duchesse de Guise? La malignité des gens de cour, pendant les loisirs de l'hiver, se plut à imaginer que le Roi eut pour rival un petit gentilhomme, Troïlus du Mesgoüez, qui fut créé marquis de la Roche-Helgomarche[1]. Ces récits de quelques désœuvrés ne sauraient exciter trop de méfiance. Il semble absurde de supposer qu'une femme qui se savait dédaignée par son mari, épiée par la vieille favorite, menacée d'être renvoyée à Florence, surveillée par sa belle-fille, Marie Stuart, qui n'avait d'appui que le respect de ses enfants, ait pu risquer toutes ses chances. Elle voulait plaire à tous, et savait que pour y réussir elle ne devait témoigner aucune préférence. Se serait-elle exposée aux dangers quand ils existaient, elle qui a su ne se faire reprocher aucune faiblesse à partir du moment où elle devint toute-puissante dans le royaume? Dans cette seconde période de sa vie, elle était jeune encore, elle n'avait pas d'ennemi à redouter, et si elle a gardé assez de fierté dans sa conduite pour qu'aucun propos n'ait été proféré contre elle, on doit croire qu'elle a conservé la même retenue quand elle était placée entre un mari et une rivale. Sa vertu ne procédait ni de la dignité, ni de la pudeur: c'était simplement l'amour de la souveraineté. Une âme dominée exclusivement par l'ambition ne comporte aucun des sentiments qui peuvent renverser en un instant tous ses desseins.

Il fallait que ce besoin de domination fût bien extraordinaire pour qu'une femme se soumît aux travaux

[1] Le Laboureur, *Additions aux mémoires de Castelnau*, liv. I. Voltaire, notes de la *Henriade*.

qu'affronta Catherine de Médici. Elle a laissé un nombre incalculable de lettres; on en possède plus de six mille qui n'ont pas été perdues, et qui sont toutes de sa main [1]. Elles sont difficiles à lire, et l'on croirait, d'après l'orthographe, que Catherine n'a pu jamais saisir rigoureusement la prononciation française; elle écrit, par exemple : « Je souys si troublée que je ne sé que je souys [2]. » Elle a toujours mis une sorte d'affectation à parler de son ignorance de la langue française et à feindre de ne comprendre exactement que l'italien. Elle demandait pour confesseur un religieux qui connût cette langue; car, « ne pouvant se confesser qu'en sa langue, la Reine tiendroit sa conscience chargée de parler à un homme qui ne l'entendroit franchement [3] » Mais peut-être voulait-elle paraître ignorante et maladroite pour moins éveiller la défiance.

Elle a certainement joué ce rôle au début du règne de François II, quand elle se présenta pour prendre sa part de pouvoir, et quand elle se vit en lutte tout d'abord contre l'influence acquise par sa belle-fille Marie Stuart. C'était encore contre une femme qu'elle avait à combattre. Rivale moins humiliante, mais aussi hautaine que Diane, la jeune Reine prétendait

[1] MIGNET, *Rapport* du 8 août 1842 au Comité des monuments historiques. Une collection considérable de ces lettres est conservée à Londres, par M. Murray, Albemarle street. On ne peut s'expliquer comment le ministère de l'instruction publique n'a pas encore pu obtenir la publication de cette correspondance; la décision qui en ordonne la publication est de 1842. Il ne semble pas qu'aucun travail ait été sérieusement commencé, malgré les engagements pris. M. ALBERI a publié un grand nombre de lettres dans son ouvrage : *Vita de Catherina de' Medici, saggio storico di Eug. Alberi*. Firenze, 1838.

[2] Ms. Colbert, VC, v. XXIV, fol. 39.

[3] Ms. Archives nat., Simancas, B, p. 11.

écarter sa belle-mère, et lui disait arrogamment : « Vous ne serez jamais qu'une fille de marchand[1]. »

Mais elle ne reculait pas devant une lutte pour soutenir ses droits et ses tendresses de mère. Marie Stuart put connaître, dès ce moment, ce qu'avait de dangereux un combat contre une femme froide, ambitieuse, implacable. La nerveuse et impérieuse nièce du duc de Guise subit cette étrange destinée de se trouver toute la vie dans la dépendance des deux femmes qu'elle haïssait le plus, la reine Catherine et la reine Élisabeth.

Catherine, « conseillée par des Italiens, assistée des dames de Montpensier et de Roye, haïssant comme belle-mère la royne Marie Stuart, qui l'esloignoit des affaires et portoit l'amitié du Roy à messieurs de Guise, se résout de favoriser les malcontents[2] ». Étonnés d'avoir à compter avec elle, les Guises crurent la gagner en lui sacrifiant la duchesse de Valentinois, la belle-mère d'un des leurs, le duc d'Aumale. Ils ne voyaient pas que chaque satisfaction concédée à Catherine la rendait plus puissante et plus exigeante. Comme jadis la comtesse de Châteaubriant et la duchesse d'Étampes, Diane eut l'humiliation de rendre les pierreries de la couronne[3]. Le Roi lui envoya dire qu'en raison de ses maléfices auprès du Roi son père, elle mériterait un châtiment signalé, mais qu'il se contentait d'exiger la restitution des joyaux[4]. Ses gendres l'abandonnèrent ou tombèrent en disgrâce eux-mêmes. Elle plia sous

[1] Santa Croce, nonce du Pape en France, écrit : « La regina di Scotia un giorno gli disse che non sarebbe mai altro che figlia di un mercante. »

[2] Tavannes.

[3] *Id.*

[4] Dépêches vénitiennes, publiées par Baschet, *la Diplomatie vénitienne*, p. 494.

l'orage, et fit don à Catherine, après l'avoir si longtemps méprisée, du château de Chenonceaux, qu'elle avait recueilli dix ans auparavant dans les débris de la fortune de la duchesse d'Étampes. Comme pour renouveler avec précision les affronts que celle-ci avait subis, on voulut faire condamner Diane à son tour par un duel. Son parent, Matas, défié par le jeune Achon de Mouron, neveu du maréchal de Saint-André, désarma son adversaire, dédaigna de le frapper, pour imiter Jarnac, qui n'avait pas tué la Châtaigneraie, lui tourna le dos et remonta à cheval. Pendant ce temps, Achon, « ayant ramassé son épée, courut après luy et luy donna un grand coup d'espée à travers le corps ». Matas tomba mort, « et n'en fut autre chose [1] ». Le duc de Guise profita de cette occasion pour interdire, en vertu de ses pouvoirs nouveaux de grand maître de la maison du Roi, les rencontres de ce genre dans les parcs et les résidences royales; « il n'y alloit rien moins que de la vie. Si M. de Guyse le Grand eust vescu encore plusieurs années, il eust bien empesché tant d'appels et en eust bien fait punir non-seulement pour ces appels en l'hostel du Roy, mais pour plusieurs autres follies que j'ay veu faire aussi bien dans les maisons du Roy que dans ses salles et chambres [2]. »

Il conduisit le Roi à Reims au mois de septembre 1559, pour les cérémonies du couronnement. Le sacre paraît avoir eu lieu entre le 17 et le 20 septembre. Les médailles indiquent le 17; un historien des ducs de Guise dit le 18 [3]; le 19 est la date de Mézeray, et le

[1] BRANTÔME, *les Duels*, p. 181.
[2] *Id.*, *ibid.*, p. 184.
[3] BOUILLÉ, *Histoire des ducs de Guise*, t. II, p. 18.

20, celle que donne de Thou. Il y a manque de précision dans tous les récits de cette époque. L'attention des contemporains semble absorbée par les intrigues de cour.

Dans les intrigues se complaît surtout le cardinal de Lorraine, avec un esprit étroit, inquiet, tracassier; il y noie son frère, lui fait oublier qu'il est le chef de l'État. Plus d'idée d'ensemble, plus de principe; on vit au jour le jour, sans plan et sans projet. François Ier avait eu pour politique de conserver la Bourgogne et d'affaiblir la maison d'Espagne. Henri II avait tout sacrifié à l'intérêt de se faire le chef des catholiques de l'Europe. Les Guises ne s'arrêtent à aucune pensée, et n'essayent pas de s'unir aux intérêts du pays. Le duc ne sait ni supporter, ni combattre l'opposition; étonné de la sourde résistance de Catherine, inquiet des Bourbons, il ne peut pas se placer au-dessus des incidents de chaque jour. Le cardinal, bien inférieur à son frère (« il n'avoit pas l'âme si pure, mais fort barbouillée [1] »), absorbé par un besoin insatiable de plaisirs, n'avait plus d'autre pensée que la peur des gens capables de troubler ses jouissances; il se donne le ridicule de la crainte, à une époque et dans une famille où chacun était brave jusqu'à la témérité. Le frère du grand Balafré est bientôt connu comme poltron, et perd aussitôt son prestige; ses grands talents, son éloquence, son art de séduction, deviennent impuissants; pour être d'Église, on n'était pas dispensé d'être courageux. D'ailleurs, la peur est une dangereuse conseillère pour ceux qui détiennent le pouvoir : qui est lâche est cruel.

[1] BRANTÔME, *Hommes illustres*.

Le cardinal de Lorraine fit jeter dans les cachots, où ils mouraient de privations et de souffrances en quelques semaines, tous ceux qu'il soupçonnait de nourrir des pensées d'opposition à son autorité; il voyait partout des conspirateurs : un loueur en garni, nommé le Vicomte, comme un gentilhomme du roi de Navarre, M. de Soubselles, comme le comte d'Arran, envoyé au Roi par les Écossais, tombaient victimes de ces vagues terreurs. Supposer des conspirations, quelquefois c'est les faire naître. Déjà circulaient des pamphlets contre les parvenus lorrains; ces attaques étaient timides, et l'on peut citer, comme exemple de cette polémique naissante, le double sonnet suivant, dont les vers de dix syllabes sont à l'éloge du cardinal, et dont les vers de quatre ont un sens satirique :

Par l'alliance et amour mutuelle
Du cardinal faitte avecques le roy,
On veoit tout mal ne trouver plus de quoy
Battre la France et sa fleur immortelle.

Qui Dieu desprise il sent sa main cruelle.
Luy jusqu'au bout ayme et soutient la foi :
Qui pille tout et veut vivre sans loy
Son frère Guise l'afflige de bon zèle.

Ces deux fort bien ayant un cœur uny
Gardent que rien demeurant impuny
Ne leur échappe ! O trop heureuse France !

Car l'un de soy connaissant combien craint
Veut estre roy, sa justice il advance,
Et l'autre un pape imite tant est saint.

S'ils manquaient de principe et de vue d'ensemble dans leur administration intérieure, les Guises étaient encore plus malheureusement inspirés dans leur politique étrangère. Toujours dominés par les intérêts de leur maison et les avantages du moment, ils ne voyaient plus que l'Écosse dans toute l'Europe. Leur sœur Marie de Guise se débattait pour défendre les droits de sa fille Marie Stuart. Ils mirent leur orgueil à faire prendre par François II les titres de roi d'Écosse et d'Angleterre; ils regardaient cette double couronne d'outre-mer comme la dot de leur nièce et la légitimation de leur pouvoir; ils mettaient à la revendiquer une aussi chimérique naïveté qu'à se porter, quelques années auparavant, vers le trône de Naples et la tiare pontificale. Vouloir annexer les îles Britanniques à la France, sous le prétexte des droits douteux d'une princesse lorraine, était une entreprise digne d'un rêveur effronté comme le cardinal; mais il est pénible de voir le duc de Guise, dont l'esprit était pratique, se placer au service d'une politique aussi peu sérieuse. Le seul résultat qu'elle pouvait amener était de rapprocher contre nous, malgré les différences de religion, l'Angleterre et l'Espagne, et de nous isoler sans alliance.

Aussi est-ce de l'Angleterre que sortirent les premières tentatives de sérieuse opposition contre les Guises. La jeune reine Élisabeth entretenait avec habileté le mécontentement des capitaines français rendus à l'oisiveté et réduits à la misère par la paix de l'année précédente[1] : son ambassadeur Throgmorton lui écrivait : « C'est le moment de distribuer de l'argent, et jamais il n'y aura eu d'argent mieux dépensé par l'Angleterre[2]. »

[1] FROUDE, t. VII, p. 205.

[2] FORBES, Throgmorton to Cecil, 15 march; to the queen, 21 march: « Spend your money now, and never in England was money better spent than this will be. »

A ses frais, arrivaient à la Cour les capitaines qui tantôt sollicitaient humblement des secours, et tantôt réclamaient avec arrogance le prix de leurs services. L'aspect de ces traîneurs d'épée, déguenillés et querelleurs, épouvantait le cardinal de Lorraine : il craignit d'être enlevé dans une émeute militaire. L'excès seul de sa terreur peut expliquer le singulier édit qu'il fit signer par le Roi, pour interdire sous peine de mort toute sollicitation. La Cour occupait alors le château de Blois : non seulement le crieur publia à son de trompe « un bandon » ordonnant que « tous capitaines, soldats et gens de guerre qui estoient là venus pour demander récompense et argent, qu'ils eussent à vuider sur la vie[1] » ; mais, afin que les menaces produisissent plus d'impression, le cardinal fit dresser des gibets pour pendre les solliciteurs obstinés. Curieux procédé administratif envers de vieux serviteurs que tentaient au même instant les offres de la reine d'Angleterre.

Cette mesure paraît avoir été exigée par le cardinal seul. Le duc de Guise, ou ne fut pas consulté, ou ne put prévaloir contre son frère. Il s'efforça d'atténuer le mauvais effet de cette maladroite rigueur, en attirant autour de lui ses anciens compagnons d'armes, que le cardinal repoussait par la menace de ses potences ; « il leur faisoit très-bonne chère jusques aux plus petits, comme j'ay veu[2] » ; il leur conseillait de se retirer chez eux et leur promettait de prendre en main leurs intérêts, de s'en occuper en personne. Mais le moyen de satisfaire tant de demandes et de calmer tant d'irritation ! Ceux qu'on repoussait du château de Blois se

[1] BRANTÔME, *Hommes illustres*, t. I, p. 426.
[2] *Id. ibid.*

retiraient dans la forêt; des groupes armés erraient autour de la ville. Dès le mois de novembre 1559, ces hommes, poussés au désespoir, prenaient une attitude si menaçante et semblaient si résolus à tenter un coup de force, que le jeune Roi, sans doute un peu ému à l'avance par la frayeur du cardinal, fut pris de peur au milieu d'une partie de chasse à l'aspect d'une de ces troupes d'hommes à cheval dans sa forêt, et rentra au galop dans le château, en abandonnant ses chiens [1]. Les gardes écossais reçurent l'ordre, à partir de ce jour, de porter une cotte de mailles et furent armés de pistolets. A la fin de décembre, le mécontentement avait pris de telles proportions, que l'ambassadeur d'Angleterre prévoyait qu'un coup violent pouvait être frappé d'un moment à l'autre [2]. Le cardinal ne se jugea plus en sûreté à Blois; la Cour se mit en route le 5 février : durant deux semaines [3], elle descendit la Loire, entre Blois et Amboise, au milieu de fêtes, de banquets et de galanteries qui éloignaient des yeux, pour un temps, les inquiétudes; on voulait s'étourdir durant une fuite lente; le cardinal croyait habile de glisser entre les mains de ces cavaliers mystérieux, mais il ne prenait aucune mesure pour faire cesser la misère des vieux soldats de Henri II, ni occuper leur activité.

Quand il se fut enfermé avec le Roi dans le château

[1] Forbes, t. I, p. 262. Killegrew to the queen, 15 november 1559 : « The king the last day being on hunting was in such fear, as he was forced to leave his pastime; and to leave the hounds uncoupled and return to the court. Whereupon there was commandment given to the scottish guard to wear jackets of mail and pistols. »

[2] Forbes. Killegrew to the queen, 29 december 1559 : « It is evident that the discontent has reached a point when something desperate may be expected. »

[3] Du 5 au 23 février. Forbes, t. I, p. 315, 320, 334.

d'Amboise, plus facile à défendre contre un coup de main que celui de Blois, il apprit presque aussitôt que les forêts environnantes se peuplaient des mêmes mécontents. Ces derniers n'avaient ni chef, ni projet : les gentilshommes ruinés, les gens de guerre faméliques, ceux qui regrettaient les sacs des villes, accouraient de tous les points de la France, sans entente, sans idée autre qu'une haine irréfléchie contre les Guises. C'était un instinct, un élan inintelligent : on se portait vers Amboise pour délivrer le Roi du joug de ses oncles, comme deux ans plus tard on accourra à Meaux après le massacre de Vassy. Que ce sentiment inconscient et en quelque sorte épidémique dans la noblesse militaire ait pris une forme plus savante au fond de quelques esprits, on n'en saurait douter. Il est probable que l'argent de la reine d'Angleterre a favorisé cette disposition morbide chez plusieurs, et a réveillé des indécis. On peut croire aussi que Catherine n'a pas cherché à arrêter un mouvement qui pouvait amoindrir le pouvoir des oncles de sa belle-fille : du moins le plus honnête de ses conseillers, Michel de Lhospital, paraît avoir connu les principaux mécontents et s'être concerté avec eux, afin de préparer un nouveau gouvernement pour le cas où l'on réussirait à renverser celui des Guises. D'un autre côté, les chefs huguenots prévoyaient que cet élan ne demeurerait pas stérile et pourrait profiter à leur popularité, tout en ruinant celle de leurs ennemis. Derrière eux, le prince de Condé, déjà à demi gagné à la cause de la réforme, ennemi depuis longtemps du duc de Guise, essaya, sans prendre d'engagement, de se laisser promettre comme chef secret; il ne livra pas sa signature, mais une sorte de convention fut conclue entre quelques personnages qui avaient la prétention de diriger le mouvement en son nom. D'Aubigné prétend [1] qu'il a eu cette convention entre les mains, qu'elle était signée de d'Andelot, de Lhospital et de Spifame, évêque de Nevers, « chose, dit-il, que j'ay fait voir à plusieurs personnes de marque ». Si ce document a réellement existé, il a été ignoré des Guises : le cardinal de Lorraine semble avoir cru que le seul chef était un capitaine limousin de gens de pied, homme grossier, à peine échappé des prisons de Dijon, Godefroy de Barry dit la Renaudie [2].

C'est de gens de cette sorte que se composaient principalement les bandes cachées dans les forêts de la Loire, des capitaines dont les enseignes avaient été licenciées, et des seigneurs de village unis à eux par la haine des Guises, par le dégoût de la paix, par la faim. Un peu mendiants, un peu traitres, un peu badauds, ils méditaient un coup de main qui leur aurait rappelé les témérités des guerres d'Italie. Les plus hardis devaient s'introduire dans la ville d'Amboise, se disséminer chez les taverniers, puis, à la brune, encombrer les poternes du château, les tenir ouvertes à leurs camarades qui sortiraient de la forêt, et enlever la Cour. Le duc de Guise vit le danger, se réveilla avec toute son activité et sa vigueur, appela ses gentilshommes et ses vieux capitaines, en rassembla subitement trois mille autour de lui [3]. Il fit fouiller les bois : la bande de la Renaudie fut surprise et détruite. Une autre bande formée de

[1] D'Aubigné, *Histoires*, p. 95.
[2] Castelnau, *Mémoires*, p. 415.
[3] Henri d'Orléans, duc d'Aumale, *Histoire des princes de Condé*, t. I, p. 67.

mécontents venus du Midi fut cernée, dans le village de Noizay près Amboise, par le duc de Nemours : les rebelles étaient nombreux, bien armés, et pouvaient être secourus en peu de jours par des partisans qui s'armaient dans la Gascogne et le Limousin : un siège eût été une entreprise dangereuse, parce qu'il eût donné un centre et un ralliement aux rebelles encore incertains.

Le duc de Nemours voulut-il à tout prix éviter une lutte qui pouvait devenir le signal d'une guerre générale, ou bien fut-il de bonne foi quand il proposa aux assiégés de les conduire lui-même auprès du Roi, afin qu'ils pussent lui exposer leurs plaintes, « s'obligeant par foy de prince qu'il ne leur en reviendroit aucun mal ni danger [1] » ? A cette époque, l'honneur consistait moins à tenir sa parole qu'à oser combattre à coups d'épée ceux qui accusaient de l'avoir violée. Quand Nemours « jura en foi de prince, sur son honneur et damnation de son âme, et outre ce, signa de sa propre main : *Jacques de Savoie*, qu'il les raméneroit sains et saulfs et n'auroient aucun mal, quinze des principaux et mieux parlants d'iceulx s'asseurent en sa foy, seing et parolle de prince, sortent avec luy pour faire leur remonstrance au Roy ». Immédiatement ils furent soumis aux divers supplices de la question, et « tourmentés par cruelles géhennes ». Le duc de Nemours eut « grand crévecœur et mescontentement » d'avoir donné sa signature ; mais « pour sa parolle, il eust toujours donné un desmentir à qui la luy eust voulu reprocher, tant estoit vaillant prince et généreux [2] ».

[1] CONDÉ, *Mémoires*, p. 549.
[2] VIEILLEVILLE, p. 287.

Le duc de Guise, créé lieutenant général du royaume avec de pleins pouvoirs pour châtier les factieux, fit insérer dans l'édit qui l'investissait de cette autorité presque souveraine une phrase destinée à constater le lien qui le rattachait à la famille royale : « Attendu la proximité du lignage dont il nous attient[1]. » Oncle de la Reine, il semblait devenir ainsi le premier prince du sang et placer sa famille avant celle des Bourbons. Son frère, exaspéré par la terreur, fut cruel dans ses vengeances. Il fit décider l'exécution des prisonniers de Noizay, après avoir eu le dépit de ne pouvoir leur faire avouer dans les tortures la complicité des princes de Bourbon, et ne se laissa pas fléchir par les supplications de la duchesse de Guise, qui aurait voulu épargner au duc de Nemours, qu'elle aimait, la honte de voir violer la capitulation signée de sa main. Ces pauvres campagnards, tout heureux la veille de se croire assurés d'être menés près du Roi par l'un des principaux seigneurs de la Cour, de pouvoir exposer leurs griefs et se plaindre des Lorrains, furent indignés d'être livrés subitement à la torture, puis conduits, sanglants et déchirés, sur un échafaud dans la cour du château d'Amboise ; ils furent décapités devant toutes les femmes de la Cour, penchées aux fenêtres. Le moins obscur de ces prisonniers, le baron de Castelnau[2], s'écria quand on lui lut sa condamnation pour crime de lèse-majesté : « Nous sommes criminels de lèse-majesté, si les Guises sont déjà rois ! — Ce spectacle

[1] CASTELNAU.

[2] Ce Castelnau était un Gascon qui n'était pas parent du Castelnau l'auteur des Mémoires ; ce dernier fut attaché aux Guises et à Catherine de Médici, et fut chargé des missions les plus importantes.

estonna le Roi, ses frères et toutes les dames de la Cour, qui des plateformes et fenestres du château y assistoient. Mais surtout cette compagnie admira Villemongis-Briquemaut qui, prest à mourir, emplit ses deux mains du sang de ses compaignons qu'il jeta en l'air, puis les eslevant : « Voilà le sang innocent[1] ! »

Henri II avait déjà donné le scandale d'un prince prenant plaisir à être le témoin du supplice de ses sujets ; mais à Amboise, c'était un véritable massacre qui servait de divertissement à la Cour. Recherché dans sa cruauté, le cardinal de Lorraine savourait le plaisir de regarder ses ennemis dans les mains de ses bourreaux et de leur faire sentir plus amèrement la misère de leur défaite et de leur désespoir en les tenant sous ses yeux durant leur supplice. L'empereur Domitien avait le premier compris cet art de pousser à l'extrême la honte de la victime qui voit et est regardée[2]. Ce spectacle fut si horrible que le chancelier Olivier, qui avait prononcé l'arrêt de mort, se trouva mal. Il fut porté dans sa chambre ; « le cardinal de Lorraine le vint visiter, mais il ne le voulut point voir, ains se tourna de l'aultre costé sans luy répondre un seul mot. Puis, le sentant esloigné, il s'escria : — Ha, maudit cardinal ! tu te damnes et nous fais tous aussi damner[3] ! » Deux jours après, il était mort.

La duchesse de Guise s'écriait en larmes : « Que de haines, que de vengeances sur la tête de mes malheu-

[1] D'Aubigné, *Histoires*, p. 93.

[2] Tacitus, *Agricola* : « Nero tamen substraxit oculos jussitque scelera, non spectavit : præcipua sub Domitiano miseriarum erat, videre et aspici. »

[3] Vieilleville, *Mémoires*. Voir aussi Condé, *Mémoires*, p. 550.

reux fils[1] ! » Le vengeance est le mot que prononcent toutes les bouches. « Si tu t'y épargnes, disait un ami des victimes à son fils âgé de huit ans, je te maudis. » Et pour mieux frapper l'imagination de l'enfant, il lui montrait les têtes défigurées sur les créneaux, et les corps décomposés qui pendaient à des crocs[2]. Des gravures se répandirent pour soulever l'indignation dans toute la France : on voyait « M. de Nemours qui parlemente avec Castelnau et ses compaignons, leur promettant sur sa foy de prince qu'il leur feroit parler au Roy et qu'il ne leur seroit rien faict;... Villemongis ayant trempé ses mains au sang de ses conpaignons; sept pendus aux créneaux du chasteau, avec de longues cordes; le Roi et les dames contemplant le supplice[3] ».

Le meurtre entraine au meurtre. Quand le château d'Amboise fut infecté par les débris humains, le cardinal fit jeter dans la Loire les nouveaux prisonniers qu'on lui amenait. « Il s'en trouvoit en la rivière tantost six, tantost quinze attachés à des perches[4]. » Le 17 mars, écrit l'ambassadeur anglais, il y eut vingt-deux rebelles noyés dans des sacs, et vingt-cinq autres dans la nuit du 18[5].

Sur toute la France les supplices s'étendirent. A

[1] LA PLACE, *Commentaire de l'estat de la religion et république.* GARNIER, *Histoire de France.*

[2] D'AUBIGNÉ.

[3] Jacques PÉRISSEL et Jean TORTOREL, *Quarante Tableaux ou histoires diverses qui sont mémorables, touchant les guerres, massacres et troubles advenus en France en ces dernières années, le tout recueilli selon le témoignage de ceux qui y ont esté en personne et qui les ont veus, lesquels sont pourtraicts à la verité.*

[4] REGNIER DE LA PLANCHE, *Estat de la France sous François II,* 1576, p. 257.

[5] Throckmorton to the Queen : « The 17th there were 22 of these rebels drowned in saks and the 18th at night 25 more. »

Orléans, le maréchal de Vieilleville fit mettre à mort tous les gens qui se dirigeaient sur Amboise en descendant la Loire. A Rouen, le peuple se prononça contre ceux qui lui étaient désignés comme affiliés à la vaste conspiration. L'un d'eux, nommé Lemez, était harcelé et battu pendant qu'on le menait au supplice; un marchand, touché de pitié pour ce pauvre être, dit tout haut qu'il suffisait bien de le pendre sans le frapper. Ces paroles attirèrent sur l'imprudent toute la fureur de la populace, qui se jeta sur le marchand, le traîna dans les ruisseaux, « et il le fallut pendre pour la contenter, le lendemain, en même lieu[1] ». Le connétable eut un mot heureux : il ne pouvait sans déshonneur défendre les actes des Guises qui le faisaient tenir en disgrâce, ni sans danger combattre leur gouvernement; il se contenta, devant le Parlement, de louer « le Roy d'avoir deffendu ses serviteurs, qu'on vouloit attaquer en sa maison[2] ». Mordante critique des Guises, qui voulaient se présenter comme les protecteurs de la couronne et persuader que les attaques des maladroits d'Amboise visaient le Roi et non pas leur pouvoir.

Après plusieurs semaines, le cardinal consentit à « une abolition générale ». Mais la clémence royale ne fut qu'une déception; car, « nonobstant ladite abolition, il y en eut encore plusieurs pris, tués, noyés ou exécutés[3] ». Le duc de Guise, après s'être réveillé au moment du danger, à la tête de ses gentilshommes, avait de nouveau perdu toute énergie après la victoire, et s'était comme effacé à côté de son frère. Il aurait

[1] D'Aubigné, p. 96; Vieilleville, *Mémoires*.
[2] D'Aubigné.
[3] Castelnau.

voulu n'user de ses avantages qu'avec modération, et rattacher, par une habile clémence, les cœurs à son administration; mais le cardinal croyait ne retrouver la sécurité qu'en accablant tous les suspects.

Celui qu'il aurait dû surtout ménager, c'était le prince de Condé. Ou ce Bourbon n'avait eu aucune relation avec les pétitionnaires armés des forêts de Blois et d'Amboise, et les Guises pouvaient se le concilier en lui témoignant de la confiance et de l'amitié en face de leurs ennemis; ou il était l'un des complices, peut-être le chef secret, et ils étaient assurés de le déshonorer aux yeux de ceux qui survivaient, en le comblant de faveurs, en le présentant comme lié à leur famille ou même l'un des révélateurs, pendant que les imprudents de la petite noblesse se faisaient décapiter, pendre, noyer. Le duc de Guise voulait dissimuler ses soupçons et feindre de considérer le prince comme un fidèle partisan de son pouvoir. Mais le cardinal n'osa pas laisser cet adversaire qui pouvait venger les autres, et il se crut assez fort pour l'abattre. Il ne remarqua pas que l'attaquer comme s'il avait été le chef, c'était le désigner pour ce rôle à l'avenir, publier que les rebelles n'étaient pas, comme on devait le croire, un ramassis d'aventuriers ou de capitaines sans solde, mais une faction assez importante pour qu'un prince du sang n'ait pas hésité à en prendre le commandement. Aussi, un contemporain a remarqué que, sans cette faute du cardinal, deux ans plus tard les « protestants n'eussent peut-être pas trouvé un prince du sang pour leur chef[1] ».

[1] Castelnau, p. 417.

Le jeune Bourbon comprit son rôle : l'audace, qui devait le faire profiter de la faute de son ennemi, pouvait seule également sauver sa tête. Il demanda à être interrogé devant les membres du conseil du Roi, les ducs, les chevaliers de l'Ordre. Puis, lorsqu'il vit autour de lui tout ce qu'il y avait de grand et de pompeux en France, en présence du Roi et des reines, il s'avança, nerveux, frémissant, et cria : « Ceux qui ont fait rapport que j'estois chef et conducteur de certains séditieux ont faussement et malheureusement menti. Et quittant pour ce regard ma qualité de prince du sang, que je tiens de Dieu seul, je veux leur faire confesser à la pointe de l'espée qu'ils sont poltrons et canailles, cherchant eux mesmes la subversion de l'État et de la couronne[1] ! »

Le duc de Guise eut la présence d'esprit d'intervenir et de répondre : « Le prince de Condé a raison de ne pas souffrir la témérité de ses calomniateurs ; pour moi, je n'aurois pas de plus grande joie que de lui offrir mon espée et de devenir son second s'il en venoit à un combat pour prouver son innocence. »

C'est ainsi qu'après quinze mois de puissance absolue, les deux chefs de la maison de Guise se voyaient forcés de s'incliner publiquement devant le cadet de Bourbon. Après tant de massacres, ils n'avaient réussi qu'à prouver leur incapacité politique. A la tête de la France, ils restaient inhabiles, inactifs, et perdaient leur titre national de « Messieurs de Guise », pour ne plus être appelés désormais que « les princes lorrains ».

[1] LA POPELINIÈRE, *l'Histoire de France enrichie des plus notables occurances...*, liv. VI ; HENRI D'ORLÉANS, DUC D'AUMALE, *Histoire des princes de Condé*, t. I, p. 70.

CHAPITRE X

L'OPPOSITION CONTRE LES GUISES SOUS LE RÈGNE DE FRANÇOIS II.

1560.

L'autorité de Catherine grandissait à mesure que décroissait celle des Guises. Dans les premiers jours du règne, pour leur complaire, la Reine mère avait été réduite à feindre de la haine contre le connétable; maintenant, après la fête sanglante de la cour d'Amboise, elle avait déjà assez d'importance pour choisir elle-même le chancelier, et confier des missions secrètes en Normandie aux neveux du connétable.

Sur sa désignation, les sceaux furent, après la mort du chancelier Olivier, remis à un ancien président de la chambre des comptes de Paris, Lhospital. Les qualités honnêtes et solides du nouveau chancelier compensaient les défauts de Catherine, et assuraient autour des princes mineurs une inspiration nettement nationale. Lhospital reste « avec sa grande barbe blanche, son visage pasle, se façon grave [1] », le véritable homme d'État, défenseur de la légalité, supérieur aux partis,

[1] BRANTÔME, *Hommes illustres*, t. I, p. 317.

élevé par un jugement délicat et droit au-dessus des violences des contemporains.

Le concert avec les neveux du connétable était une décision moins sage. Ce n'était plus un secret pour personne que les trois Châtillons étaient convertis à la religion réformée : en envoyant Coligny au milieu des mécontents en Normandie, Catherine ne se donnait plus un conseiller comme lorsqu'elle faisait remettre les sceaux à Lhospital, elle s'associait à un chef de faction. Assurément l'alliance avec les partisans de la réforme devait être une tentation pour Catherine; en intervenant dans le débat religieux, l'autorité royale avait chance d'imposer la conciliation, d'éviter une guerre civile, peut-être de confisquer à son profit une partie des biens du clergé, et de se faire la riche part de butin et de puissance que Henri VIII avait assurée à la couronne d'Angleterre.

Mais la dextérité cauteleuse de Catherine ne suffisait par pour manier des théologiens excités par la convoitise ou la controverse, et des gens de guerre fatigués de la paix. Coligny revint de Normandie tout exalté par le zèle religieux, et s'écria qu'il avait sous la main cinquante mille hommes prêts à prendre les armes pour défendre leur foi. — « Et moi, répliqua le duc de Guise, j'en ai cent mille pour leur rompre le cou[1] ! » Effrayée de ces violences, Catherine chercha à sacrifier les Guises. Ils étaient encore trop solides pour qu'elle osât commencer une lutte ouverte contre eux, mais elle les sentait diminués dans l'opinion publique et maladroits dans leurs efforts pour se défendre; à voir l'apa-

[1] MIGNET, *Journal des Savants*, 1859, p. 25.

thie du duc de Guise et l'imprudence avec laquelle il avait dédaigné toutes les alliances, pour ne se conduire que par les conseils du cardinal, elle ne pouvait prévoir encore les ressources que lui suggérerait la souplesse de son génie quand il aurait secoué l'influence malfaisante de son frère. Elle le voyait dans une des éclipses de sa carrière, comme il en eut après le siège de Metz et après la bataille de Renti. On croirait que la fortune l'endormait et qu'il ne retrouvait sa vigueur d'esprit qu'aux époques de crise. Catherine put bien supposer qu'il se laisserait glisser vers sa perte, et le juger assez compromis déjà pour s'assurer sa succession. Elle se mit résolument en relation avec le roi d'Espagne pour négocier avec lui la ruine des Guises.

La moindre indiscrétion pouvait livrer Catherine à ceux qu'elle osait attaquer ; sa belle-fille surveillait ses mouvements, épiait ses conversations. Mais sa fille Élisabeth lui tenait lieu d'agent secret près de Philippe II. « Vous m'escrivites, il y a assez lonc temps, lui écrivit la reine d'Espagne [1], que je disse au Roy, mon seigneur, comme vous ne vouliez point ceux de Guise pour le gouvernement, ce que je fis. » Et Catherine répondit aussitôt [2] : Tout ce trouble n'a aysté que pour la hayne que tout set royaume porte au cardinal de Lourayne et duc de Guise. » Philippe II, dépossédé de son influence sur l'Angleterre depuis la mort de Mary Tudor, espérait la ressaisir en défendant la nouvelle Reine contre les prétentions de Marie Stuart. Il était donc, à cette époque, l'adversaire forcé des Guises,

[1] Paris, *Négociations relatives au règne de François II*, t. II, p. 847.

[2] *Id. ibid.*, p. 861.

et il conseillait à Catherine de les éloigner [1]. Ainsi cet épisode de la succession de Mary Tudor écartait pour un temps de la question religieuse tous ceux qui avaient cru pouvoir s'y consacrer exclusivement. Les Guises ne visaient que ce trône d'Angleterre pour leur nièce, tandis que Philippe II préférait soutenir la dynastie protestante à Londres, plutôt que de laisser les Iles-Britanniques s'unir à la couronne de France. Son intérêt lui commandait d'écarter les Guises, qui nous poussaient vers l'Angleterre; ce fut comme ennemi des Guises qu'il commença à intervenir dans notre politique intérieure.

Philippe II, notre vainqueur à Saint-Quentin, n'avait jamais vu une bataille, jamais rompu une lance ni manié une épée. Constamment enfermé dans son cabinet de travail, il ne s'écartait guère du cercle de ses secrétaires et de ses majordomes; s'il traversait une ville, il s'enfonçait au fond de sa voiture; les voyages lui déplaisaient, il s'y montrait hautain et ennuyé; il renonça bientôt à parcourir, comme son père, les provinces qui lui étaient soumises. Tandis que Charles-Quint se faisait connaître de ses sujets, se conciliait, par un mot gracieux ou par un simple signe, la noblesse des diverses provinces, les artistes, les prélats, Philippe II s'enferma de bonne heure au centre de l'Espagne et cessa de paraître en Italie et en Flandre. Il suppléa aux inconvénients de cette absence par une extraordinaire activité d'écrivain, qui dégénéra de bonne heure en manie épistolaire. Il en arriva à écrire d'une manière

[1] *Commentarii dell' azzioni del regno di Francia*, publiés à la suite des *Relations des ambassadeurs vénitiens*, doc. inéd., t. II, p. 684.

à peu près continuelle, le jour et la nuit [1]; il contresigna de sa main tous les ordres expédiés, tous les mandats de payement, même pour une dépense de vingt ducats [2]. Prolixe dans ses instructions, lent à exprimer sa pensée, il adressait des lettres de dix-huit pages au secrétaire qui se tenait dans la chambre voisine de la sienne, recevait sa réponse écrite, la lui rendait annotée en marge, et ne quittait pas la plume, même quand il lisait les dépêches étrangères, inscrivant entre les lignes des réflexions souvent insignifiantes, quelquefois puériles. Sur la lettre qui lui donnait la première nouvelle de la mort de Henri II, il écrivit, de sa main, qu'il y avait sans doute une faute d'orthographe, que l'on avait mis *tayte* au lieu de *teste* [3]. Toujours accroupi devant sa table, il hésitait à se former une opinion; puis, lorsqu'il était décidé à en adopter une, il retombait dans ses incertitudes à l'heure de l'exécution. — « Le temps et moi font deux », disait-il. A force de temporiser, de laisser écouler des délais sans prendre une résolution, il perdit la domination des Pays-Bas, et laissa passer le moment de gagner celle de la France [4]. Les lenteurs de cette vie sédentaire, cette passion des détails, les mesquines prétentions à l'infaillibilité, sont le caractère des administrations que dominent les bureaux. Avec son obstination à viser toutes les dépenses, Philippe II ne pouvait empêcher que, malgré la paix, en 1560, une année de revenus fût dépensée d'avance [5];

[1] Francesco VENDRAMIN, *Relaz. ven.*, éd. ALBERI, 1595 : « Scrive indefessamente giorno e notte. »
[2] Giovanni SORANZO, *Relaz. ven.*
[3] GACHARD, *Correspondance de Philippe II*, vol. I, préface, p. 49, note 1.
[4] PRESCOTT, vol. III, liv. VI.
[5] GRANVELLE, t. VI, p. 103, 156, 194.

avec son habitude de se montrer aux seuls seigneurs de sa Cour, il n'avait obtenu autour de lui qu'un faste solennel, sans plaisir, sans bruit, au milieu de visages sévères, qui conservaient avec soin cette hauteur qu'on appelait le *sussiego,* sorte de placidité musulmane, de mépris pour les émotions, la lecture, le travail de l'esprit, les expansions du cœur; point de festins, point de promenades, rien que le jeu et la galanterie [1].

Un ambassadeur [2] représente Philippe II vêtu d'un pourpoint de satin noir brodé d'argent, d'un haut-de-chausses de velours noir et de bas de soie noirs; sur ses épaules était un manteau de damas fourré de martre, avec le collier de la Toison d'or, et sur sa tête une toque de velours noir avec une chaine d'or. Il ne mangeait ni fruits, ni poissons, n'aimait que la viande et les pâtisseries [3], mais il en consommait de telles quantités, et avec une telle voracité, qu'il souffrait fréquemment de douleurs d'estomac ou du mal de ventre [4]. Très libertin, toujours fatigué, les jambes grêles, il se tenait silencieux, la bouche entr'ouverte, la lèvre inférieure charnue [5] et pendante [6], les yeux baissés à terre

[1] PIGAFETTE, BADOERO et CONTARINI, *Relaz. ven.* : « La corte e muta : non si attende à lettere, ma la nobilità è a maraviglia ignorante e ritirata, mantenendo una certa sua alterigia, che loro chiamano sussiego, che vuol dire tranquillità e sicurezza, e quasi serenità. Non si convita, non si calvalca, si giuoca e si fa l'amore. »

[2] Antonio TIEPOLO. Voir BASCHET, *la Diplomatie vénitienne.*

[3] Antonio TIEPOLO, *Relaz. ven.*

[4] BADOVARO, *Relaz. ven.* : « Quanto agli effetti della temperanza, ella eccede nel mangiare quantità di cibi, specialmente intorno a pasticci, e patisce doglie di stomaco e dei fianchi. » Giovanni MICHELE : « Spessissimo sotto posto alle dolori di stomacho. »

[5] BADOVARO : « Il labro di sotto grosso. »

[6] MICHELE : « Con quella bocca e labro pendente. »

et détournés du regard de celui à qui il parlait [1]; il semblait maladif, faux, sensuel [2], et n'avait d'idée arrêtée que s'il était question d'exterminer les hérétiques. On sait sa réponse au gentilhomme qui lui demandait son appui contre l'inquisition : « Je porterais du bois pour brûler mon fils, s'il était si mauvais que vous [3]. » Ce fut sa pensée fixe à partir de l'instant où il put écarter les Guises de l'Angleterre et les asservir à sa politique; cette pensée fut soutenue durant quarante ans avec une telle obstination, une si merveilleuse ardeur de travail, une confiance si inébranlable, que cet être froid et lent a eu une puissante action sur le sort des hommes. Ses contemporains tinrent constamment les yeux fixés sur lui, dans le monde entier; des relations commerciales ont été rompues, d'autres se sont nouées, des peuples ont eu leurs destinées changées à la suite des ordres diffus qu'il écrivait au fond de son cabinet de travail. De ce qui fut autrefois sa volonté est résultée presque toute l'histoire des siècles suivants, et nous dépendons en quelque sorte aujourd'hui encore de ce prince épicurien et paperassier, dont les échecs, comme les triomphes, ont eu pour conséquences le développement des forces de l'Angleterre et de la Hollande, la suppression de la réforme en Italie et en Espagne, et l'exclusion du chef des huguenots de France jusqu'à ce qu'il ait entendu une messe.

Il sut interdire l'Écosse à l'ambition des Guises. Avec son trésor vide, il trouva moyen de soutenir les

[1] Badovaro : « Non guarda ordinariamente chi negotia e tien gli occhi bassi in terra. »

[2] Lothrop Motley, *The rise of the dutch republic*, p. 55.

[3] Cabrera, *Felippo segundo*, t. V, p. 236 : « Yo tracre leña para quemar a mi hijo si fuera tan malo como vos. »

presbytériens qui s'étaient insurgés contre Marie Stuart. Le duc de Guise envoya en Écosse un vétéran de nos guerres, le vieux La Brosse [1], ancien compagnon d'armes de son père, avec deux mille Gascons, tandis que son plus jeune frère, le grand prieur François, amenait de Méditerranée sur les côtes d'Angleterre dix de nos meilleures galères. Mais le grand prieur n'avait ni le mérite, ni l'ardeur de son aîné; il s'attarda, durant le trajet, dans des divertissements auprès du jeune roi Sébastien de Portugal, n'arriva en Écosse qu'au moment où les Anglais tenaient notre corps de débarquement bloqué dans Leith; en même temps, la régente Marie de Guise, assiégée dans le château d'Édimbourg, mourut d'ennui et de lassitude. Cette triste nouvelle découragea ses frères; ils se hâtèrent de conclure la paix avec Élisabeth, contraignirent leur nièce, Marie Stuart, à abandonner son titre de reine d'Angleterre, qu'elle eut le malheur de reprendre plus tard, et assurèrent à ce prix leur réconciliation définitive avec Philippe II.

S'ils reculaient ainsi dans leurs imprudentes entreprises à l'extérieur, les Guises sentaient que les dangers s'accroissaient autour d'eux en France, et qu'ils devaient redoubler d'activité pour se soutenir. Les fautes commises par le cardinal à Amboise commençaient à porter leurs conséquences; l'horreur des massacres, la joie de connaître enfin un chef, groupaient les opposants autour des princes de Bourbon. Le duc de Guise, impatienté de ses échecs en Écosse et de la sourde résistance qu'il sentait autour de lui, n'hésita pas à faire arrêter le Basque Jacques de la Sague, qui était chargé

[1] La Brosse n'était pas parent du duc d'Étampes, bien que portant le même nom.

des relations entre le prince de Condé et les mécontents. « La Sague fut tant tiré sur la gêhenne, qu'il déclara tout ce qu'il savait, et davantage [1]. » Le duc de Guise comprit que le danger était plus sérieux qu'au moment de l'échauffourée d'Amboise; il fit lever en Lorraine un régiment de lansquenets et deux mille reîtres, et rappela du Dauphiné les Gascons des vieilles bandes, qui y étaient cantonnés depuis l'évacuation du Piémont. Il rassembla autour de lui ses anciens compagnons de guerre, et encouragea leur dévouement en distribuant aux plus zélés dix-huit colliers de l'Ordre.

Avec les forces ainsi réunies, il s'établit dans une position solide au centre de la France; tenant sous sa main de puissantes garnisons à Gien et à Montargis [2], il plaça le reste de ses troupes dans la ville bien fortifiée d'Orléans, et s'y enferma avec le Roi et les reines. « Le Roy, s'estant rendu fort des compagnies de gens d'armes et de gens de pied, escrivit, par le conseil de messieurs de Guise, au roy de Navarre, qu'il amenast le prince de Condé pour se purger des entreprises dont il estoit accusé [3]. »

Afin de mieux assurer les projets contre les Bourbons, les Guises eurent la prudence d'intimider Catherine de Médici, dont ils commençaient à redouter les envahissements. Sans oser l'attaquer, ils animèrent « l'inimitié qui estoit entre les Roynes mère et fille [4] », et cherchèrent à la forcer de devenir leur instrument, sinon

[1] La Planche, *Histoire de l'estat de France*, p. 504.

[2] *Id.*, *ibid.*, Régnier de la Planche était un secrétaire du duc de Montmorency.

[3] Tavannes, 237.

[4] *Id.*, édit. Petitot, p. 288.

leur alliée, contre les Bourbons. Elle était prise dans Orléans, et si bien circonvenue, que « ladicte Royne mère escrit au roy de Navarre qu'il vinst, y estant à demy forcée pour plaire à messieurs de Guise[1] ». Ainsi, c'est Catherine qui appelle les princes de Bourbon à Orléans, comme vingt-huit ans plus tard elle attirera le troisième duc de Guise à Blois. Dans les deux cas, elle n'est ni dupe, ni complice ; elle sait ce qui se médite et ne veut pas y prendre part ; elle rapproche les adversaires uniquement par besoin de placer sa main dans toutes les affaires, et par crainte de se perdre avec le vaincu, si elle ne donne pas auparavant des gages à tous deux. Son intérêt était de retenir dans le Midi les princes de Bourbon, qui pouvaient seuls faire équilibre à la puissance des Guises. Après qu'elle leur a écrit de se rendre sans appréhension dans la ville où les Guises ont accumulé tous leurs moyens de défense, elle veut se raviser ; mais, surveillée par sa belle-fille, elle n'ose se mettre directement en relation avec les princes, « et craignant d'estre descouverte, sans escrire, faisoit entendre secrettement à la princesse de Condé que c'estoit la mort de son mari s'il venoit à la Cour[2] ». La princesse de Condé ne cessait de conseiller à son mari la révolte, plutôt qu'une si dangereuse obéissance ; elle lui déclarait « que, si elle estoit homme et en son lieu, elle aimeroit mieulx mourir l'espée au poing, que de tendre le col à un bourreau[3] ». Mais s'ils s'obstinaient à se maintenir dans le Midi, le roi de Navarre et le prince de Condé étaient sûrs d'être condamnés

[1] Tavannes.
[2] *Id.*, p. 289.
[3] La Planche, p. 609.

comme rebelles et combattus avec vigueur. Au duc de Guise, muni de l'autorité royale et entouré d'une armée fidèle, ils n'avaient pas de soldats à opposer. Quel prétexte invoquer pour se mettre en révolte et attirer en temps utile des partisans? Les souvenirs du désastre du connétable de Bourbon devaient peu les encourager à une prise d'armes. D'ailleurs, les caractères opposés des deux frères les poussaient également à entreprendre cet imprudent voyage. La noblesse du roi de Navarre l'empêchait de voir les dangers de la soumission; la témérité du prince de Condé lui faisait ressentir une certaine volupté à se jeter une seconde fois au milieu de ses ennemis, et à les braver sous les yeux des dames. Seule, Jeanne d'Albret prévit les conséquences de cette démarche, et s'efforça de sauver les têtes de son mari et de son beau-frère par les apprêts d'une vengeance; elle arma ses montagnards du Béarn, et mit ses forts en état de défense.

Les deux princes commencèrent leur voyage. Un nouvel avertissement faillit les arrêter dans le trajet. Montpezat, gouverneur de Poitiers, leur refusa le passage. Cette insulte, qui s'excusait sous les scrupules de la responsabilité des commandants de place, masquait-elle un avis indirect du péril dans lequel se précipitaient les princes, et Catherine avait-elle donné secrètement à Montpezat le conseil de les écarter ainsi d'Orléans sans se compromettre? Impuissant subterfuge. Le maréchal de Termes arriva avec des lettres d'excuse; les princes furent admis à traverser Poitiers; ils arrivèrent devant Orléans. Là, on n'eut garde de leur interdire l'entrée de la ville, mais on leur fit subir un autre affront : le gouverneur défendit de lever la herse devant eux; ils durent descendre de cheval et entrer par la poterne [1].

Le cardinal de Lorraine, « fort ayse de la venue de Condé, espérant qu'elle serviroit beaucoup pour l'assoupissement des folies du jour [2] », eut la malice de choisir la chambre de Catherine, pour faire donner aux Bourbons l'audience qui devait leur faire comprendre leur disgrâce. François II regarda avec sévérité le roi de Navarre, lui fit signe de la main de saluer sa mère, et feignit de ne pas voir le prince de Condé, qui s'avançait derrière lui. Il ne prononça pas un mot; les deux Bourbons se retirèrent sans saluer les deux Guises, qui assistaient à cette scène. Au moment où il quittait la chambre de la Reine mère, le prince de Condé fut entouré par les gardes et mené en prison [3]. Catherine feignit d'approuver cette arrestation, et répondit à tous ceux qui la priaient de ne pas laisser condamner le prince : « C'est la volonté de mon fils [4]. » Elle réserva tous ses efforts pour sauver le roi de Navarre, qui n'était pas destiné à être traduit en jugement.

Peut-on croire que le duc de Guise subissait à ce moment l'influence de son frère le cardinal, jusqu'au point d'avoir adopté le projet de faire poignarder le roi de Navarre de la main même du jeune François II? En supposant qu'il n'ait pas été retenu par le dégoût de dicter un tel crime à un enfant de dix-sept ans, son esprit pratique n'aurait-il pas reculé devant l'impossibilité d'obtenir du Roi un tel acte de brutalité, ou

[1] Martha Freer, *Life of Jeanne d'Albret*, t. I, p. 188, 210.
[2] Paris, *Documents inédits sur le règne de François II*, t. II, p. 606.
[3] Giovanni Micheli, *Relaz. ven.*
[4] *Id.*, *ibid.*

devant le mépris qu'il aurait soulevé chez les souverains de l'Europe? Le duc de Guise n'était pas homme à s'avancer, comme le cardinal, dans une entreprise, sans en prévoir les conséquences. François II était maladif, délicat, docile, mais peu susceptible des violences qui pourront s'allumer plus tard dans la poitrine brûlée de fièvre de son frère Charles IX. Cependant, les historiens du temps [1] semblent unanimes à supposer ce projet, dont l'existence serait confirmée par les propres paroles de Catherine, rapportées en ces termes par Jeanne d'Albret elle-même : « De vray, la Reine m'a souvent dit que le Roy mon mary estoit obligé à elle de sa vie, et que si la duchesse de Montpensier estoit en vie, elle lui en seroit témoin. » Mais ces paroles peuvent signifier que Catherine sut protéger le roi de Navarre ou contre un procès criminel entamé de mauvaise foi, ou contre un assassinat exécuté par d'autres mains que celles du Roi. Il est fort possible que, maîtres des deux chefs de la famille de Bourbon, les Guises aient eu la pensée de détruire Condé par le bourreau et Navarre par le poison. Coligny, qui avait fait également la faute d'entrer dans Orléans, était probablement destiné aussi à être mis à mort. Cette intention des Guises était si manifeste, que l'ambassadeur d'Espagne, devenu leur conseiller et leur confident depuis qu'ils avaient renoncé à leurs rêves sur l'Angleterre, les blâmait de vouloir ainsi détruire tous leurs ennemis d'un seul coup, et estimait qu'il eût été plus sage de les attaquer successivement, et de les faire disparaitre un à un. Une telle proie dans un seul filet lui semblait un

[1] La Planche, Palma Cayet, Davila, de Thou.

danger[1]. Mais les mailles de ce filet étaient les murailles d'Orléans; le roi Navarre, sans être dans un cachot, restait si bien à leur merci, qu'il était regardé comme un prisonnier[2].

Il y avait sans doute une manière correcte de se défaire de lui autrement que par un meurtre. Les capitaines du duc de Guise, qui ne doutaient pas que sa perte ne fût résolue, s'attendaient à avoir le spectacle d'un duel régulier entre leur général et le roi de Navarre. Le Gascon Montluc crut même pouvoir en faire sa cour au duc, et lui proposa de faire « appeler » le roi de Navarre, qui « estoit mal content de luy ». Mais le duc de Guise, qui n'aimait pas les duels, et qui avait sans doute d'autres projets, lui répondit durement devant ses gentilshommes : « Vrayment, Montluc, à ce que je voys, vous estes deveneu fort politicque depuis que je ne vous ay veu; je suis d'advis que le Roy vous fasse son chancelier. Il vous semble que vous estes encore en vostre Piedmont, parmy vos gens de pied; le roy de Navarre et moy, nous ne sommes pas de vostre gibier. Allez, souciez-vous de vos affaires et non des nostres[3]. »

En réalité, l'ambassadeur d'Espagne avait vu juste : ce n'était pas prudent d'abattre trois têtes à la fois. Ce qui sauva le roi de Navarre et Coligny, ce fut la crainte d'exciter une guerre civile, puisque d'Andelot tenait la campagne, et aurait pu venger le meurtre de

[1] *Journal des Savants*, 1830, p. 30 : « Mas accrtado castigar poco a poco los culpados que prender tantos de un golpe. »

[2] Hardwicke, *State papers*, t. I, p. 129 : Throckmorton to the queen, 17th november 1560 : « The king of Navarre goeth at liberty but as it were a prisoner. »

[3] Brantôme, *les Duels*, p. 272.

son frère Coligny, tandis que Jeanne d'Albret aurait fourni, dans ses places du Béarn, un point d'appui à tous ceux qui se seraient levés pour attaquer le gouvernement des Guises au moment où les huguenots semblaient n'attendre, pour courir aux armes, qu'un prétexte ou un mot de ralliement.

La savante et opportune intervention de Catherine ne fut pas inutile non plus. Bientôt le cardinal commença à comprendre qu'il était forcé de compter avec la Reine mère. Le jeune Roi venait de se trouver mal pendant les vêpres à l'église des Jacobins. On jugea nécessaire de se débarrasser pour toujours du prince de Condé, et d'acheter, par une réconciliation avec les deux autres, l'alliance de Catherine, qui pouvait devenir précieuse dans un moment où la maladie du Roi rendait tout leur empire aux caresses de la mère. On hâta la procédure contre Condé; la condamnation à mort fut prononcée le 26 novembre 1560. Le chancelier Lhospital n'avait plus qu'à apposer l'empreinte du sceau sur l'arrêt; déjà étaient épuisés tous les prétextes qu'il avait pu invoquer pour reculer cette formalité. L'exécution du prince était fixée pour le 10 décembre, quand tout à coup un abcès creva dans l'oreille du jeune Roi, et le fit mourir en quelques minutes, le 5 décembre. « Dieu, écrivit Calvin à Sturm, a frappé le père à l'œil, le fils à l'oreille [1]. »

[1] Bonnet, *Lettres de Calvin*, 16 décembre 1560.

CHAPITRE XI

LE TRIUMVIRAT.

1561.

Dans cette catastrophe, le duc de Guise pouvait essayer de défendre son pouvoir. Il avait pour lui la force matérielle, l'armée et les boulevards d'Orléans; il pouvait s'emparer de la personne du jeune Roi, faire exécuter Condé, tuer le roi de Navarre et Coligny. Mais devant lui se tenait Catherine de Médici : ce n'était plus le temps où on la menaçait de la renvoyer ignominieusement à Florence : elle avait étendu son influence personnelle, et était sûre de plusieurs commandants de place ou capitaines de compagnies d'ordonnance. Elle n'avait pas attendu que son fils eût rendu le dernier soupir pour appeler le connétable : elle semblait prête à s'unir à Jeanne d'Albret, aux Montmorencys, aux Châtillons, à rassembler les vieux soldats de Henri II, pour protéger ses droits et ceux de ses enfants contre les usurpations des étrangers lorrains. Le duc de Guise sentit la nécessité de désarmer devant elle; il vit s'écouler entre ses doigts cette puissance absolue sur le royaume qu'il tenait depuis près de deux ans et qu'il tentait, la veille encore, de rendre indisputable, en écrasant tous ses compétiteurs.

Ceux-ci comprirent, tant la situation était claire, que toute menace de danger avait disparu ; et lorsque Coligny, rêveur devant le feu, le cure-dents à la bouche, fut appelé par son secrétaire Fontaine qui lui disait : « Monsieur, c'est trop resver, il n'y a point de propos, vos bottines en sont toutes bruslées. — Ah! Fontaine, s'écria-t-il, il n'y a pas huit jours que toy et moy en eussions voulu estre quittes chacun pour une paire de bottines ; c'est bon marché [1]. » Les soldats de la garnison d'Orléans eux-mêmes étaient-ils bien sûrs? Ils « offrirent leur service audit sieur de Guise de corps et de biens, jusqu'à la dernière goutte de leur sang [2] ». Mais ces mêmes hommes n'osèrent faire feu quelques minutes plus tard sur l'escorte du connétable, quand il se présenta devant les fossés : le connétable était le chef légal de l'armée, c'était le vieux général des guerres d'Italie : « trouvant grosse garde à la porte Banière, il menaça les capitaines qui y commandaient de les faire pendre » ; c'était son ancien langage : ils reconnurent le chef, ils cédèrent à l'habitude de la discipline, ils baissèrent le pont-levis ; le connétable entra en grondant, et vint avec ses gentilshommes chez la Reine mère, près de laquelle se tenait déjà le chancelier Lhospital. Les forces légales du pays semblaient unies contre l'autorité des Guises.

Mais le pouvoir royal était bien déchu et bien impuissant à cet avènement du jeune Charles IX. Le royaume était partagé entre plusieurs souverains : dans le petit nombre de mois qu'ils étaient restés dépositaires de l'autorité, les Guises avaient laissé ruiner le respect de

[1] Ms. V. C. Colbert, v. 488, f. 749, publiée par Bouillé, t. II, p. 114.
[2] Claude Haton, t. I, p. 117.

la couronne : chaque gouverneur s'était rendu indépendant dans sa province, et la France se trouvait partagée entre quelques seigneurs qui se préoccupaient de faire oublier l'autorité centrale et de transmettre à leur fils leurs droits usurpés : le roi de Navarre se regardait comme le maître de la Guyenne, autant que du Béarn ; le Dauphiné et la Champagne appartenaient au duc de Guise, le Lyonnais et le Bourbonnais au maréchal de Saint-André, la Bourgogne au duc de Nevers. Les Montmorencys tenaient l'Isle de France, et étaient tellement les maîtres du Languedoc que soixante ans plus tard, sous Louis XIII, cette province s'ébranlera encore à l'appel d'un Montmorency. La Normandie était à Coligny, la Provence au comte de Tende, la Bretagne au duc d'Étampes. Ces petits souverains cherchaient déjà à se disputer leurs partisans, à s'agrandir aux dépens les uns des autres. Catherine entreprit de les dompter ; elle « jetait parfois de l'huile sur tel feu, parfois de l'eau [1] ». Elle se sentait vivre ; elle régnait ; dans ses mains se réunissaient peu à peu tous les pouvoirs ; elle ne faisait pas une faute et ne perdait pas une occasion de profiter de celles des soldats querelleurs qui l'entouraient ; elle se gardait surtout de laisser renverser le duc de Guise, dont le concours pouvait lui être nécessaire contre des convoitises trop impatientes. Deux tentatives furent faites pour éprouver ce qui restait encore de forces au duc de Guise, et apprécier ce qu'il était capable d'endurer.

Un comte de Laval, parent des Montmorencys, se confia dans la protection du connétable et fit assassiner

[1] D'Aubigné, p. 104.

l'un des huit cents gentilshommes qui servaient d'escorte au duc de Guise : c'était le bâtard du Bueil, fils du comte de Sancerre; ce bâtard s'était vanté d'être le favori de la dame de Gié, que le comte de Laval voulait épouser [1]. Jamais le duc n'abandonnait un de ces gentilshommes qu'il appelait ses « espées de chevet ». Il poursuivit la vengeance du meurtre avec tant d'ardeur, que le comte de Laval dut prendre la fuite, et que ses biens furent confisqués.

Cet échec du connétable n'empêcha pas le roi de Navarre de chercher une autre querelle au duc de Guise. Il réclama, en sa qualité de premier prince du sang, les clefs de la chambre royale que Guise possédait comme grand maître de la maison du Roi. Mais les deux rivaux furent étonnés et blessés de voir intervenir une force supérieure qui les soumit également tous les deux : Catherine déclara que les clefs lui seraient remises, et qu'elle les conserverait seule.

Ainsi la Reine mère s'avançait avec patience vers son but, la reconstitution du pouvoir royal. Elle avait donné au roi de Navarre le titre de lieutenant général du royaume que possédait le duc de Guise sous le règne précédent, mais elle ne voulait ni trop amoindrir le duc de Guise, ni accorder une trop grande influence au roi de Navarre. Pour que ce dernier demeurât docile à ses inspirations et ne fût pas tenté de se détacher de ses intérêts, elle l'avait placé sous le joug : « la Royne l'amuse par l'amour d'une de ses demoiselles, nommée Rouhet [2] ».

Au lieu des largesses et des pillages qui avaient si-

[1] VARILLAS, p. 10.
[2] TAVANNES, p. 246.

gnalé l'avènement de Henri II, les seigneurs trouvaient devant eux la main de Catherine pour les tenir et les diriger : ils comprirent en quelques semaines que leurs divisions achèveraient de les ruiner, et qu'en présence d'une femme comme Catherine, ce n'était pas trop d'une indissoluble union pour soutenir les privilèges contre les revendications de la royauté.

La nécessité d'une trêve entre les haines de cour et d'une alliance de toutes les faveurs et de toutes les convoitises fut bientôt démontrée par l'apparition d'un danger plus redoutable encore.

Le cardinal de Lorraine, à l'époque où il se débattait contre les difficultés du gouvernement, avait eu l'idée de convoquer à Orléans les États généraux : peut-être croyait-il que sa parole élégante lui procurerait une majorité assez puissante pour donner la sanction de l'assentiment national aux mesures qu'il voulait prendre contre les princes du sang et à la substitution des Guises aux Bourbons dans le cérémonial comme dans le droit public. Peut-être aussi n'attendait-on aucune réforme, ni aucun effort des États généraux, et ne fut-on amené à les convoquer que pour donner une satisfaction aux mécontents, une pâture aux conversations. Cette pensée d'États généraux se présentait aux époques de malheurs publics, comme un remède vague, une ressource extrême : le peuple semblait oublier ses maux aussitôt qu'il avait reçu la liberté de les formuler, et jusqu'alors cette faculté de se plaindre n'avait pas paru dangereuse, pourvu qu'elle ne fût pas trop fréquemment accordée.

Les États généraux restaient plutôt comme un instinct que comme un souvenir du droit populaire : ils n'avaient jamais été que le germe de ce que l'on peut appeler des assemblées publiques qui contrôlent les actes du gouvernement et consentent les impôts : germe qui était arrivé à parfaite maturité en Angleterre seulement, mais qui était devenu stérile sur le continent, au milieu des guerres continuelles et des armées permanentes. Henri VIII, assez puissant pour retourner par caprice la conscience de ses sujets, reculait devant les votes de blâme de la Chambre des communes, et s'occupait déjà de la science de capter les suffrages, parce qu'il savait que le refus de l'impôt pouvait tarir subitement toutes ses ressources et déjouer ses desseins, sans aucun danger pour le pays que ne menaçaient pas constamment des voisins. En France, les guerres continuelles auraient changé en criminelle trahison le simple refus de subsides; en même temps les compagnies d'ordonnance auraient saccagé et soumis en peu de jours les villes assez téméraires pour discuter un pouvoir qui avait su de bonne heure organiser des armées permanentes. Une lutte de ce genre fut essayée en Espagne : les tisserands de Valladolid et les forgerons de Tolède voulurent défendre les privilèges des États; une femme héroïque, Maria Padilla, souleva l'Aragon : les armées régulières eurent promptement raison de ces rebelles. Si les libertés de l'Angleterre ont été sauvées, c'est parce que les communes ont pu, sans compromettre l'indépendance de l'île, refuser à la royauté le droit d'entretenir des régiments sur le territoire anglais et l'argent pour les solder; mais en France, les guerres qui rendaient les armées nécessaires ne laissaient aucun droit aux États.

Aussi le cardinal ne croyait avoir rien à redouter du

simulacre d'États qu'il avait assemblés à Blois. Les États ne parlèrent en effet ni de liberté, ni de vote d'impôts, ni de contrôle des actes de l'autorité. Menace bien autrement redoutable, les États demandèrent une liste des dettes de la couronne et la révocation des dons faits pendant les deux règnes précédents. Cette pensée d'une restitution sema l'effroi parmi tous les favoris, et leur inspira l'oubli de leurs rivalités pour faire face au danger commun; Diane, puissante encore par ses richesses et par ses gendres, réapparut aussitôt sur la scène. Elle courut chez le connétable; elle inquiéta le cupide Saint-André, l'envoya chez le duc de Guise pour lui rappeler ce qu'ils risquaient tous si les États généraux persistaient dans leur importune enquête sur les enrichis des deux règnes. A la première nouvelle de cette prétention des États, le cardinal de Lorraine s'était enfui à Reims, où il s'était enfermé avec sa nièce Marie Stuart. Il reculait devant la difficulté d'expliquer comment il avait profité de son crédit près de François II pour recueillir encore de l'argent : il s'était fait donner les droits de justice « haulte, moyenne et basse » à Saint-Denis; quelques heures avant la mort du Roi, le duc et lui avaient fait porter à leur hôtel quatre-vingt mille livres de l'argent de l'Épargne[1].

Ainsi, deux craintes réunissaient des ennemis divisés par tant d'outrages, de persécutions, d'années de luttes. Contre la supériorité du génie de Catherine, ils sentaient la nécessité de se coaliser; aux demandes de restitution, ils voulaient opposer leur réconciliation.

[1] La Planche. C'est près d'un million de notre monnaie.

Catherine tenta d'empêcher un accord qui se faisait en réalité contre l'autorité royale et sous l'influence détestée de Diane. Elle prorogea la session des États sous le prétexte que le froid incommodait les députés, elle réussit à maintenir le roi de Navarre en dehors de l'intrigue, par les artifices de la belle Rouhet; elle rechercha l'alliance de Condé et de Coligny, et avec eux celle des réformés, qui constituaient déjà un parti considérable. Mais cesser de se montrer hostile aux protestants, c'était se compromettre sans acquérir leur appui; ils n'entendaient le prêter que s'ils recevaient en échange une protection efficace.

De nouveau se trouvaient en présence les deux rivales : Catherine, appuyée sur les Bourbons, essayait d'opposer l'un à l'autre le connétable et le duc de Guise, tandis que Diane cherchait à rétablir l'accord entre ces deux adversaires par les soins du maréchal de Saint-André. Les fils et les neveux du connétable étaient avec la Reine mère, mais sa femme, qui haïssait ses neveux et tremblait de voir ses fils entraînés par eux dans les idées de la réforme, unit ses efforts à ceux de Saint-André pour rapprocher son mari du duc de Guise et assoupir les anciennes rancunes. Un incident vint précipiter cette alliance.

Les sermons du carême étaient prêchés à la Cour par l'évêque de Valence, Jean de Montluc, « fin, deslié, rompu et corrompu autant pour son sçavoir que pour sa praticque [1] », qui parlait avec complaisance des doctrines de la réforme : « On le tenoit luthérien, puis calviniste, contre sa profession épiscopale, mais il s'y

[1] Brantôme, édit. Panthéon, t. I, p. 368.

comporta par bonne mine et beau semblant [1]. » Révolté dans sa foi, le vieux connétable était descendu, avec sa femme, aux cuisines du château pour y entendre le sermon d'un religieux jacobin qui prêchait pour les gens de service; il y rencontra le duc de Guise et le maréchal de Saint-André. Le soir même, les trois hommes se trouvèrent unis pour assurer leur autorité commune, combattre les progrès des réformés et arrêter les demandes indiscrètes des États [2].

Catherine, les Bourbons, les Châtillons n'étaient plus assez puissants pour résister. Condé et les Châtillons étaient liés aux Églises protestantes, habitués à recevoir d'elles des subsides, contrôlés par leurs ministres, et enfermés dans une foi nouvelle qui leur ôtait toute autorité en dehors de ses adeptes. Le roi de Navarre, attaché à Catherine par les soins de mademoiselle de Rouhet, attiré vers l'Espagne par la promesse fallacieuse d'une restitution de la Navarre, poussé par ses favoris vers les Guises, par sa femme, Jeanne d'Albret, vers les réformés, affligé de se voir séparé de son frère, le prince de Condé, s'égarait dans ses incertitudes et perdait toute importance.

Le duc de Guise, le connétable, le maréchal de Saint-André furent surnommés les triumvirs, par un souvenir de l'antiquité classique. Saint-André, qui vivait d'exactions et d'emprunts, n'existait dans le triumvirat que comme lien entre Guise et le connétable; il prévenait les froissements et prenait pour lui la plus large part des profits de l'association. Le maréchal de Brissac, vieilli et fatigué, n'avait su occuper qu'un rôle subal-

[1] BRANTÔME.
[2] DE THOU, liv. XXVII; LA PLACE, liv. V; PASQUIER, *Lettres*.

terne, et s'était entièrement subordonné au duc de Guise.

Guise reprit aussitôt pour son compte la politique de Henri II. Il se mit en relations directes avec le roi d'Espagne, et se présenta à ses yeux comme le chef des catholiques français. A cette époque commença la longue série des lettres échangées entre les Guises et les agents de l'Espagne : les malentendus furent oubliés, le duc de Guise devint le confident de Chantomay, ambassadeur de Philippe II ; il proposa l'union de tous les princes pour l'extermination de l'hérésie, dénonça la Reine mère coupable de complaisances envers les réformés, approuva l'art avec lequel Philippe II leurrait le roi de Navarre de l'espoir d'une restitution de ses États.

Ainsi, il feignait de devenir le collègue du maréchal de Saint-André, qu'il méprisait, pour mieux gagner l'alliance des Montmorencys, tout en rejetant vers les huguenots les Châtillons et la Reine mère, et en ruinant la famille des Bourbons ; et « afin que la chose fust conduite par plus grande authorité, on avoit esté d'advis de bailler la superintendance de tout l'affaire au roy Philippe catholicque, d'un commun consentement, chef et conducteur de toute l'entreprise ». Les *Mémoires-journaux* du duc de Guise ont conservé les clauses de cet accord entre « les ducs de Guyse, grand maitre, et de Montmorency, connétable, pair de France, et le maréchal de Saint-André, pour la conspiration du triumvirat contre les hérétiques et contre le roy de Navarre, en tant qu'il gouverne et conduict mal les affaires de Charles neufième, roy de France, mineur, lequel est autheur du continuel accroissement de la nouvelle secte qui pullule en France ».

Exalté par cet appui inattendu que les personnages les plus considérables de France venaient prêter à la politique de son maître, l'ambassadeur Chantonnay devenait hautain près de Catherine, et avait toujours des menaces de guerre à la bouche[1]. Catherine, qui connaissait ses liaisons secrètes avec le duc de Guise, se préparait lentement un champion ; elle versait avec amour sa science des cœurs, son mépris de l'humanité, son art de séduire par la parole, toutes ses forces, et toutes les corruptions qu'elle prenait pour des forces, dans l'esprit de son fils préféré, son Alexandre, Henri de Valois, duc d'Anjou ; rien que par son nom d'Anjou, cet enfant devenait l'ennemi des Guises, puisqu'il possédait le titre qu'ils avaient cherché à usurper. Henri de Valois fut présenté par sa mère avec orgueil comme le vengeur prédestiné, comme le maître qu'elle leur préparait à tous, assis dans les cérémonies du sacre à la droite du jeune Charles IX.

Mais il n'était encore qu'un enfant ; pour combattre les triumvirs, Catherine devait avoir recours, jusqu'à ce qu'il grandît, aux hommes qui savaient porter la cuirasse ; elle se tourna vers les protestants.

Sous son influence, le roi de Navarre s'engagea à désavouer le concile de Trente, qui étudiait des réformes dans la discipline ecclésiastique, et à convoquer en un concile tous les évêques de France et d'Angleterre[2] pour déterminer, en dehors de l'influence pontificale et sans le clergé espagnol, les changements qui pouvaient être apportés au dogme et au culte. Ces con-

[1] Tommaseo, *Relaz. ven.*, t. II, p. 89.
[2] Conway, Ms. Trockmorton to Cecil, 26 november.

cessions auraient pu, selon Catherine, recueillir, dans les deux opinions opposées, les gens pratiques, les caractères modérés, et créer un parti de gouvernement à l'aide duquel elle aurait reconstitué l'autorité royale. Elle résumait elle-même les modifications dans les usages de l'Église qui pouvaient le mieux rallier les dissidents, sans froisser les catholiques; elle estimait qu'une plus sévère discipline dans le clergé, l'autorisation pour les fidèles de la communion sous les deux espèces et des chants pieux en langue vulgaire, l'interdiction du culte des images et de la rétribution des messes, suffiraient pour arrêter les progrès du calvinisme. C'est du moins par ces propositions qu'elle formula, le 31 décembre 1561, ses demandes au Pape [1]. Une copie de ses instructions au cardinal de Ferrare a été conservée, et reste [2] comme un curieux témoignage des révolutions qu'a éprouvées le génie de cette femme extraordinaire, et de la chance qui a été laissée quelques instants à l'humanité pour échapper aux guerres religieuses et aux fureurs de la persécution.

Cette attitude de la Reine mère, et cette résolution qu'elle semblait avoir prise d'interdire les querelles entre ses sujets, n'étaient un secret, ni pour les catholiques, ni pour les protestants. Son ancien chevalier, le brave Tavannes, qui lui offrait, dans sa jeunesse, de couper le nez à sa rivale Diane, et qui maintenant s'était voué au service du duc de Guise, avait osé

[1] DE THOU.

[2] Cette lettre se trouve à la bibliothèque Brera de Milan, copie du dix-septième siècle, ancien catalogue, carton C. a. A., 33 : « Scrittura data al cardin. di Ferrara sul modo da tenersi da nostro sign. per ordinare le cose della religione in Francia, mandata da SS. ill. l'ultimo di decembre 1561. »

intercepter les lettres qu'elle écrivait à la duchesse de Savoie. Par ces lettres, dit-il, « la Royne luy escrivoit qu'elle estoit résolue de favoriser les huguenots, d'où elle espéroit son salut contre le triumvirat », et insistait pour que le duc de Savoie mit opposition aux levées de gens de guerre que demandait le duc de Guise. Quand même Tavannes aurait gardé ce secret si témérairement dérobé et dont il a transmis la confidence à la postérité [1], le mépris que ne cachait pas Catherine pour tous les moines qui s'agitaient autour d'elle n'eût pas manqué de faire deviner ses intentions. Quand elle était forcée d'en entendre un dans sa chapelle, elle s'endormait durant le sermon ou feignait de dormir, tandis que son fils, Charles IX, jouait bruyamment avec son chien [2]. Son fils favori, Henri de Valois, se déclarait franchement huguenot et pressait sa sœur Marguerite de changer de religion, « jetant souvent, dit-elle, mes Heures dans le feu et me donnant des psalmes et prières huguenotes, me contraignant de les porter... Il disoit que tous ceux qui avoient de l'esprit s'estoient retirés de cette bigoterie, que la royne ma mère me ferait foüetter [3]. »

Catherine accueillait, elle écoutait les principaux ministres protestants; Calvin pressa Pierre Martyr d'entrer en relation avec elle : celui-ci écrivit à l'Église de Turin que la Reine lui avait demandé de la voir souvent et en secret [4]. Le 23 août 1561, à minuit, Théo-

[1] TAVANNES, p. 254.

[2] CONWAY, Ms., Shakerley to Throgmorton, 14 december 1561.

[3] MARGUERITE DE VALOIS, *Mémoires*, édit. Petitot, p. 31.

[4] BAUM, *Theodor Beza*, appendix II, p. 40, Calvin à Pierre Martyr : « Audio quidem regis matrem ita esse tui audiendi cupidam. » *Ibid.*, p. 63, Petrus Marytr senatui Turicensi : « Dixit quod deinceps sæpius mecum sed secreto colloqui vellet. »

dore de Bèze, le chef des ministres calvinistes de France, avait eu une entrevue avec Catherine, en présence des cardinaux de Lorraine et de Bourbon, dans la chambre de Jeanne d'Albret, au Louvre. Catherine, qui n'espérait pas cacher ces mystères aux Guises, croyait les compromettre en essayant de les mêler dans ces conciliabules avec les ministres de Satan; mais le duc de Guise ne se faisait aucun scrupule de conférer avant le jour avec l'ambassadeur d'Espagne, et le soir avec Théodore de Bèze. Il assista, ainsi que son frère, à une de ces entrevues au mois de septembre 1561, et témoigna une bienveillance affectée à l'apôtre calviniste. Théodore de Bèze développa sa doctrine sur le sacrement de la communion : le cardinal de Lorraine se tourna vers la Reine et dit : — C'est mon opinion. — Comment! répliqua Bèze, mais c'est pour cette opinion que les sacramentaires ont été calomniés et persécutés [1].

Le cardinal de Ferrare, légat du Pape, assistait quelquefois à ces réunions nocturnes : on eût dit que chacun ne désirait que l'harmonie [2]. Pour les Guises, qui avaient déjà eu des relations secrètes et des promesses échangées avec les luthériens de Wurtemberg et du Palatinat, qui d'ailleurs pouvaient invoquer comme garants de leur orthodoxie Chantonnay et Philippe II, ces conférences n'étaient qu'un divertissement. Mais le jeu était dangereux pour Catherine. A se lancer ainsi au milieu des réformateurs qui se

[1] Baum, *Theodor Beza*, appendix II, p. 45. Il peint l'attitude du duc à son égard : « Vultu quam maxime potuit ad humanitatem composito. »

[2] Martha Freer, *Life of Jeanne d'Albret*, t. I, p. 236. Voir la lettre du nonce Santa Croce au cardinal Borromeo.

préoccupaient beaucoup plus des scrupules de leurs consciences que des intérêts de sa politique, elle risquait l'avenir même de la dynastie, sans avoir dans les mains une arme bien sûre, sans pouvoir se fier à la fidélité de ses alliés plus qu'à la bonne foi de ses ennemis.

Elle se sentait dans une crise : son fils même lui échappait par instants. Violent, brusque, sujet à des accès de fureur, Charles IX se soumettait encore au regard froid, à la voix musicale, à la grâce paisible de sa mère; mais aussitôt qu'il n'était plus à ses côtés, il s'échappait comme en délire. Aussi elle le perdait de vue rarement, le faisait dormir dans sa chambre, le suivait même à la chasse, et pour que sa présence ne lui devînt pas importune au milieu de ses divertissements, plutôt que de le retenir dans sa fougue au milieu des forêts, elle aimait mieux partager ses dangers dans ses courses et pousser son cheval derrière le sien à travers les taillis. Ces exercices violents étaient moins pernicieux pour la Reine que pour son fils : elle commençait à prendre un embonpoint exagéré; son teint se nuançait de teintes olivâtres; elle mangeait avec excès [1], restait longtemps à écrire devant sa table de travail : aussi avait-elle besoin de beaucoup marcher ou de monter à cheval, et elle en cherchait les occasions. Cette activité, utile à sa santé, lui permettait de vivre au milieu des courtisans dont elle se défiait et de les surveiller elle-même. Elle n'accorda toute sa confiance qu'aux Italiens dont la fortune était indissolublement liée à la sienne, le jeune Strozzi, Birague, les Gondis, et

[1] Giovanni Micheli, *Relat. ven.* (Tommaseo, t. I; Baschet, p. 510; Sigismundo Cavalli (Baschet, p. 561).

au-dessous, Corbinelli, Alemanni, et les financiers lombards.

Ces Italiens, qui s'enrichissaient rapidement, qui se faisaient donner les grosses abbayes et les riches héritières, furent la principale cause de l'impopularité et des échecs de Catherine de Médici. Bien qu'on ne doive accepter qu'avec méfiance ce que disent des Italiens les auteurs de Mémoires, tous jaloux de leurs gains, on peut difficilement éviter de regarder Birague comme un scélérat dont les conseils ne pouvaient être que déshonorants pour la couronne. Quant aux Gondis, leur fortune fut extraordinaire : ils étaient trois fils d'un banquier de Florence, qui possédaient ensemble deux mille écus de rente, à la mort de Henri II : leur mère, que l'on nommait à la Cour la dame du Perron, avait élevé tous les enfants de Catherine. L'aîné des Gondis épousa Claude-Catherine de Clermont, veuve du maréchal d'Annebaut, la femme la plus spirituelle et la plus savante du seizième siècle; son premier mari était un « fascheux qui estoit indigne de posséder un sujet si divin et si parfait [1] » ; le second en était moins digne encore, mais les services qu'elle sut rendre à Catherine le firent créer comte, puis duc de Retz, marquis de Belle-Isle, maréchal de France : il amassa plus de deux cent mille livres de revenu; ce serait deux millions et demi de notre monnaie. Son frère fut cardinal et évêque de Paris; le troisième, doué de sentiments délicats, s'attacha à Charles IX d'une amitié sincère, réussit quelquefois à le calmer dans ses accès de mélancolie, et mourut de chagrin quelques jours après lui.

[1] MARGUERITE DE VALOIS, *Mémoires*, p. 32.

Au milieu des ces Italiens solliciteurs, des filles d'honneur qu'il fallait tenir sous une discipline rigoureuse, et des gentilshommes qui se partageaient entre les Guises et les Châtillons, Catherine ne parvenait pas à assurer sa supériorité sur le triumvirat : son génie se dissipait dans mille petites intrigues, tandis que ses ennemis se dirigeaient vers leur but avec netteté et persévérance. Pour rendre plus intime leur union avec l'Espagne, les Guises entreprirent de marier à don Carlos, fils de Philippe II, leur nièce Marie Stuart.

La jeune veuve de François II vivait alors à Reims près du cardinal de Lorraine et semble ne pas s'être opposée à des pourparlers qui lui auraient évité l'exil dans son triste royaume d'Écosse. Catherine employa toute l'influence de sa fille Élisabeth sur Philippe II pour empêcher ce mariage; les négociations se prolongèrent plusieurs mois, et ne furent pas interrompues, même après que Marie Stuart eut débarqué en Écosse [1]. On ne sait pas exactement quelles causes firent rompre ce projet. Il est probable que les conseils de la reine Élisabeth d'Espagne et les plaintes de la reine Élisabeth d'Angleterre n'auraient pas réussi à détourner Philippe II d'une alliance qui lui donnait les couronnes d'Écosse et d'Angleterre, si d'autres motifs ne l'en avaient écarté. Peut-être a-t-il redouté le pouvoir qu'auraient pris sur le faible cerveau et le cœur violent de don Carlos les charmes de Marie Stuart et les artifices du cardinal de Lorraine; peut-être jugeait-il que des

[1] L. Paris, *Négociations relatives au règne de François II*; Mignet, *Journal des Savants*, juillet 1847; Chéruel, *Marie Stuart et Catherine de Médicis*, chap. II.

Labanoff, *Lettres de Marie Stuart*, t. I et V.

vassaux comme les Guises lui seraient plus utiles dans les États du roi de France que dans les siens, et que donner de tels oncles à son fils, c'était se donner à lui-même des sujets trop dangereux. Déshonorantes transactions que l'on voudrait croire entretenues, contre le gré du vainqueur de Calais, par le seul cardinal de Lorraine. De même qu'en faisant prendre à François II le titre de roi d'Angleterre, aux risques d'une guerre ruineuse, les Guises n'avaient eu en vue que l'orgueil de leur maison et non les avantages de la France, de même ils poursuivaient ces intérêts de famille en offrant les mêmes droits et les mêmes titres à l'ennemi le plus acharné de la France.

L'Espagne pour eux, du reste, n'était qu'une alliance ; c'est en France qu'ils devaient chercher leur véritable point d'appui. Ils résolurent de le placer dans la population parisienne. On a vu à toutes les époques une fascination exercée sur les génies les plus solides, et même sur les esprits les plus sceptiques, par les applaudissements des désœuvrés d'une grande ville. Le premier duc de Guise avait passé sa vie à courtiser les bourgeois de Paris ; il était considéré comme leur général. Le Balafré, qui avait épuisé toutes les jouissances que peuvent donner les cris d'enthousiasme des soldats vainqueurs, les entrées par la brèche, sous les arquebusades et les incendies, dans les villes prises d'assaut, trouvait encore des joies dans le concours des Parisiens qui sortaient des boutiques, encombraient les rues, montaient sur les toits pour le saluer, chaque fois qu'il s'offrait à eux dans des entrées solennelles. Il voyait en outre, dans ces cérémonies un peu théâtrales, une manière de tenir en haleine ses partisans, de se rappeler à la mémoire des badauds, et de combattre l'influence rivale que les Montmorencys cherchaient à asseoir dans la capitale.

Dès qu'avaient commencé à circuler de vagues inquiétudes sur les tendances de la Cour en faveur des réformés et des bruits sinistres sur les enfants égorgés dans des assemblées secrètes, au chant des psaumes, le duc de Guise était accouru pour rassurer les bourgeois, et se montrer à eux comme le protecteur contre le péril social et religieux; suivi de quatre cents gentilshommes en armes, il s'avançait sur un cheval à housse de velours noir brodé d'argent, au milieu des cris d'allégresse; il portait un pourpoint et des chausses de satin cramoisi, un manteau et une toque de velours noir avec une plume rouge. Ce costume éclatant, cette entrée bruyante, lui ravirent tous les cœurs. Manœuvre habile qui excitait les imaginations vers la résistance, au moment où la Reine mère semblait prête à calmer les passions et à préparer un compromis entre tous les modérés.

Elle avait obtenu qu'une conférence serait tenue à Poissy, entre les principaux prélats de France et les délégués des Églises réformées, pour étudier les moyens de conciliation sur le dogme et sur les cérémonies sacrées. Plusieurs délégués calvinistes avaient été dans les ordres, comme Théodore de Bèze, ancien prieur de Longjumeau, et Malo, ancien vicaire de Saint-André des Arcs. Ils ressentirent un gonflement de vanité et comme une malheureuse inspiration d'orgueil en se voyant appelés à enseigner des doctrines théologiques à des évêques et à des cardinaux; ils ne comprirent pas qu'ils étaient plutôt méprisés que tolérés, et qu'ils pouvaient espérer des concessions seulement par une attitude modeste devant des prélats qui tenaient moins à la foi qu'aux intérêts temporels. Théodore de Bèze, dont le langage était habituellement sage, mit tant de raideur dans son discours aux prélats assemblés, qu'ils « commencèrent à fort murmurer [1] », puis ne purent contenir leur indignation, se levèrent et s'élancèrent hors de la salle en criant : « Il a blasphémé, il a blasphémé Dieu [2] ! »

Vainqueur dès son enfance dans les luttes scolastiques, et savant dans les secrets de la vieille polémique, le cardinal de Lorraine fit le lendemain une réponse pompeuse qui ne pouvait ni apaiser les colères, ni résoudre les questions contestées. Bèze essaya de répliquer, pour obtenir un peu de franchise dans la polémique au lieu des argutics [3] ; mais « on s'eschauffa si bien en la dispute, que l'ardeur surpassa la raison de part et d'autre, qui fut cause que le Roy diminua le nombre jusqu'à cinq de chaque costé [4] ». Les protestants n'apportaient pas plus de bonne foi que les prélats dans la discussion ; ils cherchaient à écarter toutes les idées de transaction, toutes les offres de concessions. « Nous craignons, écrit l'un d'eux [5], beaucoup plus les moyenneurs, qui sont tièdes en diverses façons, que les enne-

[1] Castelnau, p. 447.

[2] Baum, *Theodor Beza*, appendix II, p. 66. Struckius ad Hubertum, 18 septembr. 1861 : « Adeo exasperati et exacerbati sunt ut proruperint : Blasphemavit, blasphemavit Deum ! »

[3] *Ibid.*, Beza ad Calvinum, 27 septembr. 1561 : « Ut saltem æquiores nobis fiant. »

[4] Castelnau, p. 447.

[5] Lettre du ministre des Gallards, du 12 octobre, *Record office*, State papers France, XXI, publiée par H. de la Ferrière, *Arch. des miss. scient.*, 1869, p. 363.

mis ouverts qui se monstrent en front et chauds. »

Le cardinal de Lorraine avait imaginé un stratagème qui devait mettre fin au débat et couvrir de confusion les calvinistes ; il prétendit les faire convaincre d'erreur et maudire comme hérétiques par leurs propres frères les luthériens d'Allemagne, sûr que l'esprit d'intolérance, les colères théologiques, les haines de la controverse étaient également âpres dans toutes les Églises. Ce sceptique disert, qui préparait pour le concile de Trente des harangues favorables aux réformes, pendant qu'il en prononçait à Poissy pour soutenir les usages établis, se tenait depuis longtemps en relation avec les princes luthériens d'Allemagne ; il possédait parmi eux tout le prestige que procuraient, dans une nation dont le métier était de se donner en location pour faire la guerre, les exploits des ducs de Guise. Ces Allemands avaient servi sous son père ou son frère ; ils le regardaient comme un des patrons de la maison qui pouvait encore leur donner de l'ouvrage ; ils le ménageaient pour être favorisés par les recruteurs de son frère. Aussi, le duc de Wurtemberg et les princes palatins reçurent avec honneur l'homme que leur adressait le cardinal de Lorraine pour leur demander des théologiens luthériens. Cet homme était un jurisconsulte d'Arras, nommé Beaudouin, deux fois apostat, qui avait été secrétaire de Calvin, et qui venait choisir cinq ministres luthériens pour combattre les calvinistes au profit des catholiques. Ce plan ingénieux ne put réussir, malgré la bonne volonté des Allemands. Du Rhin à Paris, le voyage était long. Le jour où les Allemands arrivèrent à Paris, épuisés de fatigue, l'un d'eux fut atteint de la peste et mourut dans la nuit ; les quatre autres, frappés d'épouvante, se remirent en route dès le lendemain pour leur pays, sans se laisser décider à demeurer davantage dans une ville aussi dangereuse [1]. Les orateurs du colloque de Poissy ne tardèrent pas à se séparer également. « Après avoir bien disputé l'espace de trois mois, il fut impossible d'accorder entre eux un seul article; ce qui ne servit de rien, sinon de révoquer en doute la religion des uns et des autres [2]. » Les calvinistes avaient cependant insisté à plusieurs reprises, durant les discussions, pour qu'on ne les confondît par avec les athées; ils poussèrent même le zèle jusqu'à se plaindre qu'il n'y eût pas de persécution organisée contre les incrédules; et, avec autant de passion que les prélats contre eux-mêmes, ils en demandèrent contre tous ceux qui poussaient plus loin qu'eux les hardiesses de la pensée. Cette bruyante intolérance des ministres réformés leur procurait plus de prosélytes que ne l'auraient su faire la charité chrétienne et le respect des consciences.

Aussitôt après la séparation des docteurs de Poissy, en décembre 1561, le duc de Guise s'éloigna de la Cour. C'était une de ces éclipses momentanées qu'il jugeait quelquefois utiles à son influence. Il feignait de se retirer en Lorraine; il négligeait pour un temps les intérêts du triumvirat, afin de mieux se montrer nécessaire à ses incapables associés, et de préparer avec plus d'éclat un nouveau retour. Il espérait qu'en son absence Catherine se compromettrait plus franchement et ferait aux protestants les avances qu'elle n'osait tenter devant lui.

[1] VARILLAS, t. I, p. 113, 117.
[2] CASTELNAU, p. 447.

En effet, à peine ce contrôleur menaçant et importun s'était-il écarté, que Catherine fit publier un édit, de janvier 1562, qui assurait aux réformés le libre exercice de leur culte, sous des conditions destinées à garantir l'ordre public. C'était à peu près la législation à laquelle on devait revenir plus de trente ans plus tard, avec l'édit de Nantes, celle qui nous a procuré un siècle de paix religieuse. Cette sage mesure pouvait faire croire que la France, après un petit nombre d'années de persécution, allait devenir le seul pays de l'Europe dans lequel les consciences fussent libres. Mais aucun des deux partis ne voulait souffrir que le culte rival s'exerçât à côté de lui. Transformant le nom de *Charles de Valois* dans l'anagramme *chassa leur idole*, les réformés songèrent à poursuivre leur succès et à interdire la messe. De leur côté, les catholiques effrayèrent le roi de Navarre sur les dangers de cette liberté, et lui montrèrent qu'il se faisait un ennemi du roi d'Espagne, et perdait à tout jamais la chance d'obtenir de ses bonnes grâces son royaume de Navarre, s'il ne se prononçait pas publiquement pour le maintien de la foi catholique. Ce prince crédule fut amené insensiblement à se fondre, à s'anéantir dans le triumvirat. Il crut d'abord ne s'unir qu'au connétable, puis se brouiller seulement avec son frère le prince de Condé; enfin, il accepta de se réconcilier avec le duc de Guise, et bientôt de s'associer à lui. C'était le moment que guettaient le connétable et Saint-André. En toute hâte ils écrivirent au duc de revenir à Paris, d'y faire une entrée triomphale, et d'opposer à l'autorité de Catherine, dans une lutte ouverte, les forces réunies des triumvirs et de tous les Bourbons, moins le seul Condé.

CHAPITRE XII

L'AFFAIRE DE VASSY.

1562.

Il semble que la réforme, telle que la concevaient les premiers protestants, n'était pas un progrès dans l'évolution de la pensée chrétienne : la doctrine catholique n'est nullement incompatible avec l'idée de progrès ; elle comporte les réformes dans la discipline, la promulgation de dogmes nouveaux, la domination de l'Église vivante sur le texte froid. L'Église explique et développe l'Écriture ; elle est affranchie par l'inspiration ; elle traduit la lettre. Quand ils donnaient l'Écriture pour règle unique au chrétien, les premiers réformateurs s'asservissaient à des formules, liaient l'esprit humain à un livre, soumettaient la foi à un fait matériel. En même temps, ils se trouvaient presque forcément enfermés dans l'Ancien Testament. Le Nouveau, en effet, est déjà l'Église ; il a été ignoré au moins de la première génération des disciples de Jésus ; le Symbole des apôtres, à moins qu'on n'en conteste l'authenticité, doit être reconnu comme antérieur de plusieurs années au plus ancien de nos Évangiles. Le Nouveau Testament est plus récent que les pouvoirs de l'Église, pouvoirs contre lesquels les protestants se mettaient en lutte. En outre, le Nouveau Testament se prête peu à l'exaltation des esprits; même en torturant le texte des Évangiles avec la perversité la plus ingénieuse, on ne saurait le faire paraître favorable aux passions violentes. La Bible, au contraire, raconte l'histoire d'une race qui s'est crue l'instrument de la vengeance de Dieu. Les récits de meurtres et de persécutions dans lesquels elle se complait en faisaient le livre de tous les opprimés, qui confondaient leurs projets de vengeance avec les émotions de la piété, et haïssaient leurs adversaires comme les ennemis de la vraie foi. Malgré Calvin, le Vieux Testament fut le livre favori des calvinistes; le repos du dimanche rappela celui du sabbat, et devint le principal dogme : le *Livre des Juges,* le *Livre des Rois,* préparèrent les adeptes à combattre pour leur foi, et mirent sous leurs yeux les récits du général révolté, qui faisait lécher aux chiens le sang de sa reine; de la femme qui, violant l'hospitalité arabe, enfonçait un clou dans le front du fugitif reçu sous sa tente; d'Ehud poignardant Eglon; de la colère de Dieu contre Achab, pour avoir épargné Benadad, et contre Saül, pour n'avoir pas tué Agag; du prophète Samuel, hachant membre à membre le roi captif; de Salomon, égorgeant son frère Adonias; de Jonathas, mis à mort pour avoir goûté du miel au bout de sa baguette : *Gustans gustavi paululum mellis et ecce morior.* Les théologiens calvinistes avaient lu les Évangiles, mais leur langage n'en est pas inspiré; ils font vivre leurs frères au milieu d'images cruelles, dans un monde surnaturel; ils luttent contre Babylone, contre Chemosh, contre Astarté. Jésus est mort; on croirait que l'Ancien Testament est seul vivant. Condé n'est plus pour eux un prince du sang qui favorise les élus, est prêt à devenir leur chef, à se faire tuer pour eux tout en se plaisant à la Cour, en se livrant aux joies profanes, aux rires, aux galanteries; c'est Jéhu qui a le mérite d'être le fléau de la maison d'Achab, mais qui ne s'est pas consacré tout entier à la loi, et qui tolère, qui pratique l'impureté. S'ils ne sont pas, comme les puritains d'Écosse ou les côtes de fer de Cromwell, voués à l'hypocrisie, et semblables aux pharisiens qui portaient de larges phylactères et reprochaient à Jésus de boire du vin, ils diffèrent bien davantage de nos protestants contemporains, dont les esprits sont ouverts à toutes les idées larges, qui comprennent la liberté de la conscience et discutent les textes sacrés.

Calvin est aussi intolérant que Henri VIII. Clément Marot, chassé de France par les catholiques, ne peut pas davantage rester à Genève; il est forcé de se réfugier en Italie; le huguenot Henri Estienne trouve encore plus de paix pour ses presses à Paris qu'à Genève. L'*Apologie pour Hérodote* avait révolté la piété des ministres protestants; les *Dialogues du nouveau langage francais italianisé* furent saisis par leurs ordres; l'auteur fut cité devant les magistrats et accusé de n'avoir pas publié son manuscrit tel qu'il l'avait présenté à la censure; c'est à Paris qu'il dut chercher un refuge. Quand il put rentrer à Genève, Henri Estienne dut soumettre, feuille à feuille, à un ministre, son traité de droit, *Juris civilis fontes et rivi;* il ne se crut pas contraint à cette formalité pour la publication des *Fastes consulaires,* de Signonius, et le livre fut saisi et brûlé [1]. A Genève, à partir de 1560, le crime d'adul-

[1] Léon Feugère, *Notice sur Henri Estienne*, p. 125.

tère fut puni de mort. Les polémiques se terminèrent par un appel au bras séculier. Spifame, évêque de Nevers, converti au calvinisme, fut mis à mort, à Genève, par ses nouveaux coreligionnaires. Calvin dénonça au saint Office Michel Servet, qu'il savait caché en France, et qu'il regardait comme criminel pour avoir combattu ses doctrines, en même temps que celles de l'Église catholique, dans son livre *Christianismi restitutio;* Servet, ignorant quel était son délateur et traqué par l'inquisition, vint naïvement chercher refuge à Genève. Calvin le fit arrêter; il s'était procuré, avec cet acharnement du pédant réfuté, le seul exemplaire du livre de Servet qui eût échappé au bûcher; l'exemplaire unique fut soumis au consistoire : Servet fut condamné; il fut brûlé vif en même temps que le livre. Le livre glissa sur les fagots, tomba à terre, fut ramassé par un adepte qui le porta à Paris : il y est encore. On le voit à la Bibliothèque nationale, froissé, les pages à demi brûlées. Dans ce livre, on a découvert que Servet avait compris et expliqué le premier la circulation du sang [1]. Ce crime fut approuvé par les disciples de Calvin, par celui qu'on nommait le doux Mélanchton, et par le partisan de Catherine, Théodore de Bèze. Mélanchton [2] écrivit à Calvin : « L'Église te rend et te rendra grâces dans la postérité : vos magistrats ont agi avec justice en mettant à mort ce blasphémateur. » Théodore de Bèze publia un traité pour démontrer que les hérétiques devaient être punis par le fer, *De hereticis gladio puniendis*. Mélanchton apporta autant de pas-

[1] FLOURENS, *Histoire de la découverte de la circulation du sang*, p. 137, 139. Voir aussi H. MARTIN, *Histoire de France*, t. VIII, p. 185.
[2] *Opera*, t. VIII, p. 362.

sion dans sa polémique contre Copernic [1] et ses théories astronomiques, que plus tard le saint Office mettra de dureté à poursuivre Galilée pour le même crime [2].

Mais déjà, à vivre dans les rêveries bibliques, les esprits s'étaient emportés vers une direction où ils devaient rencontrer de dangereux ennemis. Au milieu des révolutions, la vie est précipitée; l'expérience de plusieurs années s'amasse en quelques heures; les vieilles méthodes de la pensée sont violemment rejetées, les nouveautés qui inspiraient le plus de répugnance ou de terreur deviennent en quelques jours familières, puis tolérables, enfin séduisantes. Les réformés commençaient à dire « que les rois ne pourroient avoir aucune puissance que celle qui plairoit au peuple; autres preschoient que la noblesse n'estoit rien plus qu'eux [3] ». On prétendait même qu'ils parlaient de Charles IX avec dédain : « Celuy-là est un petit royaut; nous lui donnerons des verges et lui donnerons mestier pour lui faire apprendre à gaigner sa vie comme les autres [4]. » Parmi les saints se glissaient les forcenés : déjà l'on avait vu les anabaptistes, qui voulaient que tous les hommes fussent frères, saccager les châteaux, au nom de cette fraternité, emporter les dépouilles et égorger les prisonniers.

Pendant que les dangers étaient ainsi menaçants et les passions animées, pendant que les triumvirs l'appelaient pour sauver l'Église, le duc de Guise semblait hésiter, soit répugnance contre la persécution, soit dé-

[1] Von Hartmann, *la Religion de l'avenir.*

[2] Mézières, *le Procès de Galilée*, dans la *Revue des Deux Mondes*, octobre 1876, p. 660.

[3] Montluc, édit. Petitot, p. 22.

[4] *Id., ibid.*

fiance de ses alliés, soit même vacillation dans les convictions religieuses; c'était l'heure où la reine Catherine ignorait encore si elle entendrait la messe en latin ou les psaumes en français, où la reine Élisabeth, protectrice de la foi protestante, cherchait à interdire le mariage des prêtres, et allumait en secret des cierges devant un crucifix [1], où les Montmorencys restaient indécis entre le catholicisme de leur père et la foi nouvelle des Châtillons. François de Guise choisissait ce moment pour reprendre avec les princes allemands les négociations que son père avait commencées au moment du colloque de Poissy. Peut-être voulait-il simplement s'assurer la neutralité de ces chefs luthériens, les empêcher d'aider les calvinistes de France dans le cas où la guerre civile deviendrait inévitable, et feindre près d'eux une indépendance religieuse qu'il ne possédait pas. Il se rendit le 14 février 1562 avec les deux cardinaux et le grand prieur, ses frères, et avec son fils aîné Henri, prince de Joinville, au château de Saverne, près du duc Christophe de Wurtemberg, le plus honnête et le plus populaire des chefs luthériens [2]. Le cardinal de Lorraine essaya d'exciter le fanatisme luthérien contre les calvinistes. Sa dialectique subtile fit une certaine impression sur les théologiens du duc Christophe [3]. Persécuter les doctrines de Genève, s'appuyer à la fois sur le Pape qu'on avait défendu contre l'Espagne, et sur les luthériens d'Allemagne qu'on cherchait à rallier; mettre

[1] MACAULAY, *Burleigh and his times*. Les protestants anglais ont toujours eu une tendance à conserver le sacrement de la confession. Voir séance de la Chambre des lords du 21 juillet 1876.

[2] *Bulletin de la Société du protestantisme français*, 1855, p. 184, 196.

[3] VARILLAS, t. I, p. 154, 155.

la France à la tête de cette coalition des extrêmes du catholicisme et de la réforme pour combattre à la fois Philippe II et Calvin, ce n'aurait pas été une idée sans audace. En se déclarant plus catholique que Philippe II et plus protestant que Coligny, en méditant une guerre à la fois contre l'Espagne et contre les réformés français, de manière à maintenir la France dans l'orthodoxie, tout en excluant du parti catholique la cour de l'Escurial, qui semblait avoir confondu ses intérêts avec ceux de ce parti, les Guises pouvaient donner le branle à l'Europe et se placer à la tête de la civilisation.

Mais un tel rôle exigeait plus de souplesse que de bonne foi. Il fallait tromper ou Philippe II, ou le duc Christophe, et garder des relations avec les deux : déjà, à Saverne, les Guises durent faire au duc de Wurtemberg des concessions sur le dogme, et lui laisser croire qu'ils introduiraient en France la confession d'Augsbourg [1]. Ils ne pouvaient d'ailleurs se soustraire à la loi qui porte nécessairement aux extrémités tous les esprits engagés dans une lutte : quelle que fût leur sincérité au moment de l'entrevue de Saverne, ils ne pouvaient qu'être emportés dans les rangs des plus ardents de l'un des partis dès qu'ils commenceraient à frapper ou à être combattus.

De cette entrevue ne résulta aucun bien ni pour la religion, ni pour la France; elle décèle ou une tentative pour tromper le duc Christophe et isoler par fraude les réformés français au milieu des Églises protestantes, ou un aveu du manque de conviction religieuse au moment où vont commencer des guerres de religion.

[1] Bouillé, *Histoire des ducs de Guise*, t. II, p. 169.

Les indécisions d'un homme d'État ne sont pas à blâmer; le mal n'est pas de manquer de foi, il est de diriger des persécutions pour soutenir une foi qu'on ne possède pas. Pour qui prétendait s'établir le chef des catholiques de France et des Iles-Britanniques, il y avait peu de dignité dans ces caresses prodiguées au prince que les luthériens regardaient comme leur patriarche. On n'a plus le droit de combattre avec violence ses adversaires, quand on vient de témoigner pour leurs doctrines de l'indugence ou de l'indifférence.

Ces semblants de pacte avec l'hérésie furent subitement troublés par un coup sanglant, qui trancha toutes les tergiversations, et mit dehors toutes les colères.

Parmi les divers événements qui pouvaient amener une rixe, le hasard voulut que l'accident inévitable se présentât précisément sur le chemin du duc de Guise, de telle sorte qu'au moment où il sortait de ses pourparlers avec les luthériens, il se trouvait porté en un seul jour à la tête des catholiques. Les conférences de Saverne s'étaient terminées le 18 février. Le duc de Guise revenait à Paris, où l'appelaient les triumvirs qu'il y avaient laissés. Le 1er mars, il devait dîner vers midi à Vassy; « les officiers qui alloient devant trouvèrent que les protestants y faisoient leur presche en une grange près de l'église, et y pouvoit avoir six ou sept cents personnes de toutes sortes d'âge. Lors, comme souvent m'a dit le duc de Guise, aucuns de ses officiers et aultres qui estoient allés devant, curieux de voir telle assemblée et nouvelle forme de prescher, sans aultre dessein, s'approchèrent jusqu'à la porte du lieu, où il s'esmeut quelque noise avec parolles d'une part et d'aultre[1] ». Il est possible qu'irrités de ces regards curieux et malveillants, inquiets de voir ces étrangers armés qui s'amassaient devant leur porte, les bourgeois de Vassy et les paysans des villages voisins, réunis dans la grange, aient voulu les écarter, et aient jeté des pierres aux gens de cuisine, et « les appelèrent papistes et idolastres[2] ». On peut croire aussi que les religieux de Vassy, blessés depuis plusieurs jours par ces cérémonies, ont excité le zèle des laquais et de la populace, qui se sentaient soutenus par la garnison et par l'escorte du duc[3]. Il est certain que les « pages et laquais, en jurant la Mort-Dieu, disoient : « Ne nous « baillera-t-on pas le pillage[4] ? » L'écuyer La Brosse eut le tort de ne pas réprimer ces propos de valets. Il est difficile d'admettre que les paysans, qui n'avaient pas d'armes et se trouvaient entassés dans une grange avec leurs femmes et leurs enfants, aient commencé la lutte. Cependant, ils ont bien pu penser que Dieu combattrait pour eux, comme avec Samson contre les Philistins, et qu'il détruirait leurs ennemis, ainsi qu'autrefois l'armée de Sennachérib. Ils lancèrent dehors tout ce qui se trouva sous leurs mains. Quand le duc survint pour rétablir l'ordre, il fut atteint, en approchant de la porte, d'une pierre à la tête. Cette blessure l'irrita ; il laissa les trompettes sonner la charge, et deux compagnies d'ordonnance s'avancer avec les laquais à l'attaque de la grange[5]. Les protestants furent chassés, et, en sortant, ils furent obligés de « passer par deux

[1] Castelnau, p. 452.
[2] *Id.*, *ibid.*
[3] D'Aubigné, p. 130.
[4] Guise, *Mémoires-journaux*, p. 470.
[5] D'Aubigné, p. 130.

rangs, tant de gens d'armes que des aultres de sa suite, et en passant, chacun d'eulx frappoit à grands coups d'espée et de coultelas. Ceux qui montoient sur les toits estoient tirés à coups de hacquebutes[1] ». On raconta même que les moines en désignaient du doigt sur le toit aux arquebusiers[2]. Il dut y avoir une soixantaine de tués et à peu près le double de blessés[3]. Parmi les tués, il n'y eut guère que quatre ou cinq femmes, et encore on les mit à mort moins par zèle religieux que par désir de leur enlever leurs ornements d'argent : « luy ostèrent son demi-cein et agrappes d'argent » ; c'était plutôt un sac qu'un massacre. Les morts furent surtout des marchands ou de petits bourgeois, tandis que les simples paysans s'échappèrent. Le tronc des pauvres fut forcé, et l'on enleva les douze livres tournois qu'il contenait[4]. Le duc ne vit d'abord dans cet acte de brigandage qu'une querelle entre laquais et paysans, et se contenta d'envoyer la *Bible* saisie sur la chaire à son frère le cardinal de Guise, qui semblait attristé et restait « appuyé sur les murailles du cymetière regardant vers ladite grange[5] ». Il répon-

[1] GUISE, *Mémoires-journaux*, p. 470, 475.

[2] D'AUBIGNÉ.

[3] Voir sur cet événement : *Archives curieuses de l'histoire de France*, t. IV, série I, p. 103 : Description du saccagement exercé cruellement par le duc de Guise et sa cohorte, en la ville de Vassy, le 1er jour de mars 1561, Caen, 1562, *Mémoires de Condé*, t. III, p. 111 : Relation de l'occision du duc de Guyse exécutée à Vassy, en Champagne, composée par un huguenot; *ibid.*, p. 115 : Discours au vray et abrégé de ce qui est dernièrement advenu à Vassy, y passant M. le duc de Guise; *ibid.* : Sept autres pamphlets. Voir aussi DE THOU, liv. XXIX ; CASTELNAU, liv. III, ch. VII; LE LABOUREUR, t. I, p. 760; VARILLAS, t. I, p. 161.

[4] GUISE, *Mémoires-journaux*, p. 484.

[5] *Id.*, *ibid.*

dit en prenant le livre : « Il n'y a point de mal en cecy ; car c'est la *Bible* et la sainte Escripture. » La duchesse, qui était enceinte et ne fut prévenue qu'assez tard, envoya supplier son mari de faire retirer ses gens. On aime à voir cette parole de pitié, la seule de la journée, dans la bouche de la petite-fille de Louis XII. Déjà, à Amboise, elle n'avait pu supporter le spectacle des exécutions ; à Provins, elle avait fait évader et diriger sur Bâle un religieux qui était accusé d'hérésie [1].

Mai son mari semble, au premier moment, n'avoir eu aucune conscience de l'acte ; il fut tout étonné de s'en voir attribuer l'honneur, d'être acclamé dans toutes les villes catholiques comme un sauveur, et salué comme le chef vigoureux qui venait de choisir le seul parti digne de l'Église, celui de la répression sans pitié. Trop humain pour oser se vanter d'une action aussi inutilement cruelle, et trop instruit de l'état des esprits pour ne pas supposer qu'elle serait le signal d'une guerre d'extermination, le duc fut un peu inquiet de l'attitude que prendraient à cette nouvelle Catherine, son ancienne adversaire, et le duc Christophe de Wurtemberg, son allié récent.

Catherine se crut assez forte pour interdire au duc de Guise l'entrée de Paris : elle avait sous la main le prince de Condé, avec cinq cents cavaliers. Mais au lieu d'intimider le duc de Guise, elle ne fit que le déterminer à s'entourer de tous ses adhérents, et à se présenter avec des forces menaçantes. Le connétable et le maréchal de Saint-André vinrent au-devant de lui jusqu'à Nanteuil, le 16 mars, de bonne heure,

[1] En 1554. Voir Claude Haton, t. I, p. 10, 42.

bien accompagnés et à « armes découvertes[1] ». Le même jour, les triumvirs ainsi réunis, suivis de deux mille gentilshommes armés, firent leur entrée par la porte Saint-Denis, selon l'itinéraire des rois qui pénétraient dans la capitale. Le duc de Guise était devenu, en effet, le vrai roi des Parisiens. Le prévôt des marchands s'avança pour le recevoir jusqu'au rempart, des harangueurs le saluèrent du nom de « défenseur de la foi »; le peuple cria : « Vive Guise! » Dans la rue Saint-Honoré, le cortége triomphal croisa l'escorte du prince de Condé, qui revenait du prêche avec ses cinq cents gentilshommes. Les deux chefs se saluèrent[2]. Ils hésitaient encore à tirer l'épée, même dans ce jour qui rendait la guerre inévitable, tant il semblait révoltant d'armer les uns contre les autres, pour de telles querelles, les défenseurs de Metz et ceux qui avaient succombé ensemble à Saint-Quentin, et ceux qui avaient escaladé Calais et Thionville.

Le duc de Guise ne partageait pas, du reste, la joie générale sur ce qu'on a nommé plus tard « le malentendu de Vassy[3] », et voulait s'excuser juridiquement de ces meurtres commis sous ses yeux dans une ville royale. Le mémoire qu'il publia paraît n'avoir pas été rédigé par lui; bien que son style ait toujours été inférieur à celui des autres hommes de guerre de son temps, il était moins diffus que celui de ses secrétaires, et surtout que le langage de l'auteur de cette justification. Il y dit : « J'allegueroye la modération et patience qui fut jadis en un Périclès poursuivy par un importun

[1] GUISE, *Mémoires-journaux*, p. 630 et suiv.
[2] HENRI D'ORLÉANS, DUC D'AUMALE, t. I, p. 121
[3] VARILLAS.

mesdysant » ; puis il cite Miltiade, Thémistocle, injustement accusé; « aussi avons-nous en admiration un Camillus », et poursuit sur ce ton durant plusieurs pages [1]. Lorsque le duc entra dans le Parlement pour déclarer qu'il était étranger aux meurtres de Vassy, le président Séguier et Harlay quittèrent leurs sièges et sortirent de la salle [2]. Après quelques mots assez dédaigneux prononcés par le duc, le Parlement ordonna des poursuites contre les paysans de Vassy, coupables d'avoir attaqué à coups de pierres un duc et pair suivi de trois cents cavaliers, devant une garnison de quarante hommes d'armes.

Mais la servilité du Parlement et les acclamations de la populace parisienne ne pouvaient satisfaire le duc Christophe, qui venait d'entendre ses hôtes de Saverne lui vanter leur désir de conciliation, dix jours avant le massacre. Les premières lettres du duc de Guise au duc de Wurtemberg sont perdues : on voit par la dernière qu'il cherchait à démontrer que les catholiques étaient égorgés dans toute la France par les protestants : « Je vouldrois qu'il m'eust cousté de mon sang et qu'eussiez veu la désolation de nos églises, la cruauté dont est usé contre des prêtres [3]. » Le cardinal de Lorraine essayait en même temps de tromper le chef luthérien par des mots d'une hypocrisie raffinée; il demandait encore que l'on vînt « à quelque bonne assemblée, saincte réunion des Églises et fructueuse réformation; et vous supplie, Monsieur, croire que je le sens et pense ainsi, et depuis mon départ d'auprès de vous, j'en suis toujours entré

[1] GUISE, *Mémoires-journaux*.

[2] Henri MARTIN, t. IX, p. 87.

[3] GUISE, *Mémoires-journaux*, p. 489, 491, lettre du 22 mai 1562.

en grande espérance et désir de vous y servir, et si j'en cognois quelque chemin, je m'y employerai sans y espargner ma propre vie ».

A ces propros peu sincères, à ces offres de la vie, le duc Christophe reconnait la fourberie, il se voit pris pour dupe, il reproche sévèrement aux deux frères d'avoir répondu par des propros vagues à ses demandes d'explications précises sur l'affaire de Vassy. Pourquoi n'ont-ils donné aucun détail au gentilhomme qu'il avait envoyé auprès d'eux, M. de Rascalon? Il ajoute loyalement : « On dit et escrit que ce a esté commis à votre bon escient. A quoy aussi donne plus grande vigueur et corroboration ce que depuis vostre advénement en cour a esté faict à Paris. Vous sçavez avec qu'elle asseurance vous m'avez respondu que l'on vous faisoit grand tort de ce que l'on vous vouloit imposer estre cause et autheur de la mort de tant de povres chrestiens[1]. » Fermes et honnêtes paroles d'un homme médiocre, mais convaincu, qui cherche à deviner par quels secrets ressorts des gens qui se sont montrés à lui indifférents et peut-être incrédules en sont arrivés à se faire les inspirateurs d'une persécution religieuse. La barbarie de cette persécution semblait moins révolter le prince luthérien que la duplicité avec laquelle on se jouait de sa confiance, et il écrivait à Charles IX : « Combien que l'édit que avez dernièrement au mois de janvier faict publier par tout vostre royaume permet que ung chascun puisse vivre selon sa conscience, toutes fois, au contraire d'iceluy, en plusieurs endroits de vostre dict royaume et mesme en vostre ville capitale de Paris,

[1] GUISE, *Mémoires-journaux*, p. 491, 493.

sont advenus batteries, pilleries, meurtres et aultres effusions de sang. » Et à la reine Catherine, qui s'était aussi présentée comme acquise à la cause de la réforme[1], il répondait : « Puis doncq, Madame, que j'ay entendu que demeurez permanente en la confession chrestienne de la saincte doctrine de l'Évangile, je vous prie bien humblement que vous ny monseigneur le Roy votre fils ne veuillez autant que possible entreprendre chose dommageable contre ceux qui confessent la vraie religion chrestienne et ont abandonné les superstitions et idolastries du Pape. »

Ce chef luthérien dont l'estime était briguée à la fois par Catherine et les Guises, avait compris dès le premier jour les conséquences de l'affaire de Vassy. Qu'il y ait eu dans la grange cinquante tués, ou qu'il y en ait eu deux cents comme le prétendaient les pamphlets protestants, le nombre est insignifiant, comparé à celui des malheureux qui furent torturés et égorgés dans la France entière, dès que se répandit la nouvelle de cette première exécution. En regardant ses valets arracher les anneaux d'argent aux oreilles des paysannes de Vassy, le duc de Guise ne prévoyait pas qu'il donnait le signal des guerres de rues et des assassinats. Nul n'osait commencer les meurtres : tous se trouvèrent enhardis quand l'exemple fut offert par le premier chef de guerre, par le prince le plus puissant du royaume.

A Sens, un capitaine protestant avait organisé les

[1] Guise, *Mémoires-journaux*, p. 665. On n'a pas les lettres de Catherine; mais elle venait de lui envoyer Courtelary dont les paroles avaient été si formelles, que le duc crut à la conversion de Catherine et écrivit cette lettre curieuse.

réformés de la ville pour qu'ils pussent se défendre : il s'absenta deux jours ; quand il rentra à Sens, il n'y avait plus de réformés, ils avaient tous été égorgés par la populace : elle se rua alors sur cet homme qui arrivait seul et sans défiance, le renversa de cheval, lui lia les jambes, le traina dans les rues en allumant des bottes de foin sur son ventre et en criant : « Gardez bien vos pourceaux, nous tenons le porcher. » Lorsque le Parlement ordonna une enquête sur ces meurtres, « bien fut prouvé que les huguenots avoient les premiers provoqué les catholiques ». Un jeune avocat qui avait essayé de démontrer le contraire dut se cacher « pour détourner la fureur de la justice [1] ».

A Paris, il y eut moins de tués, mais les vols et le pillage furent autorisés en plein jour et pendant plusieurs semaines contre les nouveaux convertis : « Dieu sçait que plusieurs povres crocheteurs et portefaix furent faits riches et plusieurs huguenots povres [2]. »

A Troyes, Robert, procureur du Roi, apprenant que son propre fils était calviniste, le pendit [3].

Dans le Midi, Montluc s'empressa de suivre l'exemple donné par son général : il se procura deux bourreaux [4], « lesquels on appela depuis mes lacquais parce qu'ils estoient souvent après moy ». On lui amena quatre prisonniers qu'on accusait de prêcher l'hérésie : il en poussa un lui-même par terre, dit à un de ses bourreaux :

[1] Claude Haton, *Mémoires*, t. I, p. 193. On sait que Haton, bourgeois de Provins, était catholique ardent et vassal fidèle de la maison de Guise. Voir sur les massacres de Sens, en outre, *Mémoires de Condé*, édit. 1743, t. III, p. 187, 300, 315, 360, 433.

[2] Claude Haton, t. I, p. 276.

[3] Varillas, t. I, p. 247.

[4] Montluc, p. 216.

« Frappe, vilain! » — Ma parole et son coup fut aussi tost l'un que l'autre. Je fis pendre les deux autres à un orme qui estoit tout contre. » Quant au quatrième, comme il n'avait que dix-huit ans, Montluc ne voulut pas le faire mourir aussi vite, « mais bien lui fis-je bailler tant de coups de fouët par les bourreaux, qu'il me fut dict qu'il estoit mort au bout de dix ou douze jours après ». Il envoya une compagnie de gens de guerre à Terraube pour « dépescher tous ceux qui estoient là, et après qu'ils furent morts, les jettèrent tous dans le puyt de la ville, qui estoit fort profond et s'en remplit tout, de sorte qu'on les pouvoit toucher avec la main. Ce fut une très belle despesche de très mauvais garçons ». A Cahors, les protestants avaient eu le dessus, et ils avaient dans la lutte tué six cents catholiques[1]; Montluc accourut, les chassa de la ville; puis, saisi de fureur en voyant arriver un conseiller au Parlement que Catherine avait chargé de faire une enquête sur les événements de Cahors, il se précipita sur ce conseiller et ses greffiers, et cria : « Je te pendrai moy-mesme de mes mains, car j'en ay pendu une vingtaine de plus gens de bien que toy, meschant paillard! — Je tiray de moitié mon espée, tous gaignèrent la porte et se mirent à fuir en criant, si estonnés qu'ils sautèrent les degrés sans compter[2] ».

C'est à Tours que la nouvelle de l'affaire de Vassy fut accueillie avec le plus de joie; la population s'empara de tous les réformés de la ville, au nombre de trois cents, et les enferma dans l'église de la Riche, aux faubourgs : durant trois jours, on ne leur distribua aucune

[1] D'Aubigné, p. 136.
[2] Montluc, p. 220.

nourriture. Ce délai, au lieu de calmer la ferveur religieuse du peuple, semble l'avoir animée davantage : il crut ne pas prendre un plaisir suffisant en faisant mourir de faim les prisonniers, sans voir leur sang, sans jouir de leur agonie. Il les tira de l'église, les lia deux à deux, et les conduisit à l'abattoir. L'abattoir, qui se nommait alors « l'escorcherie », était au bord de la Loire, sur le sable. Là, les prisonniers furent « assommés de différentes façons ». Parmi eux, se trouvait une jeune femme tellement belle que le cœur faillit « à celuy qui la menoit tuer ». Il se sentit attendri et ne voulut pas détruire cette merveille. Mais il fut raillé de sa pitié par un voisin, qui s'empara de la jeune femme, « et, pour monstrer la fermeté de son courage, la dépouilla nüe et prit plaisir avec d'autres à voir périr et faner cette beauté par la mort[1] ».

Les persécuteurs de tous les temps semblent inspirés par une volupté sauvage quand ils ont à faire souffrir ces corps de femmes, qui n'ont pas été formés pour la douleur : plus la chair est délicate, plus la torture donne de plaisir. La femme les excite par son mépris et sa constance : elle n'a pas la douce résignation du martyr, elle résiste avec la vaillance hautaine du combattant. On avait déjà vu de tels spectacles dans les luttes entre les sectes chrétiennes du quatrième siècle, quand les donatistes, les priscilliens, les ariens se plaisaient à dépouiller de leurs vêtements les vierges consacrées, à les déchirer sous les verges, à brûler la pointe de leurs seins en l'enfermant dans une demi-

[1] D'AUBIGNÉ, p. 131.

coquille d'œuf rougie au feu[1], ce qui faisait dire à un témoin de ces horreurs : « Jamais les bêtes sauvages n'ont montré tant de férocité pour les hommes que les sectes chrétiennes[2]. »

Les enfants étaient peut-être plus maltraités que les femmes ; ceux qui ne marchaient pas encore n'étaient pas toujours tués. Pendant les massacres de Tours, on les mettait en vente. Ils « s'y vendoient un escu[3] ». De ces petits êtres que pouvait faire l'acheteur? Mieux aurait valu, sans doute, les assommer avec leur mère qui les regardait marchander et emporter. D'autres mères étaient plus malheureuses encore. A Provins, une femme puisait de l'eau à la fontaine, en tenant sur ses bras un enfant de six semaines. Elle fut dénoncée comme hérétique : on lui enleva l'enfant, on le fit baptiser dans l'église Saint-Ayoul. Le père « fut délaissé entre les mains de soldats passants », qui sans doute se divertirent à le faire mourir sous les coups ; la mère fut emmenée par les hommes d'armes d'une compagnie d'ordonnance, « et n'en ay depuis oüy nouvelles[4] ».

L'indignation devant de tels faits est spontanée ; peut-être elle est juste ; mais avant de se laisser entraîner à ce sentiment facile, il faut se représenter la véritable indifférence avec laquelle chacun était prêt

[1] GIBBON, *The history of the decline and falle of the Roman empire*, t. III, p. 52.

[2] AMMANIUS MARCELLINUS, XXII, p. 5 : « Nullus infestas hominibus bestias ut sunt sibi ferales plerique christianorum, expertus. »

[3] D'AUBIGNÉ.

[4] Registre des baptêmes de la paroisse Saint-Ayoul, f° 73, mairie de Provins, 18 décembre 1567, cité en appendice ; Claude HATON, *Mémoires*, p. 1131.

à verser son propre sang; on s'était accoutumé à la douleur, et l'on ignorait nos accents de sensibilité, notre sécurité de vie, et notre sérénité de mœurs qui ne nous permet guère d'émotions vives que par l'imagination ou les excitations factices. L'habitude du meurtre donne le mépris de la mort, on s'accoutume à regarder une vie comme chose insignifiante; bientôt on s'irrite de cette dignité des victimes, on se croit défié par elles, et l'on invente des tortures. Quelqu'un demanda un jour au baron des Adrets, ce monstre fameux par l'implacable barbarie avec laquelle il traitait ses prisonniers catholiques ou huguenots, selon son parti du moment, quel genre de plaisir il trouvait à les faire souffrir : — Le seul moyen, répondit-il, de faire cesser la cruauté des ennemis est de les imiter; rendre la cruauté n'est pas cruauté; de plus, « en ostant l'espoir de tout pardon, il falloit que mes soldats ne vissent de vie qu'en la victoire[1] ».

Ainsi les esprits entraient dans une sorte de délire : une période de haine et de rage allait s'ouvrir. Comme précurseur des maux qui commençaient à s'abattre sur la France, un fléau hideux s'y acclimatait dès 1561 pour n'en plus disparaître durant trente ans : la peste devenait endémique. Un des théologiens allemands était mort de la peste à Paris, en se rendant au colloque de Poissy. La même année, en 1561, elle fut observée dans plusieurs villes de France[2]. Elle emporta soixante personnes dans la petite ville de Provins, où

[1] D'Aubigné, p. 155.

[2] Claude Haton, p. 226. On a vu au chapitre v que la peste existait déjà à Toul en 1552.

l'on pensa qu'elle avait commencé chez un boulanger « par le moyen de quelques pourceaux qu'il nourrissoit en des voultes au dessoubs de l'église Saint-Pierre [1] ». A Issoire, elle détruisit en 1564 le tiers de la population [2].

[1] Claude HATON, p. 224.

[2] Voir le *Manuscrit d'Issoire*, cité par IMBERDIS, *Histoire des guerres religieuses en Auvergne*, t. I, p. 108.

CHAPITRE XIII

LA GUERRE CIVILE.

1562.

Depuis que le roi de Navarre s'était docilement placé sous la main du roi d'Espagne et avait uni son influence à celle des triumvirs, Catherine se trouvait isolée. Sa fille, la reine d'Espagne, ne pouvait même plus lui procurer l'appui de Philippe II, qui consacrait tous ses efforts à assister la faction du duc de Guise. Le 1er mai, l'ambassadeur anglais à Madrid écrivait à sa reine que Philippe II et ses ministres étaient voués aux projets des Guises et tenaient à leur succès comme à la prunelle de leurs yeux [1]. De son côté, le duc de Guise, avec une générosité facile, recommandait à Chantonnay, ambassadeur d'Espagne, le pauvre roi de Navarre, contre lequel avait été dressé le triumvirat, à l'origine : « Pour la conservation de nostre saincte et ancienne religion catholique, nous recepvons tous les jours tant de bien et de faveur du roy de Navarre qu'à vous parler franchement nous ne sçaurions désirer de luy de meilleurs

[1] HAINES, *State papers*, p. 382 : Chaloner to the Queen : « They devise howe the Guisians may be assisted for the prevailment of that side importeth them as te ball of their eyes. »

ny plus louables efforts que ceulx qu'il faict en toutes occasions, ayant à cela tellement levé le masque que ne fault plus craindre ny doubter qu'il puisse estre diverty du bon et vray chemin. Nous vous supplions le vouloir faire entendre au Roy vostre maistre, affin que Sa Majesté cognoisse le bon zèle dudit roy de Navarre et combien il s'est rendu digne d'un bon et favorable traitement de Sa Majesté [1]. » En réponse à une si humiliante recommandation, le Bourbon qui abandonnait son frère Condé et les traditions de sa famille pour obtenir par sa docilité près d'un souvrain étranger que l'Espagne fût démembrée à son profit, ne recevait de l'ambassadeur Chantonnay que ces dédaigneuses paroles : « J'espère que Dieu lui donnera la grâce de continuer de bien en mieux, et ne faudray de mon costé d'en donner advertissement au Roy mon maistre, pour le bien des affaires dudict seigneur. »

Quand le chef officiel de la régence, le premier prince du sang, lieutenant général du royaume, avait cette attitude, Catherine comprenait qu'on ne la laisserait pas jouir en paix de son influence sur son fils et qu'on lui arracherait le reste d'autorité qu'elle était résolue à défendre. Mais si la décision ne lui manquait pas, la force lui faisait défaut. Par une sorte de mépris public de ses ordres, le duc de Guise avait paradé en armes dans les rues de Paris, au moment où elle venait de lui interdire l'entrée de la capitale. A Paris, il était le maître. Catherine tombait dans une telle impuissance que le méprisable maréchal de Saint-André lui-même osait lui désobéir : elle lui donna l'ordre de quitter Paris et de

[1] Archives nat., Ms. Simancas, B. 14, publiée par BOULLÉ, t. II, p. 182.

se rendre à son gouvernement de Lyon; il refusa de partir. Inquiète, reculant encore devant un parti extrême, tâtant longuement les appuis qui pourraient la soutenir, elle s'était réfugiée avec son fils dans le château de Fontainebleau pour être libre de ses mouvements.

De diviser les triumvirs, elle ne pouvait plus avoir la pensée, depuis que l'explosion des passions religieuses les avait unis dans une politique bien nette, celle de l'extirpation de l'hérésie. Mademoiselle du Rouhet n'avait pas pu lui conserver la fidélité du roi de Navarre, ou même elle avait trahi sa maîtresse et s'était laissé séduire également par l'espoir de régner aussi au delà des Pyrénées. Il est vrai que les autres filles d'honneur assuraient le dévouement du prince de Condé. Mais n'était-il pas dangereux de se rallier à ce chef d'un parti indépendant, dans lequel la Reine voyait ses avances accueillies avec défiance, ses hésitations méprisées, les galanteries de Condé lui-même frappées d'anathèmes? Se livrer aux huguenots, c'était entrer en guerre contre la plus grande partie du royaume et contre l'Espagne; c'était, en cas de défaite, risquer le renversement de la dynastie, ou, en cas de victoire, subir la déchéance humiliante de Marie de Guise en Écosse entre des théologiens fanatiques ou illuminés et des chefs militaires qui condamnaient le luxe des cours et l'influence des femmes.

Tandis que Catherine temporisait, les huguenots, proscrits par arrêts des parlements, égorgés par la populace ou soumis aux supplices les plus savants, traqués et harcelés dans toutes les provinces, cherchaient à se rassembler pour se défendre. « La plupart de la noblesse, ayant entendu l'exécution de Vassy, se délibéra de venir près Paris, imaginant comme à l'avanture que ses protecteurs pourroient avoir besoin d'elle. Et partoient des provinces ceux qui estoient les plus renommés, avec dix, vingt, trente de leurs amis, portant armes couvertes. » C'était la seconde fois que la nouvelle de la toute-puissance du duc de Guise amenait cette explosion; sans plan, sans idée arrêtée, sans chef, la noblesse militaire prenait ses armes pour se réunir près de la Cour, comme deux ans auparavant. La nouvelle des exécutions de Vassy produisait la même impression que la vue des potences dressées autrefois à Blois contre les solliciteurs. Dans ce mouvement spontané entrait pour une large part la crainte de voir fonder une nouvelle dynastie au profit de cette famille des Guises si subitement élevée.

Les résultats de l'affaire d'Amboise n'avaient donné aucune expérience à la noblesse de province : elle accourait avec le même désordre et la même ignorance, afin de parler au Roi. Mais Condé avait été instruit par les événements : il s'était entendu condamner à mort; il avait appris, pendant les longues heures qu'il passait dans son cachot d'Orléans, qu'il est dangereux pour un chef de parti de ne pas se faire craindre; que se montrer franchement avec ses adhérents, ses armes et ses prétentions, est le seul moyen d'éviter la déroute. Il se posta à Meaux avec ses gentilshommes et servit de ralliement aux incertains qui s'ébranlaient sur tous les points de la France, et qui « arrivoient inopinément de tous costés, sans avoir esté mandés [1] ». Il recueillit

[1] La Noue, *Mémoires*, édit. Didier, p. 589.

« ainsi en six jours ce qu'il n'espéroit pas avoir en un mois ».

Il aurait dû profiter de ce concours subit, se porter en quelques heures avec cette cavalerie de Meaux sur Fontainebleau, s'emparer de la personne du Roi et de la Reine mère, devenir ainsi le chef officiel du royaume, avec le grand sceau et la Cour. Catherine semblait l'attendre. Elle lui écrivit jusqu'à sept lettres pour obtenir son appui : de ces sept lettres, on en connaît quatre : ce sont des appels presque désespérés. Catherine venait de prendre enfin une détermination : elle se décidait à se jeter dans les bras des huguenots, elle se recommandait avec toute sa famille à la protection de Condé, elle le suppliait de « conserver les enfants, et la mère, et le royaume, comme celuy à qui il touche ». Elle le regardait comme son seul parent, son seul soutien; puis elle craignit d'en avoir trop dit, elle ajouta : « Brusler cette lettre incontinent[1]. » En apprenant qu'il s'était mis franchement à la tête des mécontents, elle lui écrivit : « Je n'oublierai jamais ce que vous faites pour moy », ou encore : « Je vois tant de choses qui me desplaisent, que si ce n'estoit la fiance que j'ay en Dieu et asseurance en vous qui m'aiderez à conserver ce roïaume et le service du Roy mon fils, en despit de ceulx qui veulent tout perdre, je seroye encore plus faschée[2]. »

Loin de brûler ces lettres, Condé eut soin d'en envoyer des copies dans toute l'Europe et à ses amis de France qui hésitaient encore, avec invitation « de les

[1] *Mémoires de Condé*, p. 625. Voir aussi Bibl. nat., Ms., fonds Saint-Germain, 171.
[2] *Mémoires de Condé*.

monstrer et faire imprimer partout [1] ». Cette espèce d'investiture régulière qui le constituait comme le champion de la dynastie était trop précieuse pour qu'il ne saisît pas l'occasion de s'en servir, afin d'avoir des alliés et de donner de l'assurance à ceux qui l'avaient rejoint. Il fit porter à Francfort les lettres originales de la main de Catherine [2], pour qu'elles fussent vues par les princes d'Allemagne, transcrites devant eux sur des copies collationnées, certifiées, scellées du grand sceau de l'Empire romain et adressées dans toutes les directions. En France, Jean de Mergey [3] remit au comte de la Rochefoucault, de la part de Condé, « la lettre que la Reyne lui escripvoit par laquelle elle le prioyt d'avoir pitié de la mère et des enfants, et en fit donner une copie », et aussitôt la Rochefoucault se mit en marche avec toute la cavalerie du Poitou. Partout on se raconta « que la Royne escrivoit qu'elle et ses enfants estoient prisonniers entre les mains de Messieurs de Guise, des mains desquels elle se vouloit sauver [4] ». On rejoignit Condé.

Nul doute sur la part que prit Catherine à la guerre, qu'elle regardait comme la dernière chance de salut. Elle écrivit encore au cardinal de Châtillon pour lui annoncer que Condé avait pris les armes, et elle lui dit : « Me fiant en luy, je luy mandis que ne le trove mauvès pourveu que y ne faillit à set désarmer quant je lui manderès [5]. »

[1] MONTLUC, p. 379.

[2] Son envoyé était Spifame, évêque de Nevers, qui se retira ensuite à Genève et y fut mis à mort par l'intolérance de Calvin.

[3] JEAN DE MERGEY, *Mémoires*, édit. Didier, p. 567.

[4] TAVANNES, p. 249.

[5] Le secrétaire de Condé qui a inséré la copie de cette lettre dans

Mais Condé, malgré l'appui moral de la Reine, malgré l'armée nombreuse, mais sans cohésion et sans solidité, qui était accourue près de lui, ne se crut pas en force suffisante pour s'avancer jusqu'à Fontainebleau, accabler les gardes suisses et écossaises dévouées au duc de Guise leur chef[1], et risquer d'être surpris, soit dans sa marche, soit durant le coup de main, par les troupes qui avaient accompagné le duc de Guise à son entrée dans Paris. Privé de place de guerre, Condé voulait éviter un échec qui aurait dissipé ses partisans et arrêté ses recrues au début de la campagne. Il se borna à distribuer des proclamations pour demander que les Guises fussent soumis à « rendre compte des finances de France qu'ils avoient maniées sous le roy Henry et le roy François II et restituer les dons excessifs à eux faits[2] ». Mais pour s'enhardir davantage, il avait besoin de l'appui, de l'influence, du génie de Coligny.

Coligny était encore incertain. Il n'avait pas le fanatisme du sectaire, mais la tête froide et l'esprit pratique de l'administrateur et du chef d'armée : il voyait que le zèle maladroit des réformés, l'enthousiasme inconsidéré de leurs ministres, les ressources précaires qu'offraient les quêtes durant les réunions clandestines, ne pouvaient constituer des forces suffisantes contre les compagnies d'ordonnance, la puissante union des triumvirs, la vieille organisation du royaume. Il avait

le recueil de documents appelé : *Mémoires de Condé*, paraît avoir eu soin de reproduire exactement l'orthographe de la Reine; les autres, ou n'ont pas été copiées sur la pièce originale, ou l'ont été sans tenir compte de l'orthographe.

[1] Comme grand maître de la maison du Roi.

[2] CASTELNAU, p. 451.

le cœur patriotique, et il voyait avec douleur se préparer une guerre entre Français. Après avoir lu la proclamation de Condé et les récits des massacres de huguenots dans les villes de France, il s'était couché, il dormait : « Deux heures après avoir donné le bonsoir à sa femme, fut réveillé par les chauds soupirs et sanglots qu'elle jetoit, il se tourna vers elle », et cette femme, Jeanne de Laval, lui dit : « Les corps de nos frères sont nus dans les cachots, les autres par les champs à la merci des chiens et des corbeaux ; ce sang et vostre femme crient au ciel vers Dieu ! » Elle le suppliait de rejoindre Condé, d'appeler ses gentilshommes aux armes, de combattre pour la foi. L'amiral essaya de lui faire prévoir la défaite et ses conséquences : « Songez, disait-il, à vostre constance si elle pourra digérer les desroutes générales, les trahisons des vostres, la fuitte, l'exil en pays estranges, vostre faim, et qui est plus dur, celle de vos enfants, vostre mort par un bourreau, après avoir vu vostre mari traisné et exposé à l'ignominiè. » Elle insistait, elle pleurait : Coligny lui demanda trois semaines pour se déterminer. « Trois semaines, fit-elle, ne mettez point sur vostre teste les morts de ces trois semaines : je vous somme, au nom de Dieu, de ne nous frauder plus [1] ! » Coligny se leva, Jeanne de Laval et ses demoiselles sellèrent les chevaux pendant que les gentilshommes bouclaient leur armure ; « elles mirent l'amiral à cheval » ; il partit la nuit même pour Meaux et rejoignit Condé.

Mais ces hésitations avaient déjà fait manquer le coup

[1] D'AUBIGNÉ, p. 132.

décisif : Condé venait de perdre à Meaux, en ralliant ses cavaliers, en éclairant la route de Fontainebleau, en attendant Coligny, cinq jours seulement : mais ces cinq jours séparaient pour jamais la dynastie des Valois des doctrines de la réforme. Dans les crises politiques, il y a une heure pour forcer la chance : le téméraire qui la devance court à sa perte, le temporisateur qui la laisse passer abdique pour toujours : elle a pu se présenter durant ces cinq journées que Condé perdit à Meaux, au milieu des hésitations qu'ont eues souvent les princes de Bourbon dans les moments qui exigeaient de la promptitude de décision. Cette heure, elle était épiée, saisie par le duc de Guise, qui mettait autant de netteté à concevoir ses projets que de résolution à les exécuter. Il court à Fontainebleau avec ses cavaliers et le connétable, y est le maître, donne les ordres pour que la Cour se replie sur Paris. En vain Catherine essaye de gagner du temps, elle veut laisser approcher Condé : une bataille sous ses fenêtres ferait peut-être son salut et sa force. Guise résiste à sa colère, il la laisse pleurer ainsi que le jeune Roi [1]. Il ne s'occupe pas des larmes : il devient pressant ; le connétable « menace de coups de baston ceux qui ne vouloient destendre le lict du Roy pour la crainte de la Royne [2] ». Le jour même, le mobilier est emporté au château de Melun, qui est à l'abri d'une surprise. Catherine y est conduite avec ses enfants « moitié d'amitié, moitié de force ». Mais telle est la puissance de séduction de la Reine, qu'ainsi enlevée, presque captive, elle sait, par une prodigieuse volte-face, simuler une sorte de passion

[1] CASTELNAU, p. 454.
[2] TAVANNES, p. 249.

pour le parti catholique, prêter aux triumvirs ses droits légaux et son influence sur l'esprit du jeune Roi, et tellement retenir sous le charme le connétable et le duc de Guise que non-seulement « n'estoit plus Sa Majesté tenue en leur sujétion [1] », mais qu'elle réussit à se faire passer pour le chef de leur parti : elle sauve à la fois les apparences de son autorité et les chances qu'elle pourra saisir pour profiter des occasions de pacification.

Était-ce bien une guerre de religion qui commençait ainsi en donnant pour chef aux catholiques l'homme qui quittait Saverne, où il venait de se concerter avec le chef des luthériens, et en faisant prendre les armes aux réformés sur les instances de la nièce du pape Léon X? Peut-on savoir même si Catherine était de bonne foi quand elle poussait Condé à la rébellion et lui donnait, par une adhésion des premiers jours, le moyen de recueillir des partisans, ou bien si elle n'a pas pensé qu'elle augmenterait son autorité en mettant aux prises ceux qui la lui disputaient de manière à profiter de leurs fautes ou de leurs défaites? « Si la Royne, dit Montluc, et monsieur l'admiral estoient en ung cabinet, et que M. le prince de Condé et M. de Guise y fussent aussi, je leur ferois confesser qu'autre chose que la relligion les a meus à faire entretuer trois cent mille hommes [2]. » C'est une guerre de trente-six ans [3] qui commence, entrecoupée de trêves rares et agitées, mêlée de massacres prémédités, de sièges devant toutes

[1] Tavannes, p. 249.

[2] Montluc, *Commentaires*, liv. VI.

[3] De 1562 à 1598, date de l'édit de Nantes et de la pacification de la Bretagne.

les villes de France, d'appels faits à des étrangers par des Français; elle a transformé notre pays en un lieu de pillage pour tous les aventuriers de l'Europe.

Le prince de Condé ne perdit pas courage en apprenant la disparition de la Cour, et en voyant que ce gage considérable était aux mains de ses ennemis. Il s'avança lentement vers Chartres et grossit ses forces sur le trajet de « cinq à six troupes de noblesse, ce qui apporta l'esbahissement quand on considéroit le soudain rengrossissement de notre corps [1] ». Il était arrivé à Artenay, lorsqu'il apprit que d'Andelot s'était saisi, avec une vingtaine d'hommes, d'une des portes d'Orléans, et se défendait avec peine contre toute la garnison et une partie des bourgeois de la ville; si on le secourait à propos, on s'emparait d'une place forte de premier ordre, qui commandait un passage de la Loire et permettait de donner la main aux réformés du Midi.

Aussitôt « l'esbranlement commença [2] ». Condé, qui avait environ deux mille cavaliers avec lui, partit d'Artenay au galop; sa troupe le suivit, emportée dans un tel tourbillon, que chapeaux et manteaux volaient sur la route [3]; « ceulx qui le rencontroient par les chemins, voyant si grand nombre de cavalerie, tous au galop, se choquant les uns les autres en courant, voire les uns tomber sur le pavé, des valets avec leurs malles par terre, pensoient que tous les fols de France fussent là assemblés pour faire rire les spectateurs [4] ». Les paysans de l'Orléanais ne connaissaient pas les nouvelles

[1] La Noue, p. 589.
[2] *Id.*
[3] D'Aubigné.
[4] Mergey.

de la Cour, et ne pouvaient comprendre cette prise d'armes. A voir une telle chevauchée par les chemins sans cause connue, sans but apparent, ils étaient saisis d'un tel étonnement, « qu'ils ne se pouvoient garder de rire d'un mouvement si impétueux, ce qui causoit même à ceulx qui couroient des risées continuelles [1] ». Ainsi, au milieu de la gaieté bruyante et des éclats de rire commençaient ces guerres. « Les plus hastifs n'arrivèrent point trop tost à la porte Saint-Jean [2] », dont les tours étaient encore occupées par d'Andelot, près de succomber. A onze heures du matin, l'ouragan s'abattit sur Orléans et franchit le pont-levis de la porte Saint-Jean. « Voilà comment Orléans fut pris [3]. »

La populace d'Orléans avait voulu soutenir le gouverneur; mais elle embrassa subitement le parti de d'Andelot aussitôt qu'elle le sut appuyé par l'armée de Condé, et « quand elle vit la première cavalerie entrée, ce fut à qui crieroit : Vive l'Évangile [4] ! »

Les principales villes du centre, Tours, Blois, Bourges, se prononcèrent contre le duc de Guise, et accueillirent des garnisons de réformés; Rouen et le Havre les imitèrent. Durant les premières semaines, le mouvement semblait irrésistible, et aucune force catholique ne paraissait pouvoir tenir devant l'armée qui venait de se rassembler tout à coup autour de Condé, et dont les corps avaient déjà toute la solidité des vieilles troupes. Le sentiment religieux avait produit en quelques heures la discipline que les soldats acquièrent

[1] La Noue.
[2] D'Aubigné.
[3] Mergey.
[4] D'Aubigné.

ordinairement après plusieurs années d'instruction. Pas d'ivrognes, pas de maraudeurs; « on n'y chantoit que les psaumes; les filles de joye ne s'y pouvoient ni garder, ni cacher, et aussitost que l'on en découvroit une, on obligeoit celui qui l'entretenoit à l'épouser [1] ». Avec sa figure longue et son crâne pointu, d'Andelot était le véritable chef de ces régiments de sectaires; il exigeait, comme plus tard les généraux de Cromwell, l'austérité du puritain et l'exactitude du soldat. Cette cohue de calvinistes, transformée subitement en armée, offre un curieux exemple des modifications que fait subir l'ardeur religieuse à l'âme humaine. Les transports de la foi produisent, comme une conséquence nécessaire, les vertus militaires. On remarque cette curieuse corrélation aussi bien dans les légions chrétiennes de l'Empire romain et dans les tribus arabes qui ont assujetti l'Asie et l'Afrique à l'islamisme, que chez les côtes-de-fer de Cromwell. C'est dans les armées protestantes qu'on peut le mieux observer cette solidité donnée aux régiments par l'exaltation religieuse. Les dévotions en commun, la vie rude, les privations, les prédications, le chapelain hardi, grossier, à la voix insolente, qui se mêle aux soldats et est traité par eux parfois en compagnon et souvent en prophète, créent la première armée de Condé, comme seront formées quatre-vingts ans plus tard les armées de Cromwell.

Le chapelain, toutefois, n'était pas le personnage le plus respectable dans l'armée de Condé; les Français n'ont pas, comme d'autres peuples, cette aptitude à devenir tellement dupes de leur rôle, qu'ils s'y enfer-

[1] VARILLAS, *Histoire de Charles IX*, édit. de 1683, t. I, p. 209.

ment de bonne foi. L'illuminé se maintient malaisément chez nous entre la démence et l'hypocrisie. Les premiers ministres calvinistes étaient ou des moines ignorants et apostats, ou des artisans qui s'étaient donné la dangereuse mission de prêcher la vérité. Sur les chefs, ils n'avaient d'autre influence que celle de leur popularité dans le camp, et cette popularité était presque toujours acquise au plus sot ou au plus violent. Autour de Condé, ils formaient une sorte de conseil qui gênait les mouvements de l'armée et troublait les opérations militaires. L'un d'eux, quelques années plus tard, au siège de la Rochelle, souffleta publiquement le général des réformés, le brave La Noue. Leur langage était si vulgaire que Jeanne d'Albret s'endormait aux sermons de ses ministres, et s'était fait autoriser par le synode à les écouter avec son métier à tapisserie sur les genoux, et en poussant son aiguille, pour ne pas perdre son temps [1]. Ils n'acquéraient pas d'autorité sur la noblesse. Dès le début de la guerre, aux plus beaux moments de ferveur, et lorsque le camp calviniste retentissait du son des psaumes et des discours édifiants, Gabriel de Boulainvilliers, seigneur de Courtenay, s'écartait dans la Beauce, et mettait à mal une jeune villageoise [2].

Mais le peuple famélique des villes, ouvriers exclus de leurs corps de métier, paysans dont les chaumières avaient été brûlées, domestiques sans place, mendiants en guenilles qui quêtaient leur pitance aux portes des couvents, bannis, persécutés, s'animaient à leurs voix quand ils parlaient des richesses du clergé, des châsses

[1] Martha Freer.
[2] Varillas.

d'or massif que recélaient les sanctuaires, des pierreries dont on chargeait les idoles. Bientôt le pillage fut organisé, les statues des saints furent brisées, les ornements d'église volés, dépecés, fondus. En Flandre, on alla jusqu'à enduire de beurre les livres des monastères, pour les faire brûler plus aisément dans les feux de joie[1]. A Vendôme, sous les yeux de Jeanne d'Albret, on ouvrit les sépultures des ducs de Vendôme, les aïeux de son mari, on jeta leurs os au vent avec les reliques des églises.

Lorsque Condé entra à Tours, le trésor antique de notre saint national, saint Martin de Tours, fut saisi par les protestants, qui y trouvèrent, sans compter les châsses, pour douze cent mille livres d'or, près de quinze millions de notre monnaie.

Ces profanations provenaient quelquefois moins de l'intolérance que d'un secret sentiment d'envie. Ne s'assembler pour son culte que sous des granges, ou même à un simple carrefour au croisement des chemins, dans la boue, sous la pluie, tandis que les pompes religieuses sous les voûtes consacrées appartenaient à leurs rivaux, c'était pour les réformés une continuelle tentation. Ces basses jalousies n'étaient pas partagées par les protestants éclairés. En apprenant que ses coreligionnaires venaient de saccager les églises catholiques à Montpellier, Théodore de Bèze chercha à réprimer avec sévérité cette « violence enragée[2] ». Il se sentait plus épouvanté par les excès de zèle des siens que par la violence de ses adver-

[1] PRESCOTT, *History of the reign of Philip the second*, t. II, p. 36.
[2] BAUM, *Theodor Beza*, t. II, p. 129 : « Me non minus severe in rabiosos istos impetus vindicaturum. »

saires[1]. Devant des fureurs de ce genre, on avait déjà vu Luther s'écrier dans un navrant désespoir : « Si je ne craignais de révolter ma conscience, je parlerais, j'agirais pour que le Pape, avec toutes ses impuretés, revienne nous remettre sous son joug, car ainsi veut être mené le monde, avec des lois grossières, avec la brutalité, avec la superstition[2] ! »

Mais en même temps rentrèrent dans la circulation les richesses amassées depuis plusieurs siècles, et laissées improductives dans les crédences et les bahuts des établissements religieux. Ces pillages et ces confiscations produisirent un phénomène analogue à celui qui s'était déjà présenté quand César avait distribué à ses soldats, ou dissipé en fêtes les monceaux d'or enfermés par le Sénat dans le Trésor public. Les métaux précieux devinrent subitement abondants ; une richesse factice et momentanée se répandit dans le pays. C'est une des causes qui permirent de franchir, sans succomber, la période durant laquelle le travail fut interrompu, les champs furent laissés en friche et le numéraire fut emporté à l'étranger pour subventionner des mercenaires.

Les deux partis, en effet, cherchaient à entretenir la guerre civile à l'aide de mercenaires étrangers. Le duc de Guise faisait lever des lansquenets sur les bords du Rhin : il renforçait la garde suisse du Roi, et obtenait de Philippe II un corps auxiliaire de quatre mille fan-

[1] BAUM, Lettre du 4 novembre 1561 : « Nostros potius quam adversarios metuo. »

[2] Cité par VON HARTMANN, p. 20 : « Wenn ich es vor meinen Gewissen konnte verantworten, so vürde ich lieber dazu rathen und helfen dass der Papst mit allen seinen grœueln wieder über uns kommen mochte, denn so will die Welt regiert sein : mit strengen Gesetzen, und mit Rechten, und mit Aberglauben. »

tassins espagnols. Les souverains de Florence et de Ferrare proposaient aussi des renforts [1]; le duc de Savoie entrait en campagne lui-même contre les réformés de la vallée du Rhône, sans demander de l'argent en récompense de son zèle : il l'évaluait à plus haut prix. Il exigea du roi de France, pour payer son intervention contre ses sujets, la cession de toutes les places de la Savoie qui n'avaient pas été abandonnées trois années auparavant dans le malheureux traité de Cateau-Cambrésis; le maréchal de Bourdillon dut les évacuer, malgré ses vaines remontrances, sur des ordres précis.

Le Pape fut plus généreux, du moins en promesses. Il s'engagea à prêter cent mille écus d'or et à fournir chaque mois la solde de six mille soldats [2]. Les Espagnols étaient entrés les premiers en campagne, montrant que Philippe II, toujours si lent à donner ses ordres, était impatient de prendre position en France et de jouer un rôle dans nos querelles. Ses quatre mille fantassins occupaient la Gascogne sous le commandement de don Luis de Carvajal [3]. Ils portaient l'écharpe rouge, qu'adoptèrent aussitôt, en y ajoutant une croix blanche, toutes les troupes catholiques, comme signe de ralliement : les soldats réformés avaient pris dès le premier jour l'écharpe blanche de nos anciennes armées, afin de se présenter comme les véritables défenseurs de la monarchie. A voir ces ennemis aux prises, on aurait pu croire, d'après les

[1] Archives nat., Ms. Simancas, B. 14, dépêche du 11 mai 1562, publiée par Bouillé, t. II, p. 197.

[2] Forbes, *State papers*, t. II, p. 4, Trockmorton to the Queen : « The Pope hath lent 100,000 crowns and doth monthly pay besides six thousand soldiers. »

[3] Montluc, p. 252.

couleurs, que nos vieilles guerres continuaient, et que les catholiques sous leurs insignes rouges n'étaient que des Espagnols combattus par les Français à l'écharpe blanche.

Bientôt les réformés eux-mêmes se virent à leur tour entraînés dans le système dangereux des alliances étrangères. La justice oblige à reconnaître qu'ils tentèrent de s'y soustraire; ils crurent longtemps pouvoir résister avec leurs seules forces contre les armées du duc de Guise et du connétable, les Suisses du Roi et les corps auxiliaires envoyés par les puissances catholiques. Ils comptaient principalement sur l'arrivée des protestants du Midi qu'ils attendaient à Bourges. Le Midi promettait de se soulever. On parlait surtout des sept vicomtes qui devaient sortir des montagnes, entre le Lot et le Tarn, et amener des combattants invincibles. Les sept vicomtes existaient surtout dans l'imagination des ministres calvinistes et des populations méridionales[1]. Le comte de Duras avait cependant réuni deux ou trois compagnies d'ordonnance et quelques milliers de gens de pied, et s'avançait vers le Poitou pour rejoindre le prince de Condé. Mais il ne savait pas maintenir la discipline; les soldats s'écartaient pour piller les châteaux : les gentilshommes avaient des faucons et se divertissaient à chasser. Pendant ce

[1] Quatre d'entre eux étaient les sires de Paulin, de Montaigu, de Caumont, de Rapin; quant aux trois autres, étaient-ce Jean-Roger de Comminges, Bertrand de Rabasteins et Antoine de Lomagne, ou bien les vicomtes de Bourniquel, de Sérignac et de Monclar? Ces prétentions locales sont obscures : ainsi les noms donnés au chapitre II comme ceux des quatre barons du Périgord sont ceux des quatre seigneurs du Périgord. M. DE BOSREDON nomme dans son *Mémoire*, p. 291, comme les barons du Périgord, céux de Biron, Beynac, Bourdeille et Mareuil.

temps, Montluc, avec ses capitaines de Thionville et une partie de ses fantassins gascons, rallie à la hâte les quatre mille Espagnols de Carvajal, marche deux jours et deux nuits, fond, dans les prairies de Vergt, entre Périgueux et Bergerac, sur l'armée du comte de Duras, et la détruit en quelques heures[1]. Délaissés de leurs frères du Midi et voyant que les capitaines de Thionville amenaient au duc de Guise les fantassins gascons, les chefs réformés se virent forcés de chercher ailleurs des renforts que rendait nécessaires leur infériorité numérique contre l'armée du connétable et du duc de Guise. Les traditions militaires et la similitude des croyances religieuses devaient les pousser d'abord vers les luthériens d'Allemagne. D'Andelot se mit en route pour obtenir le concours du duc de Wurtemberg. Il eut la mauvaise fortune de réussir dans sa négociation et d'entraîner en France une bande considérable d'Allemands qui introduisit le désordre et l'habitude du pillage dans l'armée de Condé, si sévèrement tenue jusqu'alors.

Les Allemands venaient de transformer leur manière de combattre. D'Andelot était venu chercher de l'infanterie, mais il ne put recruter des lansquenets que pour une partie du corps auxiliaire qu'il voulait ramener en France. L'autre partie était formée par des reîtres : ces cavaliers pourvus du pistolet, arme nouvelle qu'ils prétendaient substituer à la lance, l'arme antique du cavalier français, avaient été facilement culbutés à Renti par une seule charge de notre gendarmerie, et le duc de Guise les avait appréciés dans cette journée comme

[1] Voir, sur les détails de la bataille de Vergt, le *Bulletin de la Société historique et archéologique du Périgord*, t. III, p. 95.

soldats assez médiocres pour ne pas vouloir à l'avenir en encombrer son armée. Plus récemment, leur lâcheté dans nos rangs avait déterminé notre défaite à Gravelines [1]. Hommes de guerre moins sagaces que Guise, Condé et d'Andelot se laissèrent séduire par la nouveauté de la tactique des reitres et par le prestige de l'arme à feu. Les reitres avaient une manière de combattre qui pouvait étonner des troupes inexpérimentées ou mal commandées. « Leur aguerriment n'est pas de passer au travers des escadrons, mais bien, ayant tiré leurs pistoletades, de tourner à gausche et faire le limaçon pour se mettre en seureté aux lieux où ils puissent recharger leurs pistolets [2]. » Ainsi, au lieu de galoper résolument sur l'adversaire, selon la vieille coutume de la cavalerie, les reitres exécutaient sur son front une manœuvre tournante. « Le premier rang tourne à gausche, découvre le second qui tire de mesme et le tiers semblablement, l'un après l'autre, faisant un limaçon et s'eslongeant à main gausche pour recharger [3]. » Mais cette tactique avait plusieurs inconvénients : elle exigeait d'abord que l'ennemi eût la patience de supporter le feu de ces Allemands ; c'est ce que ne souffrait nullement la gendarmerie française. « Les Français rangés en escadrons ont obtenu l'advantage sur les reistres qui virevoltent, n'enfoncent pas ; les Français les prenant en ce contour et désordre, passent au travers avec peu de résistance [4]. » Il fallait aussi que la gauche des reitres fût toujours libre pour qu'ils pussent

[1] Voir plus haut, chap. VII.
[2] TAVANNES, p. 119.
[3] *Id.*, p. 267.
[4] *Id.*, *ibid.*

avoir le temps de recharger leurs armes et de se reformer en colonne, car ils ne savaient pas changer leur manœuvre ni tourner en limaçon sur la droite lorsqu'ils rencontraient un fossé ou de l'infanterie sur leur gauche, comme il arriva vers la fin de ces guerres, à la bataille d'Ivry, à ceux du duc de Mayenne. Enfin, le pistolet n'était qu'une arme imparfaite encore et peu dangereuse. « La poudre, la balle, la pierre, le ressort, le canon sont plusieurs parties dont le manquement de l'une rend le reste inutile : il faut que le bout touche, ou le coup est incertain et de peu d'effect [1]. » Le pistolet avait apparu pour la première fois dans les guerres en 1544 : dans une escarmouche contre les Allemands près de Châlons-sur-Marne, quelques gentilshommes furent « tués de coups de pistoles, qui sont petites arquebuzes qui n'ont environ qu'un pied de canon, et on tire avec une main donnant le feu avec le roüet [2]. » A l'invention de ces petites arquebuzes [3], « on leur transporta le nom » des petits poignards fabriqués à Pistoia en Toscane, de même qu'on appela pistoles les petits écus. On ne tarda pas à s'en servir, même dans les duels. Mais les Allemands n'osaient pas s'avancer assez

[1] TAVANNES, p. 192.

[2] Martin DU BELLAY, p. 548.

[3] Henri ESTIENNE, *Conformité du langaige françois avec le grec*, édit. Feugère, p. 30 : « A Pistoye, petite ville qui est à une bonne journée de Florence, se souloyent faire de petits poignards, lesquels, estant par nouveauté apportés en France, furent appelés du nom du lieu premièrement pistoyers, puis pistolliers et en la fin pistolets. Quelque temps après, estant venue l'invention des petites arquebuses, on leur transporta le nom de ces petits poignards. Et ce povre mot ayant esté ainsi pourmené longtemps, en la fin a esté mené jusques en Espagne et en Italie, pour signifier leurs petits escus (*pistoles*); et croïs qu'encore n'a-t-il pas faict, mais que quelque matin les petits hommes s'appelleront *pistolets*. »

près des catholiques français pour que le feu de cette arme primitive devînt dangereux, et les militaires ne tardèrent pas à se convaincre que les reîtres étaient des troupes sans aucune valeur : « Ce n'est pas bien, écrit l'un d'eux [1], de faire aller les reistres et personnes de peu de valeur les premiers à la charge; leur déroute touche au cœur de tous ceux de leur parti. »

Quelque médiocres que pussent être ces reîtres amenés lentement par d'Andelot à travers la Champagne, leur secours semblait indispensable aux réformés de France dont les premiers succès s'étaient trouvés arrêtés par les forces supérieures des catholiques, et qui commençaient à perdre les meilleures places dont ils s'étaient saisis au début des hostilités. Blois fut reprise la première, et les protestants de la ville furent livrés au connétable, qui « en faisoit bien pendre [2] ». Tours dut se rendre au duc de Guise dès le 13 juin : les catholiques étaient impatients de punir le sacrilège commis sur le trésor de Saint-Martin, mais ils furent forcés de se contenir tant que le duc resta dans la ville : les idées de vengeance durent se dissimuler durant un mois ; et ce fut seulement à partir du 14 juillet, pendant que Guise s'était porté en Normandie, que les massacres commencèrent. Plus on avait de vénération pour le saint et de respect pour son sanctuaire, plus on désirait donner d'éclat au châtiment de ceux qui l'avaient méprisé. Les huguenots de la ville furent enfermés dans la cale de navires que l'on faisait couler lentement au milieu de la Loire, de manière qu'ils vissent l'eau monter et les envahir : durant cinq mois, la ville fut soumise à

[1] Tavannes, p. 119.
[2] Brantôme, *Hommes illustres*, t. I, p. 314.

une sorte de terreur; la populace, surexcitée par les sermons des religieux et par l'habitude du meurtre, acquit une telle férocité qu'elle se rua sur le maire Jean Bourgeau, catholique fervent, mais qui s'efforçait de faire cesser les assassinats et les vols. Dans les fureurs populaires, l'homme de bien qui fait appel à la clémence ou à la pitié est toujours sûr d'attirer sur lui la rage des fanatiques : Jean Bourgeau, pour n'avoir pas voulu être complice des meurtriers, fut surnommé « l'oppresseur des catholiques » ; on le lia à un arbre, on lui ouvrit le ventre, on déroula doucement ses intestins, sous ses yeux vivants encore[1] ».

Poitiers, Angers furent repris par l'armée catholique; le duc de Guise assiégea Bourges. Il sut investir la place assez promptement pour empêcher les assiégés d'en inonder les abords, mais son matériel de siège, qu'il attendait de Paris, fut enlevé dans le trajet par Coligny; il fallut offrir une capitulation à la garnison, pour ne pas être attardé plusieurs semaines sous les murs de Bourges.

Cette capitulation est curieuse, car elle permettait aux défenseurs de Bourges d'accepter du service dans celle des deux armées qu'ils préféreraient. Plusieurs capitaines qui avaient pris le parti des huguenots un peu au hasard, dans le début de la guerre, se rallièrent au duc de Guise, leur ancien général, le chef heureux et courtois : leurs soldats les suivirent. D'autres, au contraire, devaient leur fortune militaire à d'Andelot; ils lui demeurèrent fidèles et eurent la liberté de rejoindre ses troupes avec leurs hommes pour continuer

[1] De Thou, d'Aubigné, Varillas.

la guerre. La loi féodale avait pris cette nouvelle forme : elle attachait maintenant l'homme au chef qui avait donné le grade ou enseigné le métier ; dans les premiers mois de cette guerre civile, on s'était voué au général bien plus qu'au dogme religieux. Peu à peu les partis se reclassaient : la reddition de Bourges ne fut pas due à une défaillance du gouverneur : elle résulta du peu de conviction des capitaines de la garnison qui s'étaient réunis à l'improviste et se séparaient à l'amiable, faisant chacun un choix définitif. Dans toutes les guerres civiles, il y a de semblables anomalies. On voit se nouer ou se déchirer subitement des liens intimes. Mais ces émotions troublèrent les idées ; l'intérêt ou le succès du moment prirent une importance dominante et rompirent les anciennes relations à ce point, qu'au bout de quelques années de cette singulière ivresse, Montbrun, chef dauphinois, mécontent du ton d'autorité que prenait le Roy, en arrivait à dire : « En temps de guerre, quand on a le bras armé et le cul sur la selle, tout le monde est compagnon. »

Après Bourges, les catholiques vinrent assiéger Rouen. Les huguenots perdaient du terrain dans toutes les provinces : un plan savant de campagne, suivi avec méthode, les isolait lentement dans les plaines de l'Orléanais. La situation devenait grave. Le prince de Condé, chaque jour assailli de mauvaises nouvelles, harcelé par ses ministres hargneux, irrité de se voir traité en rebelle par ses frères le roi de Navarre et le cardinal de Bourbon, et par Catherine de Médici qui l'avait poussé aux armes, perdit la tête. Il accepta un traité déshonorant avec l'Angleterre.

Introduire en France les cavaliers allemands pour y

entretenir une guerre civile, était une entreprise d'une moralité douteuse ; mais au moins les chefs huguenots pouvaient dire qu'ils ne savaient pas encore que cette cavalerie arrivait avec l'espoir du pillage. Ils n'avaient pas vu ses hordes suivies des chariots où s'entassait le butin. Leur foi calviniste différait assez peu des principes luthériens pour qu'on pût considérer ces Allemands comme des frères. Les triumvirs dépositaires de l'autorité royale avaient les premiers donné l'exemple d'un appel à une intervention étrangère. C'étaient des excuses. Mais une demande de secours à la reine d'Angleterre prenait en ce moment un tout autre caractère ; Élisabeth portait le titre de reine de France et ne se cachait pas pour souhaiter une conquête au moins partielle de notre territoire ; elle était le défenseur d'une religion beaucoup plus éloignée de la foi calviniste que des dogmes catholiques, et le chef d'une hiérarchie épiscopale aussi hautaine, aussi exclusive et aussi savamment constituée que celle des prélats catholiques. Vingt ans plus tard, son alliance pourra être désintéressée, elle aura compris les véritables intérêts de l'Angleterre, mais à cette époque elle voulait avant tout rentrer en possession de Calais ou d'une ville qui la consolât de la perte de Calais, et ne dissimulait cette idée fixe dans aucune négociation.

Ainsi les nôtres, nous-mêmes, nous venions offrir à Élisabeth sa revanche du duc de Guise. N'étant pas maîtres de Calais, les chefs huguenots proposèrent en échange de livrer le Havre à l'Angleterre, sous condition de recevoir des secours en hommes et en argent. Élisabeth hésitait. Elle ne désirait et ne voyait que Calais. Son esprit un peu lent, confiné dans la pensée qui l'obsédait, restait rebelle aux larges plans, aux vastes conceptions, à la politique hardie de l'homme supérieur qui dirigeait son ministère, lord Burleigh. A peu près seul en Europe, Burleigh ne s'arrêtait pas aux intérêts du moment. Que procurait la possession de Calais, ou d'Anvers, ou du Havre, en comparaison de la prépondérance que pouvait saisir l'Angleterre en se mettant résolument à la tête des réformés de l'Europe, en prenant l'hégémonie du protestantisme, en chassant l'Espagne des Pays-Bas? La politique véritable est de créer une Europe, non plus de se disputer des lambeaux de territoire [1].

Pas plus qu'Élisabeth, Philippe II, chose étrange, n'avait l'intelligence de son rôle. Il en était encore à soutenir la couronne d'Élisabeth contre les prétentions de Marie Stuart : il ne voyait pas que dans les Flandres était le nœud de la politique. Il combattait en Écosse l'influence des Guises qu'il soutenait en France, pendant qu'Élisabeth abandonnait dans les Flandres les intérêts protestants. Au bout de quelques années, les rôles furent bien simplifiés ; mais, en ce moment, Élisabeth, qui se sentait appuyée par l'Espagne contre les prétentions de la reine d'Écosse, semblait prendre à tâche de décourager les protestants du continent; on aurait cru, par instants, qu'elle avait intérêt à voir ruiner par les Espagnols les tisserands de Flandre, qui étaient cependant les alliés nécessaires des Anglais dont ils achetaient les laines. C'est la Flandre qui mit fin à ces anomalies et imposa une solution. La bourse d'Anvers menaça de rompre toutes relations avec les

1 FROUDE, *History of England*, [illegible]7, 435.

Anglais. Les puissants banquiers du Nord, les Fuggers, refusèrent leur crédit à la Reine [1] ; on semblait mettre en doute sa bonne foi et sa solvabilité [2]. Le 29 août enfin, elle se décida à se prononcer en faveur des réformés de France, pour regagner sa popularité parmi les bourgeois des Pays-Bas. Mais même en prenant cette détermination elle n'a toujours en vue que la restitution de Calais. Elle ne croit pas se mettre à la tête du protestantisme, elle s'imagine uniquement saisir un gage. Elle s'en vante à Philippe II ; si elle accepte un gage, c'est pour avoir Calais, et le jour où le roi de France lui aura rendu Calais, elle cessera de secourir ses sujets rebelles [3].

Les protestants français livrèrent Dieppe et le Havre à l'Angleterre.

Le droit d'assurer la liberté de la conscience autorise-t-il un acte semblable? Ceux qui s'étaient fait tuer ou estropier à l'escalade de Calais savaient qu'il y a un amour supérieur à toutes les libertés et à toutes les jouissances. Mais les devoirs envers le pays commençaient à s'oublier dans l'exaltation religieuse. On ne voyait plus que les intérêts de Dieu. Pour punir les ennemis de Dieu, on prenait en haine la patrie elle-même dans la lourde ivresse de la poésie juive qu'on hurlait pour s'étourdir :

> Fille de Babylon, race ingratte et maudicte,
> Heureux qui te rendra le mal que tu nous faics,

[1] *Flanders. Ms.*, Gresham to Cecil, 8 and 16 august 1562 : « The moneyed men were afraid to deal further with her. »

[2] *Ibid.* : « Great doubt was cast upon her estate and her credit. »

[3] *Spanish. Ms.*, *Rolls* [illegible] to Philip II, 30 september 1562, publié par Froude [illegible] trois rois [illegible]

Et, balançant l'injure à l'égal de l'atteinte,
Ira d'entre tes bras tes petits arracher,
Et, de leur sang pollu rendant la terre teinte,
Froisser leurs tendres os encontre le rocher!

Supérieur à de telles passions, le duc de Guise eut une pensée héroïque en apprenant l'entrée des Anglais au Havre. C'est peut-être le plus beau moment de sa vie. Aucun historien français n'en a parlé, comme si les Français ne voulaient voir en lui qu'un chef de sectaires.

Le duc de Guise s'adressa franchement au prince de Condé et demanda la paix. Il lui offrit la paix, le libre et paisible exercice de la religion réformée dans le royaume, tout ce que les huguenots vaincus auraient pu exiger si la guerre leur avait été favorable; il le supplia d'unir ses forces aux siennes et de partir ensemble pour chasser les Anglais, « les anciens ennemis de la couronne[1] ». L'ambassadeur anglais Throgmorton, qui se trouvait près de Condé, a vu ces lettres; il en a été inquiet; il a averti de renforcer les garnisons du Havre et de Dieppe pour les mettre en état de résister à l'attaque proposée par le duc de Guise; il a pu avertir sa Reine que les huguenots restaient fidèles au traité conclu avec elle. La proposition du duc de Guise fut rejetée.

Le duc de Guise fit presser le siège de Rouen et investir rigoureusement la ville afin d'empêcher au moins les Anglais d'y pénétrer et afin d'arrêter leurs progrès en Normandie. On lui amena, au moment où

[1] CONWAY. Throgmorton to Cecil, 9 september; Throgmorton to Elizabeth, 23 october : « A p[illegible]cable [illegible]rance of their religion... the antient enemies of the crown. » [illegible]UDE.

il venait d'apprendre le refus de Condé de s'unir à lui et où il ressentait avec le plus d'amertume la rage de voir les Anglais rentrés en France, quelques fourrageurs de la garnison du Havre qui venaient d'être faits prisonniers par sa cavalerie tandis qu'ils cherchaient à assurer des communications entre Rouen et le Havre. Il les fit pendre avec cette inscription : « Pendus pour estre venus contre la volonté de la royne d'Angleterre au service des huguenots[1]. »

Le jeune Roi et sa mère assistaient au siège de Rouen; la ville était défendue par Montgomery, le jouteur malheureux du dernier tournoi de Henri II : Catherine voulait le sacrifier à l'ostentation de sa douleur conjugale; le duc de Guise ne désirait pas moins priver les huguenots de ce chef hardi et expérimenté, qui avait fait révolter Bourges et possédait une véritable popularité dans toute la Normandie. C'était un adversaire sérieux ; la défense fut savante et valeureuse. Sur une hauteur qui protège la ville, était le fort Sainte-Catherine, défendu par les meilleurs soldats de l'infanterie française; c'était environ la moitié des compagnies colonelles dévouées à d'Andelot et qui combattaient non pour la réforme, dont elles n'avaient aucune idée, mais pour leur colonel général. Ces braves résistèrent longtemps aux efforts de l'armée royale tout entière; ils repoussèrent plusieurs assauts. Le duc de Guise les épuisa par des attaques continuelles. Un jour, accablés de sommeil et de lassitude, « ceux de dedans étoient à disner, faisant mauvaise garde, ce que quelques uns des nostres ayant reconneu, firent signe aux soldats

[1] FORBES, vol. I. Sir [illegible] Sir N. Throgmorton, 17 october.

lesquels en mesme temps montèrent ». Les pauvres gens essayèrent de se défendre encore au milieu de cette surprise; ils furent tués jusqu'au dernier, sans que les vainqueurs leur tinssent compte de ce qu'ils n'étaient pas huguenots. On amena le jeune Roi, pour assister à cette orgie militaire; Catherine se promena avec ses filles d'honneur à travers les cadavres déchirés et dépouillés. On aurait cru ne pas jouir de la victoire, si l'on n'avait pas vu le corps de son ennemi. Parmi les morts on découvrit, en enlevant les armes et les chemises, une fille qui avait combattu comme soldat; la Reine se fit conduire près de ce corps et l'examina avec curiosité. Elle en fut blâmée, « tant on est jaloux de ne rien pardonner aux grands[1] ! »

En voyant ces excès, le duc de Guise jugea qu'il serait dangereux de donner un assaut à la ville de Rouen, l'une des plus riches du royaume, dont le pillage devait être une calamité nationale. Sur toutes les hauteurs qui entourent la place, sur les ruines du fort Sainte-Catherine, sur le mont Saint-Hilaire, aux fourches de Bihorel, il plaça de l'artillerie pour canonner les remparts, et il fit creuser les tranchées jusqu'aux fossés de la place. Il espérait convaincre les assiégés de l'inutilité de la défense et les amener à une capitulation. Mais Montgomery fut opiniâtre. Ses arquebusiers abattaient d'autant plus facilement les catholiques qu'ils les voyaient de plus près, derrière les meurtrières. La largeur du fossé séparait seule les deux armées.

C'est en se voyant si rapproché des ennemis que le roi de Navarre voulut, par une singulière bravade,

[1] VARILLAS, t. I, p. 323.

porter un défi méprisant à l'adresse des arquebusiers des remparts ; il vint s'installer devant eux en détachant l'aiguillette de son haut-de-chausses ; il fut aussitôt abattu d'une balle à l'épaule gauche [1]. On le transporta à Darnetal. « Les filles d'honneur de la régente le visitoient souvent à dessein de le divertir ; mais il y en avoit une, nommée mademoiselle de Rouhet, qui estoit la moins propre que l'on eust pu choisir pour modérer l'inflammation [2]. » Il mourut en épicurien, à bord d'un navire sur lequel il remontait la Seine, pleuré de la seule Rouhet, et retombé à l'heure de la mort dans les indécisions qui avaient troublé sa vie, sans savoir s'il finissait en catholique ou en huguenot [3].

Pour Catherine, c'était encore un affaiblissement : elle avait pu espérer au moins jusqu'alors qu'elle réussirait à tenir en bride le duc de Guise par le moyen du roi de Navarre. Elle ne se faisait aucune illusion sur la capacité de ce prince, mais elle se flattait de diriger ses décisions à l'aide de mademoiselle de Rouhet. Cette perte la forçait à redoubler près du duc de Guise ses efforts de séduction. Dès le lendemain du jour où le roi de Navarre avait été blessé, le 16 octobre, elle écrivait du camp devant Rouen à la duchesse de Guise

[1] D'Aubigné, p. 158 : « ... aux tranchées, reçut une arquebusade. » Voltaire, notes de la *Henriade* : « Il mourut en ... »

[2] Varillas, t. I, p. 338.

[3] Cette fin tragique rappela le coup de lance dans l'œil de Henri II et l'abcès à l'oreille de François II, et fit dire dans les pamphlets huguenots :

Par l'œil, l'espaule et l'oreille
Dieu a faict en France merveille.
Par l'oreille, l'espaule et l'œil
Dieu a mis trois rois au cercueil.
Par l'œil, l'oreille et l'espaule
Dieu [illegible]é trois rois en Gaule.

cette lettre d'une intimité caressante : « Ma cousine, je suis bien marrie que ne vous puis mender la prinse de Rouen pour encore, comme je espère que Dieu me fera la grâce de vous la mender dans peu de jours. Je vous ay voleu faire se mot pour vous asseurer que votre mary set porté fort bien et Dieu mersi n'est poynt blessé, encore qu'il feust près du roi de Navarre. Ayspère que Dieu nous le gardera, set que luy suplie et qu'il vous fase la grase de byentost accoucher et en bonne santé vous relever afin que reveniez auprès de vostre bonne cousine Catherine. »

Le duc de Guise ne put se résigner à tenir ainsi inutilement son armée et les dames de la Cour sous les murs de Rouen ; lès risques d'un assaut lui semblèrent moins ruineux que cette prolongation d'un siège dont tout l'honneur revenait à Montgomery. Il fit attaquer vigoureusement la porte Saint-Hilaire et réussit, après un combat de six heures, à saisir le ravelin et à loger « plusieurs enseignes dedans le fossé où il y avoit quantité de jeunes seigneurs avec luy [1] ». Le lendemain, au point du jour, Guise, couvert sous un casque de pionnier et une rondelle ou bouclier de siège, alla seul reconnaitre la tour qui restait comme dernière défense de la porte Saint-Hilaire ; il fut vu, accueilli par les arquebusades, se retira lentement, et dicta en rentrant le plan de l'assaut. Il confia l'honneur de diriger la première colonne à un de ses anciens capitaines, M. de Sainte-Colombe. Ce soldat reçut les instructions du duc, se fit suivre de cinquante Basques de la garnison de Metz et de vingt cadets. Il avait devant lui, sur la brèche

[1] Castelnau.

de la tour, les hommes des compagnies colonelles qui n'avaient pas été placés dans le fort Sainte-Catherine. Ces vieux soldats attendaient les assaillants en se serrant autour de leur enseigne que tenait haute le plus grand d'entre eux, un Gascon sec et droit, le baron de Moneins; on le voyait du fossé, dépassant de la tête tous ses camarades avec une bourguignote et une rondelle recouvertes de satin vert.

Entre ces soldats d'élite, le combat corps à corps fut acharné; le duc de Guise dut soutenir Sainte-Colombe et se jeter lui-même à l'assaut, dans la mêlée. Il était triste, immobile, au milieu des combattants : il regardait se déchirer entre eux ceux qui avaient fait sa gloire quand ils étaient unis autrefois. Bientôt il vit tomber Sainte-Colombe, atteint d'une arquebusade à la tête; il courut à lui, le releva, le fit emporter en le nommant son frère d'assaut. Puis il fit avancer les renforts, il poussa ses soldats dans la tour, il se rendit maître de la porte. Alors, tout animé encore du feu du combat et de l'émotion d'avoir vu succomber tant de braves gens, « le duc de Guise fit une harangue aux capitaines et soldats sur le haut du rempart, où j'estois présent, les priant et admonestant tous de considérer qu'ils estoient François et que c'estoit l'une des principales villes du roïaume, parquoy il prioit d'affection les seigneurs, capitaines et soldats de ne se débander point, n'entrer en aucunes maisons, ne piller, ne prendre aucune chose sur les habitants; aussi promit-il de faire donner une paie franche auxdits capitaines et soldats[1] ».

[1] Castelnau.

Ce n'était pas le butin ni la paye qui plaisaient aux soldats, c'étaient les folies du pillage, le déchainement des passions dans une grande ville, l'ivresse de la force. Malgré les supplications et les ordres du duc, « la ville est incontinent pleine de gens de guerre qui se débandent, vont au pillage, rompent, saccagent les maisons, prennent un chascun à rançon ». Les gens de cour, qui étaient demeurés durant l'assaut sur le mont Sainte-Catherine, se hâtent de descendre dans la ville, et sont « les plus aspres à la curée ». Montgomery eut le temps de se réfugier sur une galère; la retraite lui était fermée par une estacade et des chaines tendues à travers la Seine. Il promit la liberté à ses rameurs, les excita à redoubler d'efforts, et la galère, lancée à toute vitesse sur l'estacade, « au hazard de la galère et des hommes qui estoient dedans », rompit l'obstacle et continua paisiblement sa route vers le Havre.

Le sac de Rouen dura une semaine. « Ainsi ceste grande ville, pleine de toutes sortes de richesses, fut pillée l'espace de huict jours sans avoir esgard à l'une ni à l'autre religion, nonobstant que l'on eust, dès le lendemain de la prise, faict crier sur peine de la vie que chaque compagnie et enseigne, de quelque nation qu'elle feust, eust à se retirer au camp et sortir de la ville. A quoy fort peu obéirent, hormi les Suisses, lesquels ont toujours gardé grande discipline et obéissance[1]. » Parmi les scènes de cette cruelle semaine, durant laquelle les bourgeois de Rouen étaient à la merci de gens qui « se fussent faict tuer plustost que

[1] Castelnau.

de partir, tant qu'il y eut de quoy prendre », il se présenta un phénomène singulier.

Un jeune Normand, le capitaine Céville, fut, le premier jour de l'attaque sur la porte Saint-Hilaire, renversé par une arquebusade dans la tête; il roula sur le talus du rempart, et tomba jusque sur le chemin de ronde. Son corps fut ramassé le soir avec ceux d'une vingtaine de morts, et enterré à la hâte. Son valet, instruit dans la nuit seulement, voulut ravoir le corps pour le rapporter à sa paroisse; il rouvrit la fosse, déterra quinze ou seize cadavres, « si déffigurés de fange et de sang, qu'il ne pust recognoistre son maistre ». Il remit tous ces corps en terre, avec l'aide de quelques autres valets qui erraient sur le chemin de ronde. Rentré dans sa chambre, il ne put dormir; il regretta d'avoir insuffisament recouvert de terre tous ces cadavres, et il craignit « que les chiens » ne vinssent les manger dans la nuit. Il se leva et retourna près du trou, « pour les enfouir plus profondément ». Pendant ce temps, la lune s'était levée; il vit, en approchant, un bout de bras qui sortait de terre, et à un doigt, il « vid à la lune reluire un petit diamant en triangle, qu'il reconnut » pour être la bague de son maître. Il s'empara aussitôt du corps, l'emporta chez lui, le mit sur une paillasse, fit desserrer les dents, versa du vin dans la bouche, vit son capitaine donner quelques signes de vie, le garda trois jours, mais dans un état si semblable à la mort, que des gentilshommes catholiques, qui, après la prise de la ville cherchaient son frère, contre lequel ils avaient une haine privée à satisfaire, furent irrités de ne trouver que ce cadavre, et le firent jeter [illegible] e corps tomba sur un tas de fumier, et y resta trois jours dans une espèce d'évanouissement. Il fut aperçu et reconnu par un homme du même village, nommé Grosset, qui l'emporta et le fit soigner. Céville fut rappelé à la vie. Quarante-deux ans après, ce même Céville assistait aux assemblées des députés de la noblesse de Normandie, et racontait cette étrange aventure. D'Aubigné l'a connu [1].

Désespéré de l'indiscipline de ses soldats et de la ruine de la riche cité, le duc de Guise se montra cependant implacable lui-même contre l'un des vaincus. Quand on lui annonça que l'un des plus braves capitaines de nos vieilles bandes, M. de Crosses, venait d'être pris dans la ville, il commanda de le passer par les armes; c'était le gouverneur du Havre qui avait eu la triste mission de rendre sa place aux Anglais. Au fond du cœur, à travers les chagrins et les angoisses de ces derniers jours, Guise gardait comme une idée fixe, la douleur de son patriotisme.

[1] D'Aubigné, p. 158; Varillas, p. 325.

FIN DU TOME PREMIER.

TABLEAU GÉNÉALOGIQUE DE LA MAISON DE GUISE

§ I. — MAISON DE LORRAINE JUSQU'A CLAUDE Ier, DUC DE GUISE

JEAN Ier, *duc de Lorraine.* (1340-1389.)

- CHARLES, *duc de Lorraine*, épouse *Marguerite de Bavière*, fille de l'empereur Robert ; meurt en 1431, ne laissant qu'une fille,
  - ISABELLE, qui épouse, en 1419, le roi RENÉ D'ANJOU, roi de *Naples* et de *Sicile*, comte de *Provence* et de *Guise*, duc de *Bar*.
    - JEAN II, *duc de Lorraine* (1423-1470).
      - NICOLAS, dit *le Beau*, *duc de Lorraine*, mort en 1473 sans postérité.
    - Marguerite, reine d'Angleterre (guerre des Deux-Roses).
    - Yolande, qui épouse, en 1440, son cousin Ferry II de Vaudémont, né en 1440.
- Ferry Ier, dit l'Audacieux, comte de Vaudémont, devient seigneur de *Joinville*, par son mariage avec Marguerite de Joinville.
  - Antoine de Vaudémont épouse Marie d'Harcourt, héritière des comtés d'*Aumale*, *Mayenne*, *Elbeuf*, *Lillebonne*, *Brionne*.
    - Ferry II de Vaudémont (époux de Yolande, ci-dessus).
      - Leur fils, RENÉ II, réunit les deux branches de la maison de Lorraine ; succède à Nicolas en 1473 ; défait Charles le Téméraire ; épouse Jeanne d'Harcourt ; puis il la répudie pour épouser *Philippa*, fille du duc Adolphe de Gueldres et de Catherine de *Bourbon*. Ils ont douze enfants. Deux aînés, morts en bas âge, quatre filles non mariées, et :
        - ANTOINE, *duc de Lorraine*, mort en 1544. Souche de la maison de Lorraine et des empereurs d'Autriche.
        - CLAUDE, PREMIER DUC DE GUISE (20 octobre 1496-12 avril 1550), épouse, le 18 avril 1513, *Antoinette de Bourbon*, fille de François de Bourbon, comte de Vendôme, et de Marie de Luxembourg.
          Le tableau généalogique est au § 2 suivant.
        - Jean, premier cardinal de Lorraine (1498-1550).
        - Ferry, tué à Marignan en 1515.
        - Louis, tué devant Naples en 1528.
        - François, tué à Pavie en 1525.

ÉTAT GÉNÉALOGIQUE DE LA MAISON DE BOURBON

(On n'a porté en cet état ni les enfants morts en bas âge, ni les filles non mariées.)

SAINT LOUIS, roi de France.

Son sixième fils est ROBERT, comte de Clermont en Beauvoisis (1256-1317), qui épouse *Béatrix de Bourgogne*, dame de *Bourbon*.

LOUIS Ier, leur fils, prend les armes de France au bâton de gueules; en 1327, devient duc et pair de Bourbon; mort 22 janvier 1341; époux de *Marie de Hainaut*.

PIERRE Ier, tué à la bataille de Poitiers, le 19 septembre 1356; époux d'*Isabelle de Valois*.

JACQUES Ier, comte de la Marche, connétable de France, tué à Brignais, en 1361; époux de *Jeanne de Condé*.

LOUIS II (1337-1410) prend Tunis et la Sardaigne en 1390; épouse *Anne d'Auvergne*.

Jeanne épouse Charles V, roi de France.

Blanche épouse Pierre le Cruel, roi de Castille; empoisonnée en 1361.

JEAN Ier (1380-1433) épouse, en 1400, *Marie*, fille de Jean, duc de Berry et d'Auvergne, frère de Charles V, et acquiert l'Auvergne et le comté de Montpensier.

CHARLES Ier, époux d'*Agnès de Bourgogne*, meurt en 1456.

Louis, comte de Montpensier et seigneur de Combrailles, époux de *Gabrielle de la Tour*, meurt en 1486.

JEAN II, connétable de France; mort en 1488; marié, en 1440, avec *Jeanne de France*, fille de Charles VIII; sans postérité légitime; a deux bâtards:

1° Charles, baron de Malaure, sénéchal de Toulouse et de Bourbonnais, tige des Bourbon-Malause;

2° Mathieu, dit le Grand Bâtard de Bourbon.

Charles, premier cardinal de Bourbon (1434-1488).

PIERRE II, sire de Beaujeu (1439-1503), marié, en 1474, avec *Anne de France*, fille de Louis XI, duc de Bourbon, en 1488.

SUZANNE DE BOURBON épouse Charles de Montpensier, connétable de Bourbon, ci-contre.

Louis, évêque de Liége, tige de la branche des Bourbon-Busset, qui existe encore.

Catherine, mariée à Adolphe, duc de Gueldres. Sa fille Philippe épouse René II d'Anjou et de Lorraine, et est la mère du duc de Lorraine et du duc de Guise.

Jeanne épouse Jean, prince d'Orange.

Marguerite épouse Philippe, comte de Bresse, duc de Savoie; ils ont deux enfants:

1° Philibert le Beau, duc de Savoie;

2° Louise de Savoie, femme de Charles de Valois et mère de François Ier.

Un fils bâtard, Louis, comte de Roussillon, amiral de France, époux de Marguerite de Sassenage, fille naturelle de Louis XI.

Gilbert, comte de Montpensier, vice-roi de Naples; mort à Pouzzoles, en 1496; ép. de Claire de Gonzague.

Gabrielle épouse Louis II de la Trémouille, dit le Chevalier sans reproche.

CHARLES III (1489-1527) épouse *Suzanne de Bourbon*, ci-contre. Connétable de Bourbon, seigneur des Dombes, du Bourbonnais, d'Auvergne, comte de Clermont, Forez, Marche, Montpensier.

François, mort en bas âge.

François, comte de Châtellerault, tué à Marignan.

Louise épouse Louis, prince de la Roche-sur-Yon, ci-contre, et lui porte le comté de Montpensier; morte en 1561.

Renée épouse le duc Antoine de Lorraine, frère de Claude, duc de Guise, qui avait épousé Antoinette de Bourbon.

Jacques, mort en 1438, époux de *Béatrix de Navarre*.

Éléonore, duchesse d'Armagnac.

Louis, mort en 1446, époux de *Jeanne de Laval*.

JEAN II, mort en 1477, époux de *Jeanne de Beauveau*.

Jean, tige des sieurs de Carency.

Anne épouse Louis de Bavière.

Marie, dame de Monsquocu, violée par Jean des Crois, emprisonnée par les sires de Carency.

Charlotte épouse Jean II, roi de Chypre; fameuse comme la plus belle princesse de son temps.

Pierre, tué à Brignais, avec son père.

JEAN Ier, comte de la Marche, épouse *Catherine de Vendôme*, en 1364, mort en 1393.

Jacques, tige des sieurs de Préaux.

Isabelle épouse un comte de Vendôme.

FRANÇOIS (1470-1495), tué à Fornoue, époux de *Marie de Luxembourg*.

Louis, prince de la Roche-sur-Yon, époux de Louise de Montpensier, ci-contre.

Jeanne, épouse de Louis de Joyeuse.

Catherine, épouse de Gilbert de Chabannes-Curton.

Jeanne, épouse de Jean de la Tour. Sa fille, Madeleine de la Tour, épouse en 1518 Laurent de Medici, duc d'Urbin, et est mère de *Catherine de Medici*, reine de France.

Charlotte épouse Engilbert, comte de Nevers. Leur fils, François de Clèves, épouse Marguerite de Bourbon, ci-contre.

CHARLES (1489-1536) devient *premier prince du sang* à la mort du connétable de Bourbon; époux de Françoise d'Alençon.

François, duc d'Estouteville (1491-1545); époux d'Adrienne de Boucheville. Leur fille, Catherine, épouse Jean, comte d'Enghien, ci-contre.

Louis, second cardinal de Bourbon (1493-1556).

Antoinette, duchesse de Guise (1494-1583), tige des ducs de Guise.

Louis II, duc de Montpensier (1513-1582), épouse Catherine de Longwy, dont la mère était sœur naturelle de François Ier, puis Catherine de Guise; a de sa première femme:

Charles, prince de la Roche-sur-Yon, mort en 1565, époux de Philippe de Montespedon, veuve du maréchal de Montejean, morte en 1578.

Henri, marquis de Beaupreau (1545-1560), sans enfants.

ANTOINE, *duc de Vendôme* et roi de Navarre (22 avril 1518-17 novembre 1562), épouse *Jeanne d'Albret*, dont l'origine était: Gaston de Foix, roi de Navarre, époux de Madeleine de France, sœur de Louis XI; leur fille, Catherine de Foix, reine de Navarre (1469-1516), épouse, en 1494, Jean d'Albret; leur fils, Henri d'Albret, roi de Navarre (1502—1555), épouse Marguerite de Valois, sœur de François Ier; leur fille, Jeanne d'Albret, reine de Navarre, épouse Antoine, duc de Vendôme. Le second fils d'Antoine et de Jeanne d'Albret est HENRI IV, tige de tous les Bourbons aujourd'hui vivants. Les enfants d'Antoine sont:

1° Henri (1551-1553);

2° Henri (13 déc. 1553-1610), roi sous le nom de Henri IV;

3° Louis (1554), tué par sa nourrice;

4° Catherine (1558-1604);

5° Un bâtard, Charles, évêque de Comminges, évêque de Lectoure en 1590, archevêque de Rouen en 1594, prêtre en 1597, mort en 1610.

François, comte d'Enghien (1519-1546), vainqueur à Cérisoles, tué par accident.

Charles, troisième cardinal de Bourbon (1523-1590), roi de la Ligue sous le nom de Charles X.

Jean, comte de Soissons et d'Enghien (1528-10 août 1557), tué à la bataille de Saint-Quentin, avait épousé, le 14 juin précédent, sa cousine Catherine d'Estouteville, ci-contre.

LOUIS Ier, prince de Condé (7 mai 1530-13 mars 1569), tué à la bataille de Jarnac: tige de la maison de Condé.

De sa première femme, Éléonore de Roye, née le 24 février 1535, épousée le 22 juin 1551, morte le 23 juillet 1564, sont nés:

HENRI (29 décembre 1552-5 mars 1588) épouse Marie de Clèves, ci-contre. Elle meurt en 1574. Il épouse Charlotte de la Trémouille en 1586. Elle est accusée de l'avoir empoisonné.

François, prince de Conti (19 août 1558-3 août 1614), époux de Louise-Marguerite, fille de Henri, duc de Guise. Ils n'ont qu'une fille morte jeune. Il a le premier reconnu Henri IV à la mort de Henri III.

Charles, quatrième cardinal de Bourbon (1562-1594).

Éléonore, née en 1587, épouse, en 1606, Philippe de Nassau, prince d'Orange, meurt en 1619.

HENRI II, né le 1er septembre 1588, six mois après la mort de son père; mort en 1646; époux de Charlotte de Montmorency.

Louis II, dit le *Grand Condé* (8 septembre 1621-11 décembre 1686), époux de Claire de Maillé.

Armand, prince de Conti (11 octobre 1629-21 février 1666), épouse Anne-Marie Martinozzi, et, en secondes noces, Anne-Marie, fille de Louis XIV et de mademoiselle de la Vallière.

Anne-Geneviève, mariée en 1642 au duc de Longueville.

De sa seconde femme, Françoise d'Orléans, épousée en 1565, est né:

Charles, comte de Soissons (3 novembre 1566—1er novembre 1612) épouse Anne de Montafié. Cinq enfants, dont:

Louis, comte de Soissons (14 mai 1604 — 6 juillet 1641), tué à la bataille de la Marfée.

Marguerite (1516-1589) épouse, en 1538, François de Clèves, duc de Nevers, a trois filles:

1° Henriette, qui épouse Louis de Gonzague, et lui porte le duché de Nevers;

2° Catherine, qui épouse en premières noces le prince de Portien, et ensuite Henri, duc de Guise;

3° Marie, qui épouse le prince de Condé ci-contre.

Henri, duc de Montpensier (1553-1608), épouse en 1597 Catherine de Joyeuse.

Marie épouse Gaston, frère de Louis XIII, et est mère de la grande *Mademoiselle* morte en léguant ses biens aux enfants de madame de Montespan. Sa mère, veuve du dernier duc de Montpensier, épouse Charles, duc de Guise.

Anne, duchesse de Clèves et Charlotte, princesse d'Orange.

TABLE DES MATIÈRES

PARIS. TYPOGRAPHIE DE E. PLON, NOURRIT ET Cie, RUE GARANCIÈRE, 8.

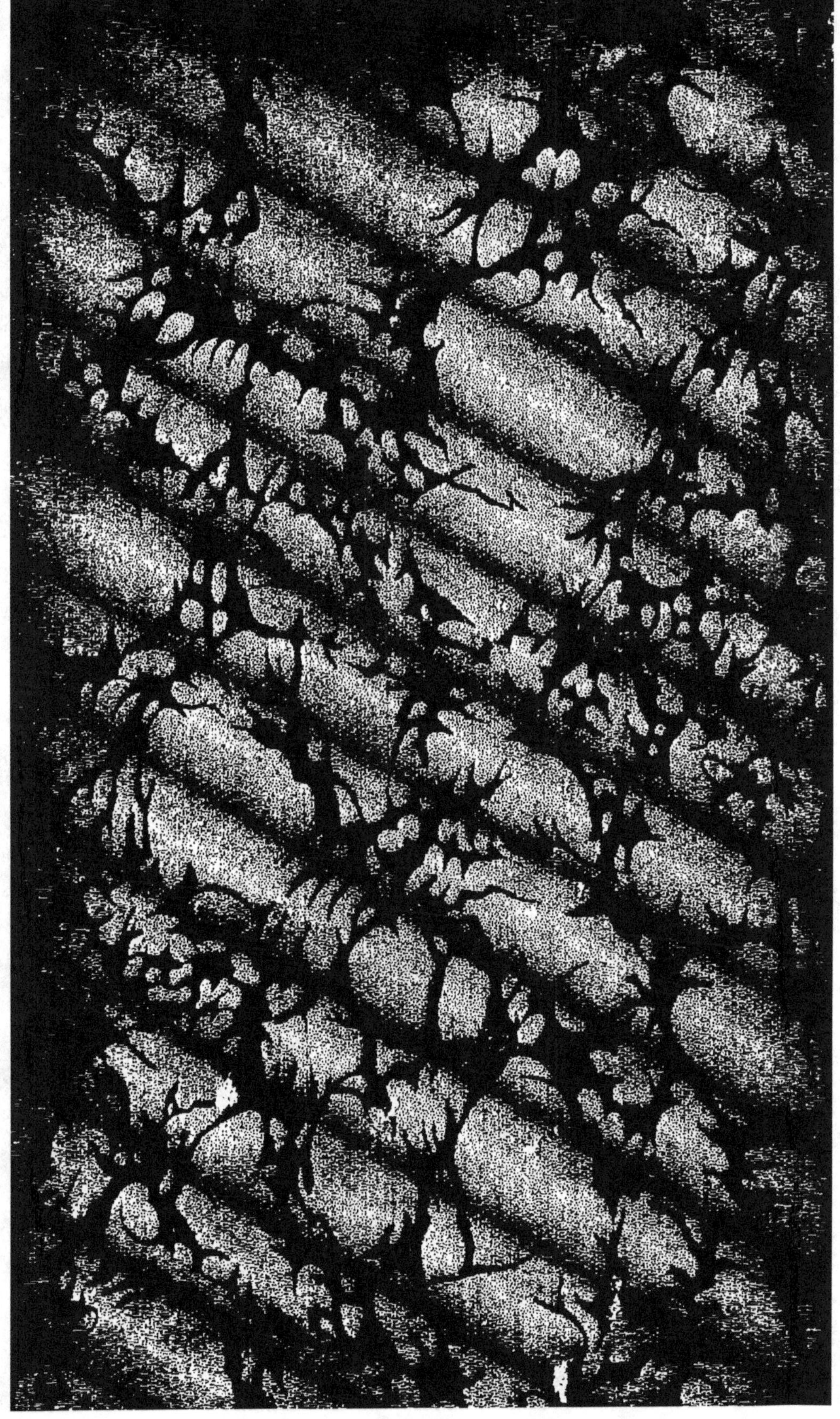

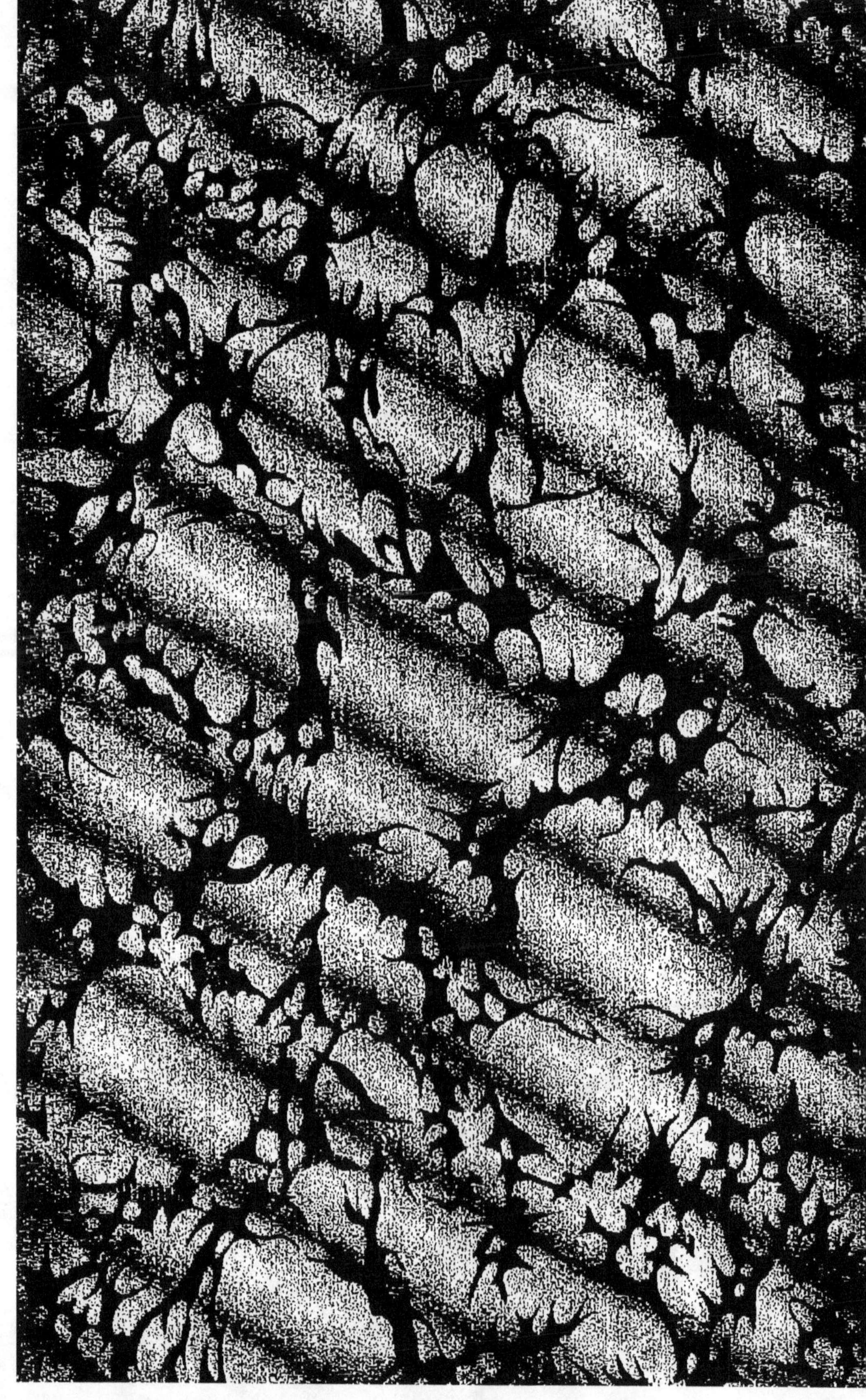

www.ingramcontent.com/pod-product-compliance
Lightning Source LLC
Chambersburg PA
CBHW060616170426
43201CB00009B/1037

* 9 7 8 2 0 1 3 5 1 9 7 4 8 *